新プリメール民法1

民法入門・総則［第3版］

中田邦博・後藤元伸・鹿野菜穂子 著

法律文化社

第3版はしがき

　2018年に刊行した『新プリメール民法1 民法入門・総則』は，幸いにも，これまでと同様に多くの読者を得ることができた。本書は，その改訂版（第3版）である。今回の改訂では，この間の法状況の変化に対応することを心がけた。本書に関係する重要な法改正としては，①成年年齢の引下げに関する民法改正の施行や，②2022年消費者契約法改正，③2021年特定商取引法改正がある。①については，立法時に付帯決議で約束された若年者保護への立法的対応がまだ十分ではない。②は，困惑類型や不当条項規制をさらに拡充した。③では，デジタルプラットフォーム取引の展開も踏まえて，通信販売取引の規制に取消権が導入された。②と③の改正内容については第6章に反映させた。

　第3版では，この間の私たちの教育上の経験を踏まえて，細かなところも含めて叙述の内容を見直した。判例や学説の展開に目配りしつつ，意思能力などの基本的な制度の説明を明確にするとともに，頁数の増加を抑制するため，2017年改正前民法の法状況や改正により重要性を失った学説の紹介などを省略した。

　本書のような初学者に向けた教科書において，民法の新しい姿をどのように読者に伝えていくのがよいのか，今後も試行錯誤が続くことになろう。読者からの積極的なフィードバックを期待している。

　いくつかの大学の法学部では，法科大学院教育を前提とした法曹養成コースが設けられた。本書の内容が，学部でのこうした法学教育のシステムの変化にも対応し，これまでどおり法学・民法教育のための基礎を提供する役割を果たすものとして，読者に受け入れられることを望んでいる。

　最後に，今回の改訂においても周到なサポートをしてくださった法律文化社の野田三納子氏に対して，心からの感謝の意を表する。

　2022年7月　　　　　　　　　　　　　　　　　　　　　執筆者一同

はしがき

　本書は，『新プリメール民法』シリーズの第1巻「民法入門・民法総則」である。『プリメール民法1　民法入門・民法総則』の改訂版として計画されたものであるが，新たな出発であることを示すために，他の巻も含めて書名に「新」を付加した。

　旧著は，幸いにも多くの読者を得ることができたが，その最新版〔第3版〕の刊行からすでに10年以上も経過し，また2017年に改正民法が成立し，その内容を反映することが必要となった。新たな時代の要請に応えるために，この機会に全面的な見直しを行った。

　本書は，大学・法学部での民法の講義科目「民法総則」の教科書として利用されることを念頭に執筆されており，これまでと同様に，『プリメール民法』が目指した「民法教育のための教科書」としての精神を引き継ぎ，発展させることを意図している。

　民法教育は，法学教育の一部であり，現在の法学教育の状況からの影響を免れることはできない。司法改革の一環として2004年に成立した法科大学院は，法曹養成に大きな貢献をしてきたが，他方で，弁護士が多すぎるとの声も強まり，法曹人口の抑制が現実となった。こうした動きは，法科大学院の不人気，さらには法学部不人気へと波及し，さらには法学教育や司法制度の重要性の認識を薄れさせることにつながってしまい，今や法科大学院の半数が閉鎖される状況が生まれている。

　さらに，18歳人口の激減が大学経営に大きな影を落としつつあり，その結果，大学の生き残り策として，毎年どこかの大学で目新しい名前の学部や学科が生まれている。受験生の注目を引くために何か目新しいことが必要とされ，「伝統的な」法学の魅力を伝えきれていないのかもしれない。

　では，法学という学問の魅力は何であろうか。法学は，伝統的なものであると同時に，実践的かつ理論的な学問である。社会のあり方を理解し，また批判的な視点を持とうとする者にはきわめて興味深い対象となる。

　法は，つねに生成，変遷しており，つねに新しい現象に向き合い，その解決の方向性を生み出すことが求められている。法学を学べば，人の人生にかかわるルールを知り，それを使い，新たな方向を示すことできる能力を養うことができる。法のあり方をめぐる議論は，社会をどのように変えていくか，どのように変わるべきかといった問題と直結している。さらに，法は社会を平和に保つために不可欠の要素となっている。このような側面をみれば，法学という学問がいかに魅力的かよくわかるように思われる。

　ヨーロッパの伝統の中では，法学は，医学と並んで最も伝統的な学問分野として発展してきたという歴史がある。アメリカのロースクールは，大学で一般的な学問を学んだ後に進む大学院として位置づけられている。いずれにせよ，そこでは，法学教育の重要性と必要性が疑われることはないのである。

　私たちの社会には，さまざまなルールが存在しており，それが網の目のように張りめぐらされている。民法は，こうしたルールの中核的基礎として位置づけることができる。そして，それらの根底においては法的思考が機能している。こうしたルールの意味，思考方法，それを学ぶ面白さを伝えるのが，法学教師としての私たちの使命である。

　本書は，法学教育の一環としての民法教育の最初の段階を担う重要な役割を果たさなければならない。私たちは，本書が，民法教材としてのそうした利用に値するものとなっていること，また民法を真摯に学ぼうとする人々に，その意味と面白さを伝えるものとなっていることを切に望んでいる。

　今回の改訂から，旧シリーズで指導的な役割を担っておられた安井宏教授（関西学院大学名誉教授）が勇退されることになった。教授のこれまでのご厚情に対して心からの感謝の意を表するとともに，本書への情熱を受け継ぐことをお約束することにしたい。

　最後に，本書の企画段階から，綿密かつ丁寧なサポートをしてくださった法律文化社の野田三納子氏に対して，心からの謝辞を述べることにしたい。

　2018年3月

執筆者一同

目　　次

□ WINDOW 目次 ◀◀

凡　例

【1】　判例の略語（主要なもの）

大　判……大審院判決 　　　　　　　高　判……高等裁判所判決

大連判……大審院民事連合部判決 　　地　判……地方裁判所判決

最　判……最高裁判所小法廷判決

最大判……最高裁判所大法廷判決

民　集……大審院（最高裁判所）民事判例集　　判　タ……判例タイムズ

民　録……大審院民事判決録 　　　　　　　　判　時……判例時報

新　聞……法律新聞 　　　　　　　　　　　　金　法……金融法務事情

家　月……家庭裁判月報 　　　　　　　　　　金　判……金融・商事判例

【2】　法令名の略記

　　本文カッコ内での法令条名の引用に際して，民法典については，条名のみかかげ，その他の法令で頻度の高いものは，その法令名を，通例慣用されている方法により略記した。

著者紹介

中田　邦博（なかた　くにひろ）　　第1章，第4章～第6章　執筆

略　歴　1983年　立命館大学法学部卒業，1988年　立命館大学大学院法学研究科後期博士課程単位取得。1988～90年　ドイツ学術交流会（DAAD）奨学生としてマールブルク大学へ留学。2003年　マックス・プランク外国私法および国際私法研究所客員研究員，龍谷大学法科大学院教授を経て，現在，**龍谷大学法学部教授**

主要著作　「ドイツ民法典における意思表示法の形成過程（一）～（三・完）」立命館法学194～196号（1988年），『エッセンシャル民法2 物権』（有斐閣，2019年，共著），『新・コンメンタール民法（財産法）〔第2版〕』（日本評論社，2020年，共編著），『新・コンメンタール民法（家族法）』（日本評論社，2021年，共編著），『ヨーロッパ私法・消費者法の現代化と日本私法の展開』（日本評論社，2020年，共編著），『18歳からはじめる民法〔第4版〕』（法律文化社，2019年，共編著），『基本講義消費者法〔第5版〕』（日本評論社，2022年，共編著），など。

◆読者へのメッセージ◆

学生時代，民法のゼミに所属しましたが，その理由は弁護士になるために司法試験を受けようと思ったからです。大学1年生の時は，なぜかしら法律から離れた「社会」勉強をしていました。いろいろな分野の勉強をすることで法律学の理解が深まります。研究テーマとしては，ヨーロッパ私法・消費者法の動向に興味があります。ヨーロッパやアジア，世界で通用する統一私法をつくろうとする試みは，夢があっておもしろいと思いませんか。

後藤　元伸（ごとう　もとのぶ）　　第2章，第3章，第7章　執筆

略　歴　1988年　大阪大学法学部卒業，1990年　大阪大学大学院法学研究科前期課程修了。関西大学法学部教授を経て，現在，**関西大学政策創造学部教授**

主要著作　「独仏団体法の基本的構成(1)(2)」阪大法学47巻2号・6号（1997～98年），「スポーツ団体のシステムとEC法─プロスポーツ選手移籍に関する『ボスマン判決』のドイツ法学による解析」関大法学論集55巻4・5号（2006年），「法人学説の再定位─独仏法人論の再読解とミシューおよびサレイユの法人論・合有論」関大法学論集65巻5号（2016年），『新注釈民法(1) 総則(1)』（有斐閣，2018年，山野目章夫編）（「前注〔§§33-84〈法人〉〕」「第33条〔法人の設立等〕」「第34条〔法人の能力〕」「権利能力なき社団・財団」分担執筆），『権利能力なき社団と民法上の組合─法人でない団体に関する日本ドイツ比較法研究』（関西大学出版部，2021年）など。

◆読者へのメッセージ◆

本書を読んで，少しでも民法に対する難しいイメージを払拭していただけたら幸いです。民法はしょせんゼニの世界の話ですから（!?），私としては関西弁で書きたかったのですが……（講義では時々関西弁で言い直してアクセントをつけています）。

鹿野菜穂子（かの　なおこ）　　第8章～第10章　執筆

略　　歴　　九州大学法学部卒業，九州大学大学院法学研究科博士後期課程単位取得，神奈川大学助教授，立命館大学教授などを経て，2005年から，**慶應義塾大学大学院法務研究科教授**

主要著作　　『消費者法の比較法的研究』(有斐閣，1997年，共編著)，『高齢者の生活と法』(有斐閣，1999年，共編著)，『国境を越える消費者法』(日本評論社，2000年，共編著)，『はじめての契約法〔第2版〕』(有斐閣，2006年，共著)，『ヨーロッパ消費者法・広告規制法の動向と日本法』(日本評論社，2011年，共編著)，『消費者法と民法』(法律文化社，2013年，共編著)，『法典とは何か』(慶應大学出版会，2014年，共著)，『消費者法の現代化と集団的権利保護』(日本評論社，2016年，共編著)，『基本講義消費者法〔第5版〕』(日本評論社，2022年，共編著)，など。

───◆読者へのメッセージ◆───

　単に抽象的に条文の要件や効果を覚えようとするのではなく，なぜその規定ないし制度が設けられたのかを踏まえて，要件・効果およびそれにかかわる議論を理解するように努めて下さい。また，つねに具体例を想定しながら読み進めることも，民法の理解を深めるうえで大切です。

第1章

民法入門

●本章で学ぶこと

　本章では，民法の全体像や，これから民法を学ぶために必要な基礎的知識について概説する。第1節では民法とはどのような法であるのか，また民法は私たちの法システム全体の中でどのように位置づけられているのかについて説明する。第2節では民法の法源（制定法，慣習，判例など）や，その中心となる日本民法典の沿革と構成，近時の民法改正の動向を取り上げる。第3節では民法の基本原則について，第4節では民法の適用のしくみと民法上の権利と義務について説明し，私権行使についての原則を取り上げる。第5節では民法の解釈方法について，第6節では民法総則の基本的な構成とその内容について述べる。そして，最後に民法の学習方法についてふれる。

法システムの中での民法

1——はじめに

よく「社会あるところに法あり」といわれるが，私たちの社会には数多くの法律が存在しており，これらの法律は一定の体系（システム）を形成している。そうした法律の1つである民法は日本の法システム全体の中でどのような役割を果たしているのだろうか，また民法の規制対象やその基本的な考え方は他の法律と比べて何か違いがあるのだろうか。以下では，これらの点について説明する。

2——公法と私法

① 刑法と民法：公法と私法の区別の例として

(1) **刑　法**　私たちが，日頃最も身近に見聞きする法律は，おそらく刑法であろう。刑事裁判についてのニュースは，新聞・TV・ネット等で頻繁に報じられており，殺人・強盗・窃盗などの用語は一般的にも知られている。ここでは民法の特徴を，まずはこの刑法との対比を通して明らかにしてみよう。

刑法は，国家が犯罪を犯した市民（＝私人）に対して刑罰を強制することを定めた法律である。この意味で刑法は国家対市民の関係を規律する法律であるという第1の特徴を持つ。また，国家による刑法の適用は，贖罪のため自発的に罪に服するという例外的な場合を除いて，通常，犯罪者（市民）本人の意思に反して行われる。つまり，刑法が適用される場合には，国家による支配・命令・強制という関係が存在しており，これが刑法における第2の特徴となる。

(2) **民　法**　これに対して，**民法**は，物を買ったり（売買），部屋を借りたり（貸借），交通事故にあったり（不法行為），結婚したり（民法では，婚姻という）といった市民相互間の関係や紛争を処理するためのルール（規範）を定めた法である。そして，民法は，刑法や憲法などの市民対国家との関係を規律する場面とは異なって，各市民がその相互の関係において対等・平等であることを前提として，原則として，自己の自由意思によってその法律関係を形成することが

図表1-1　現在の法システムの基本的分類

規律対象	基本的考え方	このグループに属する主な法律

法　律
├─ 公　法──国家対市民の関係──支配・命令・強制──憲法, 刑法, 行政法, 民事訴訟法, 刑事訴訟法など
├─ 社会法──市民相互間の関係──支配・命令・強制──労働法, 社会福祉法など
└─ 私　法──市民相互間の関係──自由・平等────民法, 商法, 手形法, 利息制限法など

できる（契約を締結できる）という想定のもとで組み立てられている（私的自治の原則）。契約の場面では私的自治のコロラリーとしての契約自由の原則が妥当する。したがって民法においては，問題の解決＝規範の適用においても，対等・平等な市民の自由な意思を尊重することが望ましい。

(3)　**法の分類としての公法と私法**　　以上のような説明に依拠すると，法律の中には，刑法のように，国家と市民の関係を規律する法律と，民法のように，市民相互間の関係を規律する法律の2種類が存在することが指摘できる。前者のグループに属する法律を**公法**，後者のグループに属する法律を**私法**というが，この公法・私法という分類は，私たちの法システムにおける最も基本的な分類であるとされている（→図表1-1）。なお，公法・私法の中間に位置するものとして，労働法などの社会法というグループが存在する（社会法については→6頁以下）。

２ 法システムの基本的分類としての公法と私法

(1)　**公　法**　　**公法**とは，国や都道府県のような自治体と個人との関係（刑罰，課税，選挙，福祉要求など）を規律する法である。この意味で，国家・自治体と個人とのいわゆる「タテの関係」を規律する法律である。公法は，法治主義の原則（ないしは「法の支配」の考え方）のもとで，国家権力の客観的合理的行使を確保し，それによって国民の権利利益を保障することを目的とする。この意味では，公法は，国家による公権力の行使を正当化する根拠にもなる。そこには，上述のように，**支配・命令・強制の契機**が存在することも特徴となる。

公法に属する法律としては，刑法のほかに，憲法，行政法，刑事訴訟法，民事訴訟法などがある。もっとも，行政法とは，地方自治法・行政手続法等の行政に関する事項を規律する法律の総称であり，行政法という名称の法律は存在しない。また，民事訴訟法は，市民相互間の紛争解決を対象としているが，国家

が行う裁判の手続を定めたものであるから，公法に位置づけることができる。

(2) **私 法**　これに対して，**私法**とは，私人（市民，個人）相互の私的な生活関係を規律する法である。いわば私人相互間のいわゆる「ヨコの関係」を規律する法であり，上述のように**自由・平等**がその基本的な考え方として妥当する。私法に属する法律としては，民法，商法，会社法，消費者契約法などがある。

(3) **民事法**　なお，これらの私法に属する法律と公法である民事訴訟法を，民事紛争の処理という観点から一括して**民事法**と呼ぶこともある。これに対して，刑法，刑事訴訟法等の刑事関係の法律は，一括して**刑事法**と呼ばれている（→WINDOW 1-1）。

③ 公法と私法が区別される理由

ところで，公法と私法の区分は，すべての法秩序においてつねに自明のものというわけではない。ヨーロッパのいわゆる大陸法系の国々では多くみられるが，英米法系（コモン・ロー）はこのような区別に依拠していない。また，法によって一定の社会的な目的を実現しようとするとき，公法と私法の効率的な協働が求められることがある。したがって，この区分それ自体を絶対視する必要性はないが，私たちの法システムにおける基本的な区分として認識することは有用である。その理由は，この公法・私法の区分に，私たちの社会（近代市民社会）の基本理念である自由と平等の考え方が反映されているからである。

近代市民社会の基礎となる原理は，自由と平等である。これに対して，近代以前の中世封建社会では，人々は，自由でも平等でもなく，例外的な場合を除いて，その生まれた身分にしばられていた。人々は，どのような身分に生まれてくるかによって，その一生を決定されていたのである。たとえば，農民の子は，生まれた土地で，父と同様に農民となることを義務づけられており，自分の望む職業に就いたり，違った土地に住むことはほとんど不可能であった。

このような身分制社会を打破して出現した近代市民社会において，人々は自由と平等を獲得することになった。そこでは，人々は，封建社会のように身分によってではなく，自らの自由意思によって締結することができる契約によって，その社会関係を形成することができるとされた（こうした推移については，H. メインの「身分から契約へ from status to contract」という言葉で表現されることがよくある）。また，近代市民社会は，経済的には自由競争を基本とする資本主義

□ WINDOW 1-1

1つの事実に複数の法分野・法律が関係する

　本文でみたように，法律はいくつかの分野に分かれているが，1つの事実に対し，複数の法分野・法律が適用されることも少なくない。

　たとえば，自動車を運転していたAがスピードを出しすぎ，横断歩道を渡っていたBをはね，負傷させたというケースを考えてみよう。Aが起こしたこの交通事故に対しては，通常，次の3つの法律が適用され，各々の法律に規定された責任が追及される。

　①刑事法上の責任（刑事責任）　　加害者のAは，交通事故を起こしたのであるから，警察・検察の取調べを受け，場合によっては，起訴されて裁判所に送られ，刑事法上の規定により，罰金や禁錮・懲役などの刑罰を受ける（2022年刑法改正〔法律第67号〕により，禁錮刑と懲役刑は一本化されて拘禁刑となる）。自動車の運転の場合は，自動車の運転により人を死傷させる行為等の処罰に関する法律〔いわゆる自動車運転死傷行為処罰法〕2条〔危険運転致死傷〕，3条・5条〔過失運転致死傷〕が適用される。本法の対象となる「自動車」には原動機付自転車が含まれる（1条）。ちなみに，近時，社会的な問題としても関心が向けられた自転車（いわゆる電動アシスト自転車も含む）の運転は免許を前提としておらず，その運転によって死傷事故を起こした場合には，本法ではなく刑法（209条〔過失傷害罪〕，210条〔過失致死罪〕，211条後段〔重過失致死傷罪〕）が適用される。なお，自転車の運転は，自動車の運転とは異なり，危険性が高くないとされており，刑法211条前段（業務上過失致死傷罪）における「業務」に該当せず，同条前段は適用されない。

　②行政法上の責任（行政処分）　　Aは，道路交通法に違反しているので，都道府県の公安委員会によって免許の取消し・停止などの行政処分を受ける（道路交通103条）。

　③民事法上の責任（民事責任）　　Aは，被害者のBに対し，治療に要した費用や慰謝料などの損害を賠償しなければならない（709条・不法行為）。

　刑事責任は裁判所が科すものであり，行政法上の責任としての行政処分は行政機関が行うものであり，この点に両者の違いはあるが，いずれも国家が個人であるAに対して刑罰や行政上の不利益を負担させるものである点で共通する（公法上の責任）。民事責任はAとBという個人と個人の関係において生じる点で，それらとは性質の異なるものとなる（もっとも，最終的にはその責任の内容の実現に国家の助力が与えられる点で国家機関の関与がある）。

　④これらの責任相互の関係　　このように刑事責任・行政法上の責任・民事責任の3つは，それぞれ固有の目的を有しており，原則として，個別に判断されることから，併存してAに負担させることが可能となる。Aが刑罰や行政処分を受けた場合であっても，それによって，AはBに対する損害賠償の義務を免れることにはならない。逆に，刑事責任を免れたり，行政処分を受けなかったりしても，民事責任の余地は残るのである。個別事案によるが，損害の賠償や和解，示談などで民事責任を果たすことで，事実上，刑事責任や行政上の責任を免れることがある。

6

社会であり，国家は，市民相互間の関係や取引に介入できないとされた（自由放任〔レッセ・フェール laissez-faire〕）。こうした考え方に基づいて，国家の役割は，警察，消防，衛生，軍備などの，市民の安全や自由競争を確保するためのものに限定された（夜警国家思想）。

　これらの法理念を体現する近代市民法（近代市民社会の法——おおむね，18世紀の終わりから19世紀のはじめにかけて確立したとされる）では，自由・平等が基本理念となり，国家に命令・強制権を認める法は，市民に安全や自由競争の場を確保するための例外的なものとして位置づけられた。近代市民社会のこのような在り方が前提となって，上記のような公法と私法の区分が受け入れられた。

④ 社会法（労働法）の出現

　(1)　**労働問題の発生**　　自由と平等が近代市民法の基本原理となることによって，社会は活性化し，資本主義経済もおおいに発展した。しかし，人はみな平等であるとの理念に基づく近代市民社会においても，経済力（富，財産）の不平等の問題は，そのまま放置された。こうした経済力の不平等は，実質的には自由の不平等をもたらした。この問題が典型的に現れたのは，労働関係においてである。19世紀後半になると大型化した企業と，個々の労働者との経済的・社会的力の格差が非常に大きくなり，企業側が，自己の優越的地位（労働者は，企業に雇用されないと生計の維持が不可能であるが，企業は，その労働者と契約しなくとも，他の労働者と契約すればよい）を利用して労働者に不利な契約条件を押しつけるようになった。

　(2)　**社会法の展開**　　このような労働契約をなお純然たる私法上の関係と捉え，両当事者の自由に委ねると，その契約は企業側に一方的に有利なものとなり，結局，「弱肉強食」を肯定することになる。こうした問題に対処するために，労働関係や社会保障などの領域においては，19世紀末ぐらいから，労働法や社会保障法など**社会法**と呼ばれる国家が積極的に介入する法領域が形成された（このような動きに伴って，20世紀においては福祉国家思想が支配的となった）。

⑤ 消費者法の生成

　(1)　**消費者問題の発生**　　本来，国家の介入が否定されるべき市民相互間の「ヨコの関係」に国家が積極的に介入し，当事者の自由を制限するという現象は，労働法の領域だけでなく，民法の領域においても契約自由の原則の制限と

いう形において，しばしばみられるようになった。たとえば，借地や借家の契約では，通常，賃貸人（地主・家主）の力が賃借人に比べて強く，賃借人に不利な契約条件が約定されることが多かった。このため，民法の規定を修正する内容の借地借家法（一般には「しゃくちしゃくやほう」とも呼ばれている）が制定され，賃借人の保護が強化された。

（2）　**消費者法の展開と重要性**　　さらに，契約自由の原則の制限については，大量生産，大量消費という社会構造の変化のなかで発生した消費者問題に対応するために出現した消費者法の領域において大きな展開がみられる。とりわけ，消費者と事業者との契約（消費者契約）においては，消費者と事業者間の情報や経済力の格差から消費者の利益が損なわれることが多い。こうした格差を是正するために，製造物責任法（PL法：消費者が製品の欠陥を立証すれば製造者に過失がなくても賠償責任を認める），割賦販売法（分割払いで商品を購入したときの消費者の権利を保護する），特定商取引法，消費者契約法などが制定されてきた。

特定商取引法では，訪問販売などの一定の販売方法について，消費者が事業者の不意の訪問で購入決定をしたような場合には，それを考え直す機会を消費者に与えるために，一定の期間，無条件で契約を撤回するクーリング・オフの権利を認めている（特定商取引法については，→208頁以下。なお割賦販売法にも同種の規定がある）。とりわけ，2000年の消費者契約法の制定以降，消費者法の展開は民法の領域に大きな影響を与えている。消費者法の規律を考慮することなしには，消費者と事業者間の契約ルールを理解することも，またその重要な問題について現実的な解決を導くこともできないのである。

そこで，本書での新たな試みとして，消費者契約の特則については「消費者契約法・特定商取引法」として1つの章を割り当てて概説した（→第6章）。ちなみに，消費者法においては，労働法が労働者を保護するのと同じように，消費者を保護する側面を持つことが強調されるが，それだけでなく，米国や欧州にみられるように，公正な市場ルールとして競争法的な意味を持つことを理解しておくことも重要である。市場での取引というゲームを成立させるために，消費者法のルールを遵守しない企業は市場からの退場を余儀なくされることになる。こうした観点からも，消費者法を学ぶ意義を認識しておいてほしい（→WINDOW 6-1）。

> **WINDOW 1-2**　　　　　　　　　　　　　　　　　　　　◀◀
>
> ## 民法の特別法の種類とその主要なもの
>
> 　民法の特別法は，以下の2つに大別される。
>
> 　⑴　**本来の意味で民法の特別法であるもの（民法との適用の優劣が問題となるもの）**
> 商法，会社法，消費者契約法，電子消費者契約法，借地借家法，労働基準法，労働契約法，
> 利息制限法，信託法，割賦販売法，特定商取引法，金融商品取引法，貸金業法，製造物
> 責任法（PL法）などである。
>
> 　⑵　**民法の付属法（民法との適用の優劣が問題にならないもの）**　　たとえば，不動産
> 登記法，戸籍法，遺失物法など。これらの法律は，民法に付属して，その内容を補充す
> るものである。それらの多くは，技術的・手続的なものであり，民法自体に入れ込むと
> 民法の分量が膨大となるので，別の法律に分離されたものである。したがって，これら
> の法律は，厳密には特別法ではなく（一般法―特別法という場合には，通常，適用の優劣
> が問題となる），付属法ともいうべきものであるが，一般には，これらの法律も特別法に
> 分類されている。
>
> 　⑶　**民法規定を拡張する特別法**　　特別法が適用される場合に，それに関する民法の
> 規定の適用を排除しない旨を定めるものがある。たとえば，消費者契約法6条は，消費
> 者契約法4条1項から4項までの規定は民法96条の規定の適用を妨げるものではないと
> 規定する（消費者契約法については，→第6章を参照）。この場合には，特別法の当該の
> 規定は民法の特定の規定の要件を緩和したり，その適用範囲を拡張したりするものとなる。

3 ── 一般法と特別法

① 一般法・特別法とは

　民法は私法の一般法であるといわれている。この意味は，民法は私人（市民）
相互の生活関係を一般的に規律する基本的なルールであるということであり，
その規定の適用にはとくに限定はない。民法は，職業・年齢・男女の区別な
く，すべての人に適用される（民法の適用範囲の詳細については，→39頁以下）。こ
うした私的生活関係を規律する法律は民法だけではなく，他にも多数存在して
いる。もっとも，これらの法律の適用範囲は，特定の対象に限定されているこ
とから，民法のような一般法との対比で，特別法と呼ばれている（特別法につい
ては，→WINDOW 1-2参照）。たとえば，商法は，もっぱら商人や商取引に限定
されており，民法に優先して適用される。また，消費者契約法の適用範囲は，
私人間の契約一般ではなく，事業者と消費者間の契約に限定されている（同2
条）。つまり，民法であれば事業者間の取引にも適用されるが，消費者契約法

はそうではないのである。

　このように，法律には，人，地域，事項などについて具体的な限定をしないで一般的・基礎的に適用される法律と，特定の人，地域，事項などについてだけ限定的に適用される法律の2種類があり，この関係

図表1-2　一般法と特別法の関係

一般法	特別法
民　法	商　法
民　法	消費者契約法
民　法	特定商取引法
消費者契約法	特定商取引法

において，前者を**一般法**（民法や刑法がこれにあたる）といい，後者を**特別法**（たとえば，民法の関係では**商法，消費者契約法**）という（→図表1-2）。

2 特別法は一般法に優先する

　「特別法は一般法に優先する」という原則が存在する。同じ問題について特別法と一般法の双方に規定がある場合には，特別法の規定が優先して適用される。これは，一般的には，特別法は，立法者が特定の人，地域，事項などについて，とくに立法化したものであるから，その規定は，民法の一般的な規定より，その事態を規律するのに，より合理的であると考えられることによる。

　たとえば，商法（特別法）が対象とする事項であっても，商法に規定がない場合には，民法（一般法）の規定が適用される。一般法は，特別法の規定のないところでは，それを補完する機能を有する。もっとも，一般法と特別法との関係は相対的であって両者に共通する原則が妥当すると考えられる場面がある（その具体例として，→WINDOW 1-2(3)）。

　特別法の解釈において，特別法の規定には一般法よりも強い法的効果が与えられていることから，拡張解釈や類推適用等の手法の利用について一般的に消極的な立場をとるものがある。だが，消費者法の領域では当該の紛争や類似の紛争を解決するために柔軟な適用が求められることがあり，そうだとすると，拡張解釈を許さないような厳格な立場は必ずしも適切ではないであろう。

3 特別法の強行規定

　さらに，特別法が多くの場合，強行規定を定めていることにも注意が必要である。たとえば，民法が規律する契約について，前述した消費者契約法などの特別法が特定の契約当事者（消費者や労働者，一定の取引の相手方など）の保護を目的とする規定を設けている場合には，契約書でこうした強行規定に反する条項を定めても無効になる。特別法の検討は，この意味でも重要である。

4 ── 裁判による権利実現

1 権利は裁判によって実現される

(1) **紛争解決の方法の多様性**　買主がいくら催促をしても売主が商品を引き渡してくれないとか，自分の土地に他人が勝手に建物を建ててしまったというような場合，権利者（この場合は買主や所有権者）はどのように対処すればよいのであろうか。このような法的紛争が生じた場合の解決方法には多くの可能性があるが，それらのうちで最も望ましい（時間とコストがかからない）のは相手方との話合い（合意）によって，紛争を円満に解決することである。こうしたことから，裁判以外にも，紛争をできるだけ話合いによって解決するためのさまざまな制度や機関が存在している（以上の点については，→WINDOW 1-3）。

(2) **自力救済の禁止と裁判制度**　もっとも，このような制度や機関を利用しても，話合いがつねに成立するとは限らない。仮に話合いが成立しない場合，実力行使はできるのであろうか。近代社会では個人が自らの実力によってその権利を実現することは禁止されている（**自力救済の禁止**）。たとえば，相手方の倉庫にいったん搬入した商品を代金の未払いを理由に，力ずくで引き上げてくることは許されない（窃盗罪にもなる）。こうした自力救済は平和な秩序を乱すことになるからである（最後は，両者の命をかけた決闘にまで行き着くことになるかもしれない）。

国家機構が整備された近代社会では，自己の権利の実現は，必ず国家（裁判所）を通して行うことが原則となっている。もっとも，例外として，国家による事後的な対応では，その権利実現が不可能になるような場合（たとえば，自分の物を盗んだ泥棒が目の前から走って逃げようとしている場合など）には，自力救済が認められる余地がある。

私たちの社会では，相手方との話合いがつかない場合には，最終的には，紛争は国家機関が運営する裁判によって解決されることになる（わが国の裁判システムについては，→WINDOW 1-4）。

2 権利実現の法システム

(1) **裁　判**　それでは，この裁判による権利の実現はどのようなプロセスで行われるのであろうか。上記の場合であれば，権利者は，裁判所に訴えを提

WINDOW 1-3　◀◀

民事紛争の主な解決方法

法的紛争発生

┌─ I　紛争解決機関を利用しない解決方法（私的な紛争処理方法）

①権利の実現をあきらめる（泣き寝入りする）：権利者の自由である（処分権主義）。

②相手方との合意によって解決する，裁判所の関与しない和解（和解契約〔695条以下〕）：和解契約の確定効─問題を蒸し返すことができない（696条）。

③自分の力で権利を実現する（自力救済）：禁止されている（占有秩序の維持）。

└─ II　紛争解決機関を利用した解決方法

①裁判外紛争処理制度（ADR：Alternative Dispute Resolution）を利用する：公的ないし私的機関による相談・斡旋・調停・**仲裁**[1]など。最近では多く利用されるようになっている。

　(a)　行政によるもの：国民生活センター，消費生活センター，公害等調整委員会など

　(b)　民間機関によるもの：PLセンター，交通事故紛争処理センターなど

②裁判所を利用するもの

　(a)　裁判所を利用した合意による解決：（裁判所での）**調停**[2]，**裁判上の和解**[3]など

　(b)　強制的な紛争解決（どうしても話合いがつかない場合）：民事訴訟（裁判），非訟事件（家事審判，借地非訟事件）

　(c)　団体訴権　消費者団体による集団的権利救済（差止請求や金銭的賠償）

1)　**仲裁**　仲裁とは，当事者の合意（契約の中で仲裁合意についての条項が置かれる）によって紛争の解決を第三者（仲裁人）の判断（仲裁判断）に委ねる手続をいう（仲裁法を参照）。当事者はこの仲裁判断の内容に拘束される。仲裁では，当事者の合意によるのは仲裁人の判断に委ねるということまでであり，紛争解決の内容は仲裁人の判断によって定められる。この点で当事者の合意が紛争解決の内容にまで及ぶことになる調停と区別される。国際商取引における紛争解決には仲裁が利用される場合が多い。

2)　**調停**　調停委員を交えた当事者の話合いで紛争を解決しようとするもの。調停の内容について当事者が合意することが前提となる。非公開の話合いによる解決であり（裁判は原則公開），当事者の意向を尊重した解決となることが多い。また，裁判と比べると，申込手続も簡単で費用も安い。民事調停，商事調停，家事調停などいくつかの種類があるが，家事紛争の一部（離婚，遺産分割など）については，裁判の前に一度調停を経ることが要求されている（調停前置主義。民調24条の2第1項，家事257条）。家庭内の紛争は，訴訟で白黒をつけるよりも，調停によって円満な解決をつける方が望ましいからである。なお，調停が成立した場合に作成される調停調書には，確定判決と同じ法的効力がある（民調16条，家事268条1項）。

3)　**裁判上の和解**　裁判所の関与する和解であり，裁判官の勧めで行われる訴訟上の和解（民訴89条・265条）と，簡易裁判所における起訴前の和解（即決和解。民訴275条）の2種類がある。和解が成立したときに作成される和解調書には，確定判決と同一の効力がある（民訴267条）。

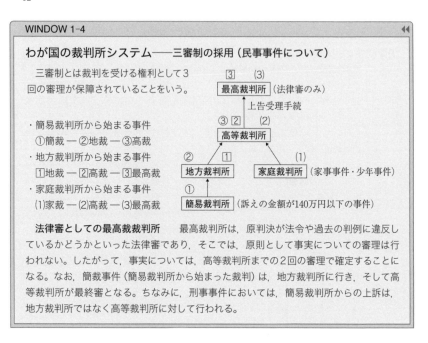

WINDOW 1-4

わが国の裁判所システム──三審制の採用（民事事件について）

三審制とは裁判を受ける権利として3回の審理が保障されていることをいう。

・簡易裁判所から始まる事件
　①簡裁 ― ②地裁 ― ③高裁
・地方裁判所から始まる事件
　①地裁 ― ②高裁 ― ③最高裁
・家庭裁判所から始まる事件
　(1)家裁 ― (2)高裁 ― (3)最高裁

③　(3)
最高裁判所（法律審のみ）
上告受理手続
③②　(2)
高等裁判所
②　①　(1)
地方裁判所　家庭裁判所（家事事件・少年事件）
①
簡易裁判所（訴えの金額が140万円以下の事件）

法律審としての最高裁判所　最高裁判所は，原判決が法令や過去の判例に違反しているかどうかといった法律審であり，そこでは，原則として事実についての審理は行われない。したがって，事実については，高等裁判所までの2回の審理で確定することになる。なお，簡裁事件（簡易裁判所から始まった裁判）は，地方裁判所に行き，そして高等裁判所が最終審となる。ちなみに，刑事事件においては，簡易裁判所からの上訴は，地方裁判所ではなく高等裁判所に対して行われる。

起し（訴状を提出し），商品の引渡しや建物の撤去を請求する権利があることを認めてもらい，そのうえで，引渡しや撤去を命じる判決を得る必要がある。この**裁判**が，権利実現システムの第1段階であり，その手続を定めているのが民事訴訟法である。

　(2)　**執　行**　　この引渡しや撤去を命じる判決に相手方が素直に従えば問題はそこで解決するが，この判決にもかかわらず，相手方がなお引渡しや撤去をしない場合も少なくない。そこで，第2段階として，その**強制的な実現**（執行）を裁判所に請求しなければならない。この強制的な実現は，引渡しや撤去の場合には，それを裁判所（執行裁判所）の手で行うという方法でされるが，命令の内容が金銭の支払いである場合（代金の支払いや損害賠償を請求するときなど）には，相手方の財産を差し押さえ，それを競売（「きょうばい」ともいう）して，その売却代金のなかから代金を回収したり，損害賠償に充てるという方法で行われる（その手続は民事執行法が定めている）。

5 ── 実体法と手続法

1 実体法と手続法

　このように，民法や商法で認められた権利の実現のためには，裁判所の助け
が必要であるが，そのための手続を定めた法律を**手続法**といい，これには民事
訴訟法や民事執行法などがある。これに対し，民法や商法のように，権利の発
生・変更・消滅そのものについて規定している法律を**実体法**という。

2 実体法と手続法の区別

　この実体法・手続法の区分は，近代法システム特有のものであり，近代以前
の社会においては，この両者は区分されていなかった。その典型は，かつての
ローマ法であるが，そこでは，個々の紛争類型ごとに訴権という手続法上の権
利が存在していたにすぎず，この訴権として認められた権利のみに法的保護が
与えられていた。しかし，この方式では，新しい紛争類型が出現するたびに新し
い訴権を作り出さねばならないことになり，それでは訴権の数が膨大になって
しまう。また，訴権として認められるようになるには一定の時間が必要である
が，その間は保障されるべき利益が保障されないことになる。そこで，近代法
では，一般に，この両者を区分し，まず実体法で一般的・抽象的に権利を定めて
おき，その実現の手続は別に定めるという方式が採用された。もっとも，消費
者法では，消費者の権利をより実効的に行使するために，権利実現のための手
続を同一の法律に定めることが望ましいとされることがある（消費者契約法は消
費者団体の訴権として差止請求権を規定している。→WINDOW 6-2）。

第2節 民法の規範はどこに存在するか──民法の法源

1 ── はじめに

　民法は，先にも述べたとおり，市民相互間の関係や紛争を処理するための
ルール（規範）を定めたものである。この民法の規範は，どこに存在している
のであろうか。この問いに対しては，民法あるいはその特別法にあると一応答

□ WINDOW 1-5　　　　　　　　　　　　　　　　　　　◀◀

成文法主義と判例法主義

　世界の法システムを比較法的にみると（各国の法や法制度を比較し，その類型化や異同を考察する研究領域を比較法という），大きくは，大陸法（ヨーロッパ大陸で発展してきた法体系）における成文法主義と，英米法における判例法主義が対立していることがわかる。わが国の諸法典は，主として大陸法を継受しており，その意味でわが国は大陸法系に属するものといえる。コモン・ロー体系である英米法圏では，伝統的に成文法は存在せず（大陸法におけるような民法とか商法という大法典は存在しない），裁判は，主に先行する裁判例を法源として行われてきた（先例拘束主義）。

　現在では，英米法圏も，たとえば，イギリスなどでは制定法の形式がとられることも多くなり，法典化の流れにさらされており，他方で大陸法の国々でも判例が重要な役割を果たすようになってきている。この意味では，大陸法と英米法の違いは，かつてほど大きいものではないといってよいだろう。

えることができそうであるが，問題はそれほど単純ではない。裁判官は，民法やその特別法以外のものからも，その裁判の規準を引き出すことがあるからである。一般に，裁判官が判決を下すときに規準となる規範を引き出すことができるものを**法源**という。

2——民法の法源

①制定法（成文法）

　民法の法源として一般に考えられているのは，①民法典（形式的な意味における民法）や特別法などの**制定法**（文書の形式で定められているので成文法ともいう。→WINDOW 1-5），そして②**慣習**，③**判例**（裁判所の判決例），④**条理**の4つである。これらのうちで，最初の民法や特別法などの制定法が，（実質的な意味での）民法の第1の法源となる。この制定法については，国会で制定される法律だけでなく，内閣や各省庁が制定する命令（政令，省令）や自治体の制定する条例なども，民法の法源となる。

②慣　習

　(1)　**慣　習**　　慣習とは，特定の業界や地域などで長い間継続して規範（ルール）と認められてきたものをいい，その中で，とくに法的な拘束力を持つと考えられているものを**慣習法**という。慣習は，自然発生的なものであるが，その業界や地域の人々にとって規範として機能していると認めることができれば，

それを紛争解決の基準として活かすことが望ましい。

　(2)　**法の適用の通則法**　法の適用に関する通則法3条は，一定の制限のもとで，すなわち，「公の秩序又は善良の風俗に反しない慣習」であって，「法令の規定により認められたもの」(たとえば，217条・219条3項など) および「法令に規定されていない事項に関するもの」(たとえば，水利権〔流水を灌漑などに利用する権利〕・温泉権〔たとえば湯元から引湯する場合のように，温泉を利用する権利〕など) に限って，法律と同一の効力を有することを認めて，こうした慣習の法源性を承認した。

　(3)　**商慣習法**　商法では，商事に関して商法に規定のない場合には，商慣習法を適用し，商慣習法のないときに限って民法が適用されると規定して (商1条2項)，民法の規定よりも商慣習法が優先するとしている。これは商人間の取引の自律性を尊重したことによる。

　なお，民法でも，契約などの法律行為について，公の秩序に関する規定に反しない慣習があり，当事者がそれに従う意思を有していると認められる場合には，当事者はその慣習に従わなければならないと規定している (92条：事実たる慣習)。したがって，この意味で慣習は法源となる。実際には民事の契約においても，慣習は大きな意味を持っている。

③ 判　　例

　同種の事件についての先行する個々の裁判例から後の裁判を拘束する部分を法規範の形で定式化したものを判例という。判例は，裁判所が示した解釈である。したがって，現実の法を知るためには，裁判所の判断である判例の内容が重要であり，本書でも重要な判例は引用されている。判例の法源性については，さらに，→WINDOW 1-6参照。

④ 条　　理

　以上の制定法，慣習，判例のどこにも裁判の基準を見出せない場合，裁判官は，最終的には条理によって裁判をすることになる。条理とは，通常，物の道理のことをいい，一般社会人が従わなくてはならない健全な常識のことである。この条理を民法の法源として直接定めた規定はないが，かつての太政官布告 (明治8年) では，成文の法律も慣習もない場合には条理によって裁判することを規定していた (この布告がなお，通用しているかには争いがある)。条理を法源

□ WINDOW 1-6 ◀◀

判例は法律と同じ効力を持つのか──判例の法源性

　判例を，法律と同じような法源性を持つものとみてよいかは争いがある。憲法76条3項は，裁判官は憲法および法律のみに拘束されるとしており，わが国においては，裁判官は，先例に従うことを強制されていないこと，裁判所に立法権限がないこと，裁判所法4条が上級審の裁判所の判断はその事件について下級審の裁判所を拘束すると定めることを理由に，判例を正面から法源の1つとみることに否定的な見解が多数である。

　とはいえ，実際に，判例が裁判規準として機能していることを否定することは困難である。実際の裁判においては，過去の同種の事件における先例に従って判決が下されることがほとんどだからである。また，法的にも，最高裁判所が先例を変更する場合は大法廷によらなければならないし（裁所10条ただし書3号），下級裁判所が最高裁判所の判例に反した判決を出した場合は，上告受理の申立てができるので（民訴318条1項），先例と異なる判決が出されることはあまりない。実際にも，同種の事件については同じ判断基準で判決されることがほとんどである。成文法主義（→WINDOW 1-5）をとっているわが国においても，判例が事実上，重要な法源であることには異論はない（判例〔判決文〕の読み方については，→WINDOW 1-12）。

とみることができるかには争いがあり，否定的な見解が有力である。なお，比較法的にみると，条理の法源性を認めている例としてスイス民法1条がある。

3──民法典の構成と沿革

1 民法典の構成

　(1)　**財産法と家族法の区別**　　民法の法源の中心である民法典は，総則，物権，債権，親族，相続の5編から構成されている（民法構成の全体図については，→WINDOW 1-7）。こうした編成方式をパンデクテン方式と呼んでいる（→WINDOW 1-8）。前の3編は財産関係の規定であるので**財産法**，後の2編は家族関係の規定であるので**家族法**という。

　(2)　**各編の内容**　　**総則編**は，法律関係の主体（当事者）である人，客体である物，権利変動（法律行為の成立や期間・時効など）について規定する。民法の構成としては民法全体の共通ルールを規定した形になっている。

　物権編は，所有権を代表とする種々の物権（物に対する権利）や物権の移転・設定（物権変動）について規定する。

　債権編は，債務者に対する一定の行為の請求権であるところの債権（たとえ

□ WINDOW 1-7 ◀◀

民法典の構成とその「総則」好き

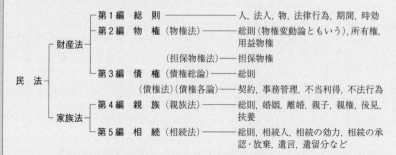

　(1)　共通ルールとしての総則　　日本の民法典は，5つの編からなり，第1編は「総則」である。編別の構成の最初には「総則」が置かれている。それだけでなく，各編，各章，各節，各款においても総則が設けられ，それぞれの箇所における共通のルールがまとめられている。

　このような「総則」は，具体的な諸規定を集めてそこから共通の通則を抜き出して，さらにそのような通則を集めて，その上に通則を作るという発想によって生み出されたものである。たとえば，売買契約，賃貸借契約，遺言，会社の設立などの行為から，共通の性質を取り出して法律行為という法概念を構成し，これを総則に置くやり方である。因数分解のイメージで考えると，ax＋bx＋cxから，それぞれの項に共通するxを取り出して，x（a＋b＋c）とするようなものである。こうした体系をパンデクテン方式（→WINDOW 1-8）と呼んでいる。

　(2)　総則の難しさ　　総則を作り出していく抽象化は，現実の法律関係と規定の対応関係を複雑なものとし，その理解を困難にする。たとえば，債権編中から売買契約に関係する条文を探し出すことは，かなり骨の折れる作業となる。このように「総則」の多さが，民法の諸概念の抽象化につながり，初学者の民法の学習を難しくする面も無視できない。だが，民法には「総則」規定が存在している以上，それを理解しないで民法をマスターすることはできない。

　(3)　総則の再編成の方向　　近時は，民法総則編を解体して，法律行為など，契約法に関係する総則規定を契約法のところに配置して（たとえば，オーレ・ランドー教授が提唱した『ヨーロッパ契約法原則』など），総則は「人」に特化された編として再編成しようとする考え方も主張されている。

　学習者の便宜のために，新プリメール民法シリーズの各巻と民法編別構成とを対比させておくと，「総則編」は1（民法入門・総則）で，「物権編」は2（物権・担保物権法）で，「債権編」の前半は3（債権総論）で，「債権編」の後半は4（債権各論）で，また「親族編」と「相続編」を合わせて5（家族法）で扱う。

□ WINDOW 1-8　　　　　　　　　　　　　　　　　　　　◀◀

パンデクテン方式

　「パンデクテン」と聞いて何のことかわかる人はほとんどいないだろう。日本民法の基本構造を理解するために説明しておこう。ユスティニアヌス法典 (ローマ法大全) の中にある「学説彙纂 (いさん) (ラテン語では digesta, ドイツ語では Digesten)」の別名をドイツ語で表現したものがパンデクテン Pandekten である。ドイツは，ローマ法を継受しその集大成である学説彙纂を一般的な私法 (ドイツ普通法 jus commune) の最大の典拠として用いていた。17世紀には，ローマ法はドイツ語圏内の大部分における「共通法」ないし「普通法 Gemeines Recht」となった。

　19世紀ドイツ普通法学 (パンデクテン法学) は，各領邦の社会情勢に応じて自由にローマ法を解釈する「パンデクテンの現代的慣用 *usus modernus Pandectarum*」を経て，学説彙纂の命題を体系化し近代的な法体系を作り上げた。この理論体系をパンデクテン体系という。ドイツ民法典に代表されるところの，こうしたパンデクテン体系に従った法典編纂方式のことを「パンデクテン方式」と呼んでいる。同じ大陸法系では，フランスが採用するインスティトゥーティオーネン (法学提要) 方式もある。

ば，売主の買主に対する代金支払請求権や交通事故の被害者の損害賠償請求権など) についての総則的な規定や，そのような請求権が発生する原因 (売買，消費貸借，賃貸借，請負などの種々の契約や事務管理，不当利得，不法行為) について規定する。なお，物権 (編) と債権 (編) の区別の意味については，→WINDOW 1-9を参照。

　親族編は，夫婦・親子などの家族の諸問題についての規定である。そして，最後の**相続編**は，人の死亡による財産の承継について規定したものであるが，財産の移転を対象としている点で財産法的な側面も強いことから，相続法の問題を考える場合には，財産法的な視点を欠くことはできない。

② 民法典の沿革

　(1) **旧民法典**　　現行民法典は，明治29 (1896) 年に財産法の部分が，明治31 (1898) 年に家族法の部分が公布され，ともに明治31 (1898) 年から施行されたものである。しかし，この民法典は2つ目の民法典であり，その前に実はもう1つの民法典 (いわゆる旧民法典) が存在していた。

　そもそも，わが国で民法典編纂が計画されたのは明治初年からである。政府は，まず，明治3 (1870) 年に江藤新平に民法典の編纂を命じたが，この試みは，江藤の下で実際に起草作業にあたった人たちにヨーロッパの近代法学についての知識が十分でなかったため，結局うまくいかなかった。

□ WINDOW 1-9　　　　　　　　　　　　　　　　　　　　　　　　◀◀

物権と債権の区別──民法の基本用語

　(1)　**物権と債権**　　物権は，所有権のように，物を直接に支配する権利である。そして，所有権は，誰に対しても主張することができる権利である（絶対的権利）。土地や建物を所有している，あるいは，自動車を所有しているといった場面で使われる。これに対して，債権は，特定人（債権者）が他の特定人（債務者）に対して，一定の行為ないし給付を請求する権利である（相対的権利）。債権の典型例は，売買契約における売主の代金債権，買主の引渡債権や，不法行為の場合における損害賠償請求権（債権）である。この場合の債権は，請求権と表現されることがある。債権を有する者を債権者という。債務とは，債権に対応して，債務者が債権者に対して一定の行為をする，ないしは一定の給付をする義務を負うことである。この義務を負う者を債務者という。債務の例は，引渡債務，代金債務，金銭債務である。

　(2)　**民法の体系における物権と債権の区別**　　こうした物権と債権の区別は民法の体系に関連している。その意味について，売買契約を例に説明しておこう。AがBから商品甲を購入するという契約を締結し，この契約が履行されると，「甲の所有権は，Aに帰属する」ことになる。この場面では「所有権」という物権がキーワードとなる。所有権とは，ある物を自由に使用・収益・処分することができるという物権＝権利（権能）である。AとBとの間の売買という「契約」の成立によって債権・債務関係が形成される。AはBに対する引渡債権を有し，これに対応して，BはAに引渡しをする債務を負う。BはAに対する代金債権を有し，これに対応して，AはBに代金を支払う債務を負うことになる。その関係を形成することで，先に述べたように，Aは甲の所有権を手に入れ，所有権者となったAは，甲を他人に譲渡することもできる。この場面では，債権の発生原因としての「契約」がキーワードとなる。

　この「所有権」と「契約」というのは，物権と債権という財産法の基本的な区分に対応して使われる。所有権では，主として，ある財貨が誰の物かということが問題となり，契約では，どのように財貨が移転されるか，が問題となる。民法は，前者の場面を物権編（財貨の帰属に関する法＝物権法）で，後者の場面を債権編（財貨の移転に関係する法＝債権法）で規定している。

---

　(2)　**法典の必要性**　　そこで，明治政府は，フランス人の**ボアソナード**に民法典の編纂を命じ，ボアソナードは明治12（1879）年から民法典の起草作業に着手した。明治23（1890）年には全5編からなる民法典が公布され，明治26（1893）年から施行されることになった。これが，**旧民法典**と呼ばれるものである。民法典の編纂が試みられた最も大きな理由は，江戸時代末期に徳川幕府が諸外国と結んだ不平等条約を改正するためであった。治外法権の撤廃や関税自主権の回復のためには，近代的な法制度の確立が不可欠であったのである。

③ 民法典論争

しかし、施行前年の明治25 (1892) 年頃から施行延期論が起こり、このボアソナードの作った旧民法は、結局、施行されなかった。その理由は、ボアソナードの民法典がわが国の家制度を無視したものであり、国情にそぐわない（それは、醇風美俗を破壊するとされた）というものであった。この延期論と断行論の間の論争を**民法典論争**と呼んでいるが、「民法出テヽ忠孝亡フ」という延期派のキャッチフレーズの影響が大きかったせいもあってか、最終的には延期論が勝利を収め、ボアソナードは失意のうちに日本を去ることとなった（ボアソナードがわが国の近代法制度の確立に果たした役割や民法典論争については、大久保泰甫『ボワソナアド』〔岩波新書、1977年〕参照）。

4 —— 民法典の成立とその後の改正

① 明治民法の成立

その後、政府は、明治26 (1893) 年に法典調査会を発足させて、新しい民法の編纂に取りかかった。そこでは、東京法科大学（東京大学法学部の前身）教授の梅謙次郎、富井政章、穂積陳重の3名が起草委員に選出され、この者たちが中心となって、ボアソナードが起草した旧民法を修正するという形で草案が作られた。これが帝国議会を通過して現在の民法（明治31〔1898〕年7月16日施行、明治民法と呼ばれる）となった。彼らは、19世紀後半にローマ法の体系化と概念構築に成功したドイツ法学の影響下で作られたドイツ民法典第一草案に従って、総則、物権、債権、親族、相続という編別（パンデクテン方式、→WINDOW 1-8）を採用した。このような形で明治時代に編纂された法典が、現行の民法典であり、先の旧民法典との対比で、「新民法典」と呼ばれることがある。

旧民法典が、フランス民法典の編別に依拠したものであったのに対し、「新民法典」は、ドイツ法的なパンデクテンの編別を採用したことから、ドイツ法を継受したとみられがちであるが、内容的にはフランス法を母法とする規定も多いことに注意する必要がある。

② 家族法の改正とその後の改正

この民法典は、その後、多くの改正や特別法の制定による修正を受けているが、改正のうちで最も大きいものは、戦後の大改革に伴う家族法の大改正 (1947

年）であった。戦前の家族法は，儒教的な「家制度」を基礎とした前近代的で，自由・平等の精神に反するものであった。戦後の新憲法の制定に伴い，個人の尊厳と両性の本質的平等を基本理念として，こうした家族法が全面的に書き改められた。

　これら以外の改正もいくつかあるが，とりわけ民法の現代語化（2004年）と，保証制度の改正法（2005年4月1日施行）が重要である。この間，さらに，製造物責任法，成年後見関連法，消費者契約法，一般社団・財団法人法など，民法の重要な分野に関係する立法も行われた。国際物品売買条約の発効（2009年8月1日効力発生）は契約法の国際化（現代化）という意味で象徴的な出来事の1つであった。

5 ── 近時の民法改正

① 民法改正（債権関係）の必要性

　(1)　**改正の基本方針**　こうしたなか，2009（平成21）年10月28日に開催された法制審議会の総会において法務大臣より民法改正が諮問された。それは「民事基本法典である民法のうち債権関係の規定について，同法制定以来の社会・経済の変化への対応を図り，国民一般に分かりやすいものとする等の観点から，国民の日常生活や経済活動にかかわりの深い契約に関する規定を中心に見直しを行う必要があると思われるので，その要綱を示されたい。」（諮問第88号）というものであった。

　(2)　**改正の必要性**　この民法改正の必要性は，次のように説明されていた。

　第1は，民法は国民生活の最も重要な基本法典であることから，債権関係の規定をこの間の社会の変化に対応させる必要がある，という点である。「我が国の社会・経済情勢は，通信手段や輸送手段が高度に発達し，市場のグローバル化が進展したことなど，様々な面において著しく変化しており，現在の国民生活の様相は，民法の制定当時とは大きく異なって」いるからである。

　第2に，民法を国民一般にわかりやすいものとする必要があること，である。「裁判実務は，民法制定以来110年余り（当時）の間に，解釈・適用を通じて膨大な数の判例法理を形成してきた」が，「その中には，条文からは必ずしも容易に読み取ることができない」ものも少なくなく，明確化する必要があ

る，というのである。

② 2017年改正民法（債権関係）の成立：契約法の現代化

(1) **改正理由** こうした諮問を受けて設置された民法（債権関係）部会は，民法改正の検討を数年にわたって継続し，2015（平成27）年春にその審議を終え，民法の改正案（民法の一部を改正する法律。以下では，改正民法と略する）が提示された。改正の理由は，社会経済情勢の変化に鑑み，①消滅時効の期間の統一化等の時効に関する規定の整備，②法定利率を変動させる規定の新設，③保証人の保護を図るための保証債務に関する規定の整備，④定型約款に関する規定の新設等を行う必要があることに求められた。改正民法は2017（平成29）年6月2日に公布され，2020年4月1日に施行された。

(2) **改正項目** 2017年の民法改正は，明治民法が1898（明治31）年に施行された後，120年ぶりの大改正として，債権法を現代化する目的で行われたものである。その改正項目は，2つの観点から整理できる（以下の具体例は民法総則に関係するものだけをあげる）。1つは，①社会・経済への変化という観点からのもので，実質的な規律を変更するものである。たとえば，「消滅時効」の規定である。もう1つは，②民法を国民一般にわかりやすいものとするという観点からの改正であり，それらの規定の多くは，これまでの判例法理を条文の形式で表現したものである。たとえば，意思能力に関する判例の明文化，錯誤規定の修正，代理権濫用の明文化などである。なお，①の改正は新たな規律を伴う改正であり，実務にも大きな変化をもたらすことになろう（改正民法の概要については，→新プリメール民法3〔第2版〕を参照）。

(3) **近時の民法改正** 2018（平成30）年には，民法の成年年齢を20歳から18歳に引き下げること等を内容とする改正（2022年4月1日施行）が成立した。成年年齢の引下げにより，これまで未成年者取消権によって保護されていた19〜18歳の年齢層に対する保護をどうするのかが問題とされ，その対応として消費者契約法の改正が2018年と2022（令和4）年に行われた（→193頁参照）。他にも，相続法の改正（2018年）や，特別養子制度の改正（2019年），所有者不明土地問題に関係して相隣関係の規定等の改正を行う「民法等の一部を改正する法律」（2021年）が成立している。さらに，嫡出推定制度を対象とする親子法制の見直しや子に対する懲戒権の廃止なども改正の課題とされている。民法の現代化を

目的とした改正は今後も続くことになりそうである。

 ## 民法の基本原則とその修正

1——はじめに

　近代市民社会の基本理念（基礎となる考え方）は，人間性（個人の尊厳）の尊重，そして自由と平等である。これらの理念は，近代市民社会の基本となる法律（私法の一般法）の基礎にあり，民法の基本理念として位置づけられている。近代市民社会の法は，自由で対等な市民が，財産権の保障のもとで自己の法律関係を自由に形成することができるという基本的な理念に立って形成されている。わが国の民法典においても，こうした理念に基づいて，①権利能力平等の原則，②所有権絶対の原則，③私的自治の原則（契約自由の原則および過失責任の原則）といった諸原則が導かれている（所有権絶対の原則，契約自由の原則，過失責任の原則の3つで三大原則と呼ぶこともある）。

　近代市民社会の発展は，社会の繁栄をもたらす一方で，市民間の経済的・社会的な力の格差を拡大させ，自由・平等の理念およびそれらの理念に基づく原則を形骸化させることにもなった。そこで，これらの理念や原則を実質化するために，それらをどのように修正し，補完するかが問題とされてきた。

2——民法の基本原則

① 権利能力平等の原則

　近代市民社会においては，外国人に対する若干の例外（3条2項）を除いて，すべての人に対して，国籍・階級・職業・年齢・性別によって差別なく，平等に権利や義務の帰属主体となることができる資格（**権利能力**）が認められている（3条1項）。これを，**権利能力平等の原則**という。中世的な身分制社会を打破した近代市民社会の理念を反映したものとされている。憲法14条は，こうした原則をより一般的な形で「法の下の平等」として宣言している。

　もっとも，こうした平等取扱いの原則は，判断能力が十分でない者を保護す

る制限行為能力者制度や，事業者と消費者間での情報・交渉力の不均衡を是正するための消費者保護のルールなどを形成することを妨げるものではない。それらは，むしろ実質的な平等取扱いを実現することに役立つものとなる。

② 所有権絶対の原則

(1) **所有権の自由**　近代的な所有権は，封建的な拘束を受けず，誰に対しても主張できる物を完全に支配する権利である。所有権者は，いわば自分の思うままに，その物を使用し，そこから収益をあげ，それを処分することができるとされ(206条参照)，そして他人は，もちろん国家であっても，その自由を侵害することができないとの思想に基づくものである(憲29条参照)。これが，所有権の絶対といわれる原則であるが，この原則により，人々は，安心して土地などに資本を投下し，それを利用することができるのである。したがって，資本主義の高度の発展は，この原則に負うところが大きいといえる。

(2) **所有権の自由の制限**　しかし，所有権の行使も社会的な制約を伴うことが意識されて，この原則にも修正が必要とされた。民法もすでに「法令の制限」を加えており(206条)，さらに，戦後の民法改正では「私権は，公共の福祉に適合しなければならない」とする規定を設けた(1条1項)。さらに権利濫用禁止の規定(1条3項)もまた，このような流れを反映している。

③ 私的自治の原則

私法の分野においては個人が自由意思に基づいて自律的に法律関係を形成することができる，という原則である。私人間の法律関係をどのように形成するかは，基本的に各人の自由な意思決定に委ねられている(自己決定)。

(1) **契約自由の原則**　こうした私的自治の考え方を実現するための手段として，契約が重要である。契約のレベルでは，私的自治の原則は「契約自由の原則」として現れる(→114頁)。つまり，契約当事者間の合意があれば，原則として自由に法的関係を形成することができ，国家は，その内容に干渉することをせず，その合意の内容を実現することを支援するのである。

このように，人は，原則としてその自由な意思決定についての責任は自分で負担しなければならないことになる。たとえば，自らの自由意思で結んだ契約については，必ず履行しなければならない。履行しなければ，国家の機関を通じて契約の実現を強制されることになる。その際，自分が被った損害・損失は

自分自身で負担しなければならないのである（いわゆる**自己責任の原則**）。

　(2)　**契約自由の制限**　　しかし，資本主義の発展は，契約自由の原則についても，その修正をもたらした。資本主義の発達は，経済的強者と弱者を生むが，これらの経済的強者と弱者との間の契約は実質的には不自由であり，それらの契約を契約自由の原則に委ねることは，結果的には弱肉強食を放置することになる。そこで，国家は，契約自由の原則を実質的なものにするために，特別法を制定して契約の自由を制限するようになった。労働基準法，利息制限法，借地借家法，割賦販売法などがその例である。

　(3)　**過失責任の原則**　　他方で，個人の自由な活動の結果として，過失によって他人に損害を与えた場合には，その賠償をしなければならない。これを**過失責任の原則**という。

　過失責任の原則によれば，故意・過失によって他人に損害を与えた場合にのみ損害賠償責任が発生する（415条・709条）。加害者に故意・過失がない場合，たとえば，地震によって自宅が倒壊し隣人の自動車を壊してしまったとか，他人の起こした交通事故の巻き添えで商品の納入が遅れ，取引先に損害を与えたというようなケースであれば，損害賠償義務は発生しないのである。

　過失とは簡単にいえば，損害が発生しないように注意しようと思えばできたのに，それをしなかったことである。故意の場合はもちろん，過失の場合も個人の意思決定が介在しているとみることができ，この意味で過失責任の原則も，私的自治の原則の一側面として位置づけることができる。

　故意や注意を怠った場合にだけ責任があるとされるのであるから，この原則によって人は活動の自由を保障されることになる。資本主義，とくに企業が発展したのは，この原則に負うところが大きいといわれているのは，このためである（→WINDOW 1-10）。

　(4)　**過失責任の原則の修正：無過失責任へ**　　もっとも，過失責任の原則も，被害者の救済という観点からの修正を受けている。公害や自動車事故のような不法行為責任が問題となる場合においては，被害者が加害者の過失を証明しなければならないが，その証明は実際的には不可能な場合が多く，過失責任主義を採用している限り，被害者の救済は難しいからである。

　そこで，公害や消費者保護法の分野においては，**無過失責任**（**危険責任**）を採

□ WINDOW 1-10　　　　　　　　　　　　　　　　　　　　　◀◀

過失責任の原則と危険責任

(1)　**過失責任の機能**　　過失責任の原則は，民法の基本原理の1つであり，市民の活動の自由を保障することで資本主義の発展に貢献しているといわれている。この意味を少し説明しておこう。

この過失責任の原則が存在しないとどうなるかを考えてみると，この原則の意味がよく分かる。過失責任の原則がなければ，故意・過失の有無にかかわらず責任が生じるのであるから，市民や企業は，何らかの理由で他人に損害を生じさせると，必ずその責任を問われることになる。しかし，地震や他人の起こした交通事故の巻き添えで他人に損害を生じさせた場合のように，損害の発生はしばしば予測不可能なことがあり，そのような場合にまで原因を発生させた者がすべてそうした責任を負担しなければならないことになると，彼らは安心して活動することができなくなり，重要な社会的な活動が萎縮してしまうおそれが生じる。

これに対して，過失責任の原則では，自分が注意を怠っていない限り，いくら損害が生じても，責任をとらなくてよいこととなる。責任を負担するかどうかは自分に要求される注意を払っていたかどうかにかかってくる。その意味で行為者は責任の負担について予測可能であることが前提となる。このことによって，市民や企業は自己の責任範囲を認識して安心して活動することが保障される。過失責任の原則は，市民や企業の活動の自由を保障し，そのことによって資本主義の発展を支えてきたのである。

(2)　**危険責任の台頭**　　一方で資本主義の高度化は新たな危険を生み出す。そこで，こうした危険に対処するために，過失責任とは異なり，一定の行為から発生した危険について故意過失を問わずに，行為者に責任を負担させるという考え方が主張された。これを危険責任という（たとえば，工作物責任における所有者の責任（717条）。なお，新たな技術が開発され，その技術の利用における危険性が認識されていても，社会的に技術を利用した活動が必要なときに，特別法によってこうした危険責任が課されることがみられる（鉱害賠償責任〔鉱業109条〕や原子力損害賠償責任〔原賠3条〕を参照）。

用した立法がされるようになった。たとえば，鉱業法，原子力損害の賠償に関する法律，大気汚染防止法，水質汚濁防止法，製造物責任法（PL法）などがその例である（→WINDOW 1-10）。

また，自動車事故についての自動車損害賠償保障法3条では，過失責任主義の原則を残しつつ，加害者に過失のないことの証明責任を負わせることによって，実質的に無過失責任主義を採用している。この無過失の証明は，実際的には，ほとんど不可能とされているからである。

民法の適用のしくみと私権行使の原則

1——はじめに

　本節では，民法の適用のしくみについて説明する。民法の規定が社会で発生するすべての問題（民事紛争）に1つ1つ個別的に対応する形で規定されているのであれば，問題の解決は，そのことを規定した条文を探すだけで自動的に出てくることになる。しかし，社会で生起する問題のすべてに個別的に解答を用意することは，実際にはとうてい不可能である（問題のパターンは無数にあるし，また，社会は日々変化しているので，絶えず新しい法律問題が生じてくる）。

　このため，一般に民法の規定は，その規定に関係して生じる問題のほとんどに対応できるような抽象的な規定となっている。そこで，この抽象的な民法の規定を具体的な事実関係にあてはめ，法律的な結論を導き出す作業が必要となる。この作業が民法の適用といわれるものである（法の適用は一般にそうした側面を持つのであり，民法だけの話ではない）。

　本節では，こうした民法の適用過程の論理的な構造について説明するとともに，権利と義務の発生原因や権利の種類，権利の行使についての原則などについても述べることにする。

　この民法の適用において問題となるのが，民法の規定の意味内容の確定という作業である。上述のように，民法の規定は一般に抽象的に作られているので，個々の具体的な事案において適切な解決を導くことができるように，その意味内容を確定しなければならない。この作業を法の**解釈**と呼んでいる（なお，法律行為の解釈については，→119頁を参照）。

　次節では，法の解釈方法について検討（→36頁）し，民法の効力が及ぶ範囲について概説する。

2──民法の適用のしくみ

① 民法適用の論理構造：要件と効果

　民法をはじめとする多くの私法の条文は，「〜という条件が満たされたときに，〜をすることができる」という効果が生じるという構造を持っている。「〜ときに」の部分を法律要件といい，「〜することができる」（「負う」，「しなければならない」と表現されることもある）の部分を法律効果という。そして，通常の条文の構造によれば，この法律要件を満たすと，その条文に規定された法律効果が発生することになる。以下では，もう少し詳しく説明する。

　(1) **法律要件**　「〜という条件（事実）」があるときに，と表現する場合の「〜という条件（事実）」のことを法律要件という。この要件がすべて満たされると，法律効果が発生する。709条（不法行為）をみてみよう。その条文で，「故意又は過失によって他人の権利又は法律上保護される利益を侵害した者は，これによって生じた損害」と書かれた部分（文言）が，法律要件を表現している。これに対して，「〔損害〕を賠償する責任を負う」という部分が法律効果となる。

　この要件の部分を，「〜した場合」と書き直してみると，「ある者が故意又は過失によって他人の権利又は法律上保護される利益を侵害し，これによって損害を生じさせた場合は」となる。

　たとえば，一般に，不法行為成立の要件を分解して捉えてみると，①故意または過失（注意義務違反），②権利または法律上保護される利益の侵害，③損害の発生，④因果関係というそれぞれの要素（法律事実）に分けることができる。そして，不法行為の法律効果が発生するには，その要素のすべてが充足される必要がある。この①〜④は，不法行為の要件を構成するところの個々の法律事実にすぎないが，慣用的な用法として「要件」と呼ぶことが多い。しかし，正確には，これらの法律事実の総体（①〜④の全部をあわせたもの）が，法律効果を発生させる原因としての「要件」となる。

　(2) **法律効果**　前述した不法行為の場合は，法律効果として生じるのは損害賠償請求権である。訴訟になれば，被害者は，不法行為の成立要件に該当する個々の要件に該当する事実があるかどうかを証拠によって明らかにし，裁判官がその存在を認めることが必要となる。

　法律効果の規定の仕方としては，そのほか，権利が移転するとか（176条），消滅するとか（166条），対抗しえない（177条）といったものがある。

　なお，以上のような，法律の要件（大前提）に，該当する事実（小前提）を当てはめて（包摂するという），結論（効果）を導く推論の方法を「法的三段論法」と呼んでいる。こうした推論を行うためには，まずは，当該紛争におけるさまざまな具体的事実から，当該の事案に適用される条文と，それに定められた法律要件に該当する事実を選び出すことが必要となる。民法の規定を適用するためには，こうしたプロセスを踏まねばならないのである（さらに，→115頁も参照）。

② 権利と義務の構成

　こうした私法上の法律関係は，すべて権利と義務に分解して捉えることができる。たとえば，売買契約が締結されると，売主・買主の関係は，売主は買主に対して代金支払請求権（代金債権）を持ち，買主は売主に対して目的物引渡請求権（引渡債権）を持つという形をとる（555条）。こうした権利と義務はいわばコインの表裏の関係にあり，売主と買主の権利は，それぞれ相手方の義務（代金支払義務，目的物引渡義務）に対応する。この義務の観点からみて法律関係を捉えることも可能であるが，民法では，積極的な側面である権利（債権）を中心に考えていくのが通常であり，この場合，もっぱら売主・買主に上記の請求権（債権）があるという形で法律関係が説明されることになる。

3──債権（権利・義務関係）の発生原因

　民法上のこれらの権利（債権）や義務は，どのようにして生じるのであろうか。民法における私権（私法上の権利，以下では債権のことをいう）の主たる発生原因は債権編第2章から第4章に規定されており，それは当事者の合意に基づいて形成される関係による場合と，合意に基づかない関係とに分けることができる。前者は契約であり，後者に属するのは不法行為，事務管理，不当利得であり，これらは，法律の定める要件が充足されると当然に債権が発生することになるので，法定債権関係と呼ばれている。

　学習にあたっては，契約と不法行為の2つが債権の発生原因の典型的な場面として重要となる。以下では，債権の発生原因について簡単に説明しておこう。

１ 契　　約

　契約とは，互いに対立する複数（通常は２つ）の意思表示の合致によって成立する法律行為である（法律行為については，→119頁以下）。贈与，売買，消費貸借，賃貸借，請負，委任，和解などの契約がその典型であり，民法ではその制定当時に一般的であった13種類の契約が規定されている（549条以下）。こうした民法上規定された契約を**典型契約**あるいは有名契約という。契約自由の原則のもとでは，その内容が反社会的なものでない限り，それ以外のタイプの契約を自由に締結することもできる。たとえば，リース，宿泊，旅行などの民法に存在しないタイプの契約を**非典型契約**あるいは無名契約という。こうした契約によってその関係に対応した債権が発生することになる。

２ 不法行為

　交通事故や公害の場合のように，加害者の行為で被害者に損害が生じた場合には，民法は，被害者救済のために，加害者にその損害の賠償を命じている（709条以下）。契約の場合と違って，当事者間の合意からではなく，法律によって損害賠償請求権（債権）が生じる点に特色がある。賠償の対象には，財産的損害だけではなく，精神的損害（慰謝料）も含まれる（710条）。また，金銭賠償が原則であるが，名誉毀損の場合には，例外的に名誉を回復するための措置（原状回復―謝罪広告など）が命じられる（723条）。

３ 事務管理

　溺れかかっている人を助けるとか，隣人の留守中に台風で壊れた屋根を修理するといったように，他人からの依頼がないにもかかわらずその人のために一定の行為をする（事務を処理する）ことを事務管理という。ある意味では他人に対するお節介ではあるが，本人のためにもなっているので，民法では，本人の意思に反しない限り，かかった費用などを請求できるとしている（697条以下）。この場合には，費用償還請求権（債権）が発生する。

４ 不当利得

　誤って代金を二重払いしたり，境界線を間違って他人の山林を伐採したという場合，相手方や伐採者は，法律上の根拠なく利益を得ていることになる。この場合に，そうした利益をそのまま認めてしまうことは不適当である。そこで，民法では，このような法律上の根拠（原因）のない不当な利益の返還を命

じている。この制度のことを不当利得という（703条以下）。この場合には，不当利得返還請求権（債権）が発生する。

4 ——私権の種類と分類

　このような原因から生じた私権には多くの種類があり，また，その分類もさまざまな観点から行うことが可能である。以下では，一般的な分類に従って説明しておこう。

①財　産　権

　権利の内容による分類であり，経済的な価値を持つ財貨によって受ける利益（財産的利益）を目的とする権利を財産権といい，そうでない権利を非財産的な権利という。

　(1)　**財産権**　　財産権には，物権，債権，知的財産権などがある。物権と債権は，民法の体系やその構造の理解にとって重要な概念である（その区別や内容については，→WINDOW 1-9および1-7を参照）。

　また，無体財産権（知的財産権）とは，著作権，特許権，商標権，工業所有権のように，無形の財産的利益を目的とする権利である（各々の権利の内容については，それらの特別法を参照）。

　(2)　**非財産的な権利**　　人格権，身分権がある。人格権とは，人の人格的利益（生命，身体，自由，プライバシー，名誉，氏名・肖像など）を目的とする権利である。身分権とは，夫と妻，親と子というような家族法上の地位に基づいた権利であり，相続権，扶養請求権，親の子への監護教育権などがその例である。

②支配権・請求権・形成権・抗弁権

　権利の作用（法律上の力）からみた分類である。

　(1)　**支配権**　　一定の客体（物や知的生産物）を直接的に支配して（すなわち，他人の行為を介在させることなく，また，他人の干渉を排除して），利益を享受することができるという，支配的作用を内容とする権利である。所有権などの物権や特許権のような無体財産権（知的財産権）がその例である。

　(2)　**請求権**　　一定の人（債務者）に対して，一定の行為（作為）や行為をしないこと（不作為）を要求するという請求的作用を内容とする権利である。債権に基づいて生じる場合が一番多いが，所有者などの物権者が有している物権的

請求権（たとえば，物を奪った者に対して，自分の所有物を返してほしいと請求する権利）や身分権によって生じる場合もある。

(3) **形成権**　権利者の一方的な行為によって法律関係を確定することができる（発生，変更，消滅）という形成的作用を内容とする権利である。取消権，解除権などがその例である。

(4) **抗弁権**　請求権のはたらきを阻止することができるという，防御的な内容の権利である。たとえば，売買のような双務契約の当事者は，とくに契約で自分が先に履行すると定められていない限り，相手方が履行するまでは自己の債務を履行しなくてよい。これは抗弁権の典型例であり，同時履行の抗弁権という（533条）。

5——私権行使についての原則

① 権利の社会性・公共性

　権利の社会性・公共性という考え方は，わが国の判例・学説においても昭和の初期頃から認められるようになり，戦後の大改正によって民法の冒頭にこの権利の社会性・公共性を宣言する規定が置かれた。民法1条の**公共の福祉**（1項），**信義誠実**（2項），**権利濫用の禁止**（3項）の3つの規定がそれである。

　民法の具体的な規定をそのまま適用すると，どうしても妥当でない結果が生じることがある。こうした結果を回避するためのいわば最後の手段（いわゆる伝家の宝刀）として，これらの規定が用意されている。

　しかし，これらの規定は，多かれ少なかれ抽象的・包括的な内容しか持っておらず，規定（条項）の文言自体から具体的な規律内容を明確にすることは難しい。こうした条文のことを**一般条項**と呼んでいる。裁判官は委ねられたその権限において一般条項の内容を一定の準則の形で具体化しながら事件に適用しなければならないことになる。このほか，後述するところの，「公序良俗」違反の法律行為を無効とする90条なども一般条項の代表例である。

② 公共の福祉

　民法は，私権の内容およびその行使は，社会一般の利益に反してはならないという原則を定めている（この原則に反している場合には，その権利の効力が否定される。1条1項）。本条項は，「財産権の内容は，公共の福祉に適合するやうに，

法律でこれを定める」とする憲法29条2項のいわば民法版ということができる。しかし，こうした「公共の福祉」の意味は，本条項だけから具体的に明らかになるわけではなく，本条項を独立して適用した裁判例は多くない。

③ 信義誠実の原則

(1) **意　義**　　民法は，権利の行使や義務の履行は，信義に従い誠実に行わなければならないと定め，信義誠実の原則を明文で規定する（1条2項）。「信義誠実の原則」とは，人は個々の具体的事情のもとで相手方から期待される信頼を裏切らないよう誠意をもって行動すべきであるとする原則のことをいい，「信義則」はその略称である。

「信義則」は，いわゆる一般条項であり，制定法の限界を補完するために用意されたものであり，また権利行使や義務の履行についてだけでなく，ある契約の内容を解釈するための基準ともなる（最判昭32・7・5民集11巻7号1193頁）。

(2) **信義則の機能**　　こうした信義則の主な機能は，次の3つに分けられている。

(a) **法を具体化する機能（法具体化機能）**　　信義則は，法律の内容を具体化する場面で用いられることがある。たとえば，100万円の債務の弁済について100円の不足があった場合に，債務の本旨の従った履行となるかどうか問題となったときに，信義則が適用される。判例は，債務者が提供した金額についてきわめてわずかな不足があるにすぎないときには，債権者がその不足に名を借りてその受領を拒絶することは信義則に照らして許されないとした（大判大9・12・18民録26輯1947頁，さらに最判昭41・3・29民時446号43頁）。

さらに，たとえば，定型約款に関する548条の2第2項や消費者契約法10条に置かれている「信義則」は，契約条項の不当性を判定する基準を具体化するための指針である。

(b) **正義や衡平を実現する機能（正義衡平的機能）**　　法の不備を補うために信義則が利用される場合がある。法律をそのまま形式的に適用すると不衡平な結果が生じる場合に，それを是正する機能を果たす。判例は，自ら架空名義を利用して労働金庫の員外貸付を受けた者がその無効を主張した事案において，このような主張は信義則に反するとして，無効の主張を斥けた（最判昭44・7・4民集23巻8号1347頁）。法律の規定上はこのような員外貸付は無効であるが，本

件で無効の主張を認めてしまうと，善意の第三者の権利を自らの非を理由に否定するに等しいことになるからである。これらは，先に行った言動と矛盾する行為をしてはならないとの，矛盾行為禁止の原則や，いわゆる禁反言の原則としても理解することができる。

　(c)　**法を修正したり，創造したりする機能（法修正的権能・法創造的機能）**　法を修正するために，信義則が用いられる場合がある。たとえば，612条2項は，賃借人が賃貸目的物を無断で転貸した場合には，賃貸人は契約を解除できると規定している。しかし判例は，この解除を制限し，無断転貸であっても，賃貸人に対する背信行為と認めるに足らない特段の事情がある場合には，612条2項の解除権は発生しないとした（最判昭28・9・25民集7巻9号979頁）。こうした判例によって展開された準則を**信頼関係破壊の法理**と呼んでいる（→新プリメール民法4第5章を参照）。また，事情変更の法理もこうした法修正機能を有している。**事情変更の法理**とは，契約締結後において当事者の予見できない事情の変更があり，契約の維持あるいは履行を求めることが正義に反すると認められる場合に，契約の解消，あるいは契約内容の変更を認めることをいう（→新プリメール民法4第2章）。判例は，一般論として事情変更の法理を認めているとされるが，具体的な事件において，事情変更の法理を適用した最高裁判決はない（大審院の時代の判例として，大判昭19・12・6民集23巻613頁があるが，破棄差戻し事案である）。なお，権利失効の原則（→289頁）も信義則に基づくものである。

④ 権利濫用の禁止

　(1)　**意　義**　権利の濫用は，禁止される（1条3項）。権利の濫用とされるのは，外形上は権利の行使であるが，具体的・実質的にみると権利の行使が反社会的であって許容できない場合である。かつての権利絶対思想の時代には，「権利の行使は悪をなさず」というその当時の法諺（法学における格言）が示しているとおり，権利行使の結果，他人に損害を与えたとしても問題にはならないと考えられていた。わずかに意図的に他人を害するためにされた行為だけが違法とされた（このような他人を害する意図をシカーネ〔害意〕という）。

　しかし，権利の社会性・公共性が認識されるようになってくると，権利の行使にもおのずから限界があると考えられるようになり，単にシカーネのある場合だけでなく，権利の行使が客観的に社会の許容範囲を超える場合には違法で

あるとされるようになった。これが，権利濫用の法理である。わが国でも昭和の初期頃から判例・学説で認められ始めていた考え方であり，現在の民法の規定は，このような流れを受けたものである。

　なお，信義則と権利濫用の法理の適用範囲を区別し，前者は当事者間に契約関係がある場合に，後者はそれがない場合にのみ適用されるとする学説もあるが，判例上は，両者の区別はさほど厳密なものではなく，同時に使われることもある。

　(2)　**権利濫用の基準**　　濫用の基準は明確ではなく，個別的事例に即して決定するしかない。一般に，判例では，権利者がその権利の行使によって受ける利益と，相手方がその権利行使によって被る損害とを客観的に比較衡量して濫用になるかどうかを決定している。後者の損害が，前者の利益よりも大きい場合に権利濫用となる。

　(3)　**権利濫用の効果**　　権利濫用となる場合には，権利の行使としての法律効果が生じないことになるが，その現れ方はさまざまである。①土地の所有者による妨害排除請求が権利濫用とされる場合には，その所有権の行使としての排除請求そのものが否定される。たとえば，宇奈月温泉事件における場合である。②形成権の行使が権利濫用とされる場合には，その形成権の効果は発生しない。たとえば，賃借人のわずかな債務不履行を理由に賃貸人が賃貸借契約を解除した場合，その解除が権利濫用とされると，その解除の効果は生じない（信義則のところで述べた信頼関係破壊の法理も参照）。また，時効の援用が権利濫用となる場合には時効を援用することができない。③権利の行使が濫用として違法な行為となり，それにより相手方の権利を侵害している場合には，不法行為による損害賠償責任が生じる。信玄公旗掛（の）松事件は，この事案である（これらの判例については，→WINDOW 1-11）。さらに，相手方からの差止請求が認められる場合がある。自分の建物が隣人の日照権を侵害しているような場合である。

権利濫用についての判例

(1) **宇奈月温泉事件**　温泉旅館の引湯木管（湯元から旅館まで温泉を引いてくる木管）が他人の土地の上に許可なく敷設されていることに着目した者が，土地所有者からその土地を買ったうえで，木管の通っている部分だけでなく土地全体を買い取るように要求し，断られると，木管の撤去を請求した事案（大判昭10・10・5民集14巻1965頁）。この判決は，わが国に権利濫用法理を定着させた判決として有名である。

(2) **信玄公旗掛松事件**　鉄道院（現在のJR）が，鉄道を走らせていたところ，汽車の煙で，昔，武田信玄が旗を掛けたという由緒のある松が枯れてしまったという事案。鉄道院は，松の所有者からの損害賠償請求を拒否したが，裁判所は，鉄道院の行為は不法行為にあたるとして損害賠償を命じた（大判大8・3・3民録25輯356頁）。

　現在の私たちからすると，鉄道院の不法行為であることは明白であり，松の所有者からの損害賠償請求をなぜ拒否したのか理解することは難しいが，この当時は，本文で述べた「権利の行使は悪をなさず」という考え方がまだ残っていたため，このような争いとなったのであろう。なお，この判決は，権利の行使であっても不法行為となることを認めた最初の判決として有名である。

第5節　法（民法）の解釈方法

1——法（民法）の各種の解釈方法

　法律の規定の意味内容を確定する作業を**解釈**という。普通，解釈というと，法律の規定の意味を，その文言と文法に忠実に従って明らかにすることであると考えられている。このような解釈を**文理解釈**という。民法でもこうした法の解釈手法が使われる。もっとも，法律の文言にのみ依拠する（狭義の）文理解釈の手法だけでは実際の問題に対して妥当な結論を導き出すことが困難な場合が少なくない。このため，実際には，文言以外の要素を加えた次のような解釈方法を用いることが必要となる。

　以下では，民法を素材に法の解釈の具体例について説明することにしよう。

2──法解釈の方法

① 文理解釈・論理解釈

　文理解釈は，民法の規定を用語の通常の意味と文法的な論理構造に従って解釈する方法である。これに対して，民法の条文の文言以外の要素，たとえば規定の目的や趣旨を取り込んで解釈を行う手法として論理解釈がある。論理解釈には，民法の規定の文言に依拠しつつ行われる拡張解釈・縮小解釈と，民法の規定には直接書かれていない事柄について当該の規定の趣旨を利用して行われる類推解釈がある。

② 拡張解釈・縮小解釈

　拡張解釈とは，規定の文言の意味を広く理解し，そのことによって，その規定の適用範囲を拡大する方法である。**縮小解釈**は，その逆の方法である。

　(1)　**拡張解釈**　　拡張解釈の手法として，85条の「物」とは「有体物」であるが，管理可能であれば足りるとして，電気も「物」に含まれると解釈する例がある。また，711条は，生命侵害（命を奪われること）の場合には，「被害者の父母，配偶者及び子」に慰謝料請求権があると定めるが，内縁の夫や妻を「配偶者」の文字の意味のなかに含ませることは可能であり，この場合も拡張解釈の例となる。

　(2)　**縮小解釈**　　一方，縮小解釈としては，177条の「第三者」の定義がその例となる。177条は，不動産の物権変動（所有権の移転，抵当権の設定など）は，登記しないと「第三者」に対抗することができない（主張することができない）とする規定である。一般に「第三者」とは，通常は，「当事者およびその包括承継人（相続人や合併した会社など）以外のもの」と定義されている。判例（大連判明治41・12・15民録14輯1276頁）は，177条の第三者については取引安全に向けられた規定であるとの趣旨から，その文言の通常の意味よりもより狭いものとして「登記の欠缺（不存在）を主張する正当な利益を有する第三者」であると解釈している（なお，177条の第三者については，→新プリメール民法2第2章）。

③ 類推解釈

　ある問題についてぴったりとした規定がない場合に，その問題に類似した問題についての規定を適用するという解釈方法である。ある規定の要件は満たさ

ないが，当該の規定を適用する必要性があるときに用いられる。実際には，類推される規定の法律効果が別の問題にもふさわしいため，そのまま別の問題の準則として利用するための手法である。

　類推解釈の例としては，94条2項の類推適用といわれているものがよく知られている（94条2項の類推適用については，→159頁以下）。また，判例は711条を類推適用して，死亡した被害者の父母，配偶者および子以外にも，たとえば「義妹」を被害者との間に711条所定の者と実質的に同視することができる身分関係があり，被害者の死亡によって甚大な精神的苦痛を受けた者であるとして，損害賠償請求権を認めた（最判昭49・12・17民集28巻10号2040頁）。もっとも，判例で問題となったのは「義妹」であり，内縁の妻とは異なり，「配偶者」の通常の意味に含ませることはできないことから，類推解釈の手法に依拠したのである。さらに過失相殺に関する722条2項も類推解釈される。なお，類推解釈とその考え方はよく似ているが，判例において，ある条文の趣旨を一般的に解釈の基礎に用いるときには，「法意に照らして」という表現が用いられることがある。

④ 反対解釈・もちろん解釈

（1）**反対解釈**　αという事項について規定がない場合に，それとは異なるβという事項の規定を用いて，このβを根拠にそれとは異なる結論を導く手法である。たとえば，詐欺の取消しの効果を善意かつ無過失の第三者に対して対抗できるかについては96条3項が定めており，これによれば表意者（被詐欺者）はその取消しの効果を対抗できない。しかし，強迫の場合については同条において定めがない（同条に強迫が列挙されていない）。そこで，96条3項の反対解釈の帰結として，強迫の取消しの効果は善意かつ無過失の第三者にも対抗できると解釈するのである。

（2）**もちろん解釈**　明文の規定のないαという事項について，βという事項の規定の目的や趣旨から，αについてもβの場合と同様の結論を導くことができるとする手法をいう。この場合，βが禁止されているのだから，αも禁止される。あるいは，βが許されているのであるから，αも許されるといった論理が使われる。物権的請求権について，民法は明文の規定を置いていないが，物権の性質上当然に認められるとされる。このことを前提に，その条文上の根

拠として「占有の訴え」の規定（197条以下）をあげる見解がある。事実上の支配に基づく占有権に法的保護が付与される以上，占有権よりも強力な支配権である物権にも同様の保護が当然に付与されるとみるのである。こうした論理で「占有の訴え」の規定から物権的請求権を導く手法は，「もちろん解釈」の一例とみることができよう。

3──民法の効力（適用範囲）

① 場所に関する効力

　民法は，日本の領土全体に適用される。特別法も，原則として日本の領土全体に適用されるが，その例外として，特定の地域にのみ適用されるものがある（たとえば，罹災都市借地借家臨時処理法は，災害のあった地域について，そのつど法律や政令で適用範囲が定められることになっており，1995年の阪神大震災においても適用された。ただし，同法の合理性については議論がある）。

② 人に関する効力

　民法は，すべての日本人と，日本国内で生活するすべての外国人に適用される。もっとも，外国の民法も同じ効力を持つとすると，外国で生活する日本人や日本で生活する外国人に，日本の民法と外国の民法の双方が適用されることになる。そこで，法の適用に関する通則法4条以下が，どちらの法律を適用するかを定めている。

③ 時に関する効力

　法律には，すべての法律は，その施行日以前に起こった事件には適用されないという原則がある（**法律不遡及の原則**）。これは，法律をさかのぼって適用すると，その行為のときの法律と異なった法律によって処理されることになって，人々の予測を裏切り，法的安定性を害することになるからである。

　しかし，とくに必要である場合には，例外的に遡及して適用することが認められている（たとえば戦後の家族法の大改正の際には，原則として新しい家族法に遡及効があるとされた〔親族・相続編付則4条〕）。

民法総則を学ぶための基礎知識

1 民法総則の構成

　総則編（1条～169条）は，民法全体（そのうちでもとくに財産法）の共通ルールを規定したものであり，7つの章から構成されている。本書では，それらを9章に分けて考察していくが，その内容は，権利義務の主体（契約の当事者や所有権者など）に関する規定，権利義務の客体（対象）に関する規定，権利の変動（発生・消滅・移転）原因に関する規定の3つに大別される（→図表1-3，1-4）。

2 権利義務の主体：人（自然人）と法人

　権利義務の主体は，2つの種類に分かれる。われわれのような生身の人間である「**人**」と，人の集団や一定の目的のために捧げられた財産の集合に権利主体性が認められている「**法人**」の2つである。生身の人間である「人」を「法人」と区別するために「**自然人**」と呼んでいるが，民法では，「自然人」と「法人」とをあわせたものも「人」と呼んでいる。したがって，「人」という場合には，「自然人」と「法人」をあわせて指しているときと，単に「自然人」だけを意味しているときがあるので，注意が必要である（→図表1-5）。本書では，「自然人」を第2章で，「法人」を第3章で取り上げる。

3 権利義務の客体：物

　権利義務の客体に関する規定では，もっぱら物権の客体である「**物**」だけが対象とされている。私権の種類はさまざまであり，その客体は「物」だけに限られるわけではない。たとえば，債権の客体は，債務者の特定の行為（この行為のことを給付という）である。また，無体財産権の客体は，発明・意匠・著作などの精神的産物であり，人格権の客体は人の人格的利益（生命・身体・プライバシー・名誉など）である。しかし，民法は，これらの私権の客体のうち，最も重要で頻出度の高い「物」についてだけ規定している。「物」については，本書では，第2章で取り上げる。

4 権利の変動原因：法律行為，期間，時効

　「法律行為」，「期間」，「時効」の3章は，権利の変動原因（権利義務の発生原因）に関する規定である。もっとも，「期間」は，直接に権利変動を取り扱ったも

図表 1 - 3　総則編の構成

	民　法　典	本　書
基本原則・解釈の基準	第 1 章　通則（1条・2条）	第 1 章
権利義務の主体（人）に関する規定	第 2 章　人（自然人）（3 条～32条の 2） 第 3 章　法人（33条～37条）	第 2 章第 1 節～第 6 節 第 3 章
権利義務の客体（物）に関する規定	第 4 章　物（85条～89条）	第 2 章第 7 節
権利の変動原因に関する規定	第 5 章　法律行為（90条～137条） 第 6 章　期間（138条～143条） 第 7 章　時効（144条～169条）	第 4 章～第 8 章（※第 6 章を除く） 第 9 章 第 10章

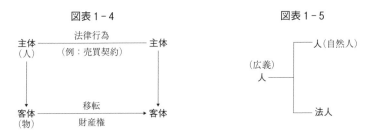

図表 1 - 4

図表 1 - 5

のではなく，権利変動と密接に関係する期間の計算方法を規定したものである。したがって，民法総則が規定する権利変動原因は，「法律行為」と「時効」の 2 つということになる。

　これらのうち，まず，「**法律行為**」は，人の意思によって権利変動が生じる場合である。「法律行為」という用語は，人の意思によって権利変動が生じるいくつかの場合をとりまとめたもの（上位概念）であり，それだけに抽象的でわかりにくいことは否めない。民法を学びはじめた現在の段階では，あまり難しく考えずに，とりあえず「法律行為」≒「契約」と考えておいてほしい（「法律行為」の正確な定義や種類については，→114頁以下）。契約（≒法律行為）は，合意（意思）による最も重要な権利変動原因であるが，「法律行為」の節で扱われる規定は，おもに契約（≒法律行為）の効力を否定する原因を定めており，問題点も多い。本書では，第 4 章から第 5 章でこの問題を扱っている。

　第 6 章では，この流れで法律行為の効力否定原因となる規律として消費者契約法を取り上げる。さらに，第 7 章では，本人に代わって法律行為を行う「代理」を扱い，第 8 章では，法律行為を否定する原因となる「無効と取消し」を扱い，第 9 章では，法律行為の付款としての「条件や期限，そして**期間**」を

扱う。

　これに対して，第10章で扱う「**時効**」は，時の経過を理由とする権利変動原因であり，取得時効と消滅時効の２つがある。

⑤ 民法（総則）の学習方法

　民法に関する知識は，他の法律の理解にとっても必要不可欠なものとなる。初学者が最初に学ぶことが多い憲法についても，憲法訴訟の多くが民事事件として争われているのであり，それを理解するためには民事法についての基礎知識が必要となる。

　では，どうすれば民法をマスターできるのだろうか。民法は，市民の日常生活を規律するものであり，そのために，1条から1050条までの条文から成る大部の法律となっている（実際の条文数はもっと多い）。憲法（103条まで）や刑法（264条まで）と比べるとその条文の多さがよくわかるであろう。

　民法は，条文数が多いこともあり，その習得は容易ではないことも事実である。それは山登りにもたとえられる。でも落胆しないでほしい。けっして楽ではないが，しっかり一歩一歩登れば，必ず頂上に到達できるはずである。そのための学習方法は，各人各様であろう（「学問に王道なし」）。とはいえ，ここでは参考までに思いつくままにいくつかをあげることにしよう。

　(1)　**山登りと同じ?**　　民法という山を登る前に，その地形をあらかじめ頭に入れておくことである。すなわち，学部学生は，大学での講義を聴き，民法の構造をまずしっかりと理解することが大切である。また，そのためには，入門書と呼ばれているものを読むとよいであろう。とりわけ，本書が対象とする「総則」編の規定は，抽象的な内容のものが多いので，入門書を併用して民法の全体像の理解を得ておくことが望ましい。また，総則編の規定は，物権編や債権編の規定と密接に関係していることが多いので，必要な限りで民法用語辞典などを用いて物権法や債権法で出てくる用語を確認することも奨励したい。そして，物権法や債権法の学習を終えたあとで，再度，総則の教科書である本書を読み直してみてほしい。

　(2)　**条文を読むこと**　　教科書であげられている条文を条文集である『六法』でしっかりと引いて読んでほしい。そして付箋を貼ったり，条文を引くたびに，赤鉛筆などでチェックすることも重要である。何度も引く条文は，真っ

赤になるから重要だとわかると思う。

(3)　**法的に考えてみる**　　学んだ知識で自分の生活経験や，身の回りのことを法的に分析してみよう。たとえば，購入して数週間で携帯電話の液晶画面がおかしくなったとする。民法では，どのようなことを販売店にいえるのかを考えてみるのである。具体的な事実を権利・義務などの概念で説明してみたり，友達と法律用語を使って議論することも有益である。講義で聴いた事例を仲間ともう一度議論してみることもよい。

(4)　**判決文を読もう**　　民法（判例も含む）は，主として裁判での民事紛争を解決するときの基準であり，そのためには実際の紛争がどのようなものであったかを知ることが大事である。判決文はそのための素材であり，できれば，判決文そのものを実際に読んでほしい（判決文の構成とその読み方については，→WINDOW 1-12）。

(5)　**多様な視点から考えてみる**　　複眼的な視点を持っておいてほしい。法的な基準によるだけでは，社会的事実としての「紛争」が「解決」されるとは限らないのである。相対化しすぎてはいけないが，法的解決は，当該の紛争解決にとって唯一のものではないことである。紛争の解決の仕方は，そこに現れる当事者の状況に応じて，多様でありえるし，またそうでなければならない。たとえば，社会的・政治的な観点からの解決，さらには経済的な観点からする解決もやはり考慮されるのである（和解なども重要な解決の仕方である）。

　いずれにせよ，他の解決方法との比較で法的解決の意義を相対化して考え直してみることは重要である。法を学ぶと同時に，政治学，経済学など，他の学問分野を積極的に学ぶことができれば，おのずとこうした視点が得られるに違いない。また，外国に留学し，異国の社会・文化のあり方，人間関係，法制度を知ることはこうした複眼的視点を持つのにきわめて有益であろう。こうした知見に基づく比較法的な検討も大変意義のあるものとなる。

　最後に，民法を学ぼうとするみなさんにエールを贈ることにしたい。大学の法学部で民法の講義科目をすべて受講しようとすると，通常のカリキュラムでは，2年以上はかかる。民法は，それだけボリュームのある分野であり，どこかで挫折すること（単位を落とすこと）があるかもしれないが，やめないで何度もチャレンジしてほしい。要は，登り続けることである。

□ WINDOW 1-12

判決文（判例）を読んでみよう──判決スタイルの違いと注意点

　民法の教師は，講義で条文の内容を説明する際に，当該の条文が適用された事件（裁判例）を取り上げて説明することが多い。本書でも，90条の公序良俗に関する規定の説明などで裁判所の判決が至る所で紹介されている（→WINDOW 4-6など）。読者のなかには，こうした判決の内容を確認するために，『民法判例百選』などを利用している人も多いであろう。たしかにこれらは，判決の意義と内容を知るために大変有益な文献であるが，いわゆる生の判決文ではない。それは事案を要約し，判決理由の一部（要旨）を抽出しているものにすぎない。裁判所の判決の内容は該当の判決の全文が掲載されている資料（最高裁判所民事判例集〔民集と呼ばれる〕や判例時報など）で確認することができる。こうした判決のうち，今後も同じ判断が下されることが確実に予測される判断内容を含んだものを**判例**と呼んでいる。判例の多くは，法解釈の統一という任務を担う最高裁判所の判決である。

　最高裁判所を頂点とする三審制（→WINDOW 1-4）においては，各々の裁判所の果たす役割（事実審と法律審）に応じて判決のスタイルとその内容に違いがある。下級裁判所（地方裁判所・高等裁判所）の判決のスタイルから説明することにしよう。

　地方裁判所の判決文は，「**主文**」，「**事実**」および「**理由**」の3つの部分からなる。「主文」には判決の結論が示される。とりわけ，「事実」を読むときには，次の点に十分に注意を払ってほしい。まず，そこでの「事実」は，当事者がどのような判決を求めているか，その根拠としてどのような事実の主張を行っているかを要約したものにすぎないことである。次に，この「事実」の内容は，あくまで当事者の「**主張**」であって，裁判所が「事実」として認定したものではないこと，そして，民事裁判では当事者が主張したことに基づいて裁判するのであって（これを弁論主義という），たとえ裁判所が当事者の主張，立証に基づき事実（認定事実）を認定しても，それが必ずしも「真実（実際に起こったこと）」であるとは限らないことである（実際にあった事実だとしても，その証拠が保存されておらず，証明に成功しなかったような場合である）。

　高等裁判所の判決は，地方裁判所の判決と同じようなスタイルであるが，通常は，第一審で書かれてあることについては繰り返さず，それと異なる部分についてふれるにすぎない。事実審であるから，新たに事実を認定したり，あるいは原審の認定を覆したり，その判断とは異なる結論を出すことができる。

　最高裁判所は，上告審として，上告理由（憲法違反および法令違反など）に答えるための法律審として機能しており，「主文」，「判決」理由という形となる。それゆえ，最高裁の判決文を理解するには，上告理由を参照する必要がある。

　最近は，最高裁の判例データベースなどを利用して容易に判決文を入手することができる。判決文そのものを読み，それを理解するのはたしかに大変な作業であるが，それでもぜひ試みてほしい。

第 **2** 章
人および物

● **本章で学ぶこと**

　人に権利が帰属すること——これは法秩序における基本構造である。

　本章では，権利の主体である人（権利の名宛て人），および，権利の客体である物について取り上げる。

　権利主体である人のうち本章で取り扱うのは，身体を有する人間を前提とする法的人格者である自然人についてである。もう１つの法的人格者である法人については第3章で取り上げる。

　自然人に関してはまず，その基本的な概念である権利能力・意思能力・行為能力について学ぶ。次に，行為能力に関わる制限行為能力者制度について，その意義および内容について理解を深める。そこには，未成年，および，成年者を対象とする後見・保佐・補助の4類型がある。このうち，法定後見である後見・保佐・補助は，任意後見とあわせて成年後見制度という。人についてはほかに，失踪宣告などについて取り上げる。おわりに，権利の客体としての物について，簡潔に取り上げる。

第1節 人の能力

1——私権の主体

1 人への権利帰属

19世紀ドイツの法学者イェーリング（Rudolf von JHERING）によれば，「権利は法的に保護される利益である」。このような権利は人に帰属する。法秩序は，権利を人に割り当てることによって，人間の世界において各人の支配領域を確定し，もって社会に安寧と秩序をもたらす。あるいは，法が，社会における人間の必要性に応えるために，人間社会に存在するさまざまな関係に定式を与えたものが法律関係であり，そこでは権利が人に帰属するものとして構成されている。

2 私法上の権利主体

(1) **自然人** **自然人**とは，肉体的存在を前提とする人間が法律上の人とされたものをいう。法人との対比では，「個人」ということがある（465条の2以下〔個人根保証契約〕など。なお，消費契約2条参照）。

(2) **法 人** **法人**とは，自然人以外のものが，法律によって，法律上の人とされたものをいう（33条1項参照）。理論的には法律の定めがあれば，動物や歴史的モニュメントなど，どんなものでも法人とすることができるが，現行法上は，一般社団法人や会社などの一定の目的のために設立された団体を法人とするのが，法人に関する法体系の根幹である（33条2項参照。→第3章）。

2——権利能力

1 権利能力の意義

(1) **定 義** (a)「私権の享有」 3条1項は「私権の享有」が出生に始まることをいう。「私権」とは，私法上の権利をいう。物権・債権・知的財産権などの財産権，家族法上の身分権，生命権・名誉権などの人格権などがこれにあたる（→31頁）。

「私権の享有」とは，第1編第2章第1節の表題にある「権利能力」をいう。

3条1項は「私権の享有」というが，それは権利という法的利益を享受することをいうのではなく，権利を有することが可能であるという法的な地位（権利能力）をいうにすぎない。（人格権を除き）現実に所有権などの権利を取得するには，売買や相続などの法律上の原因が必要である。

　(b)　権利能力　　**権利能力**とは，権利を有し，義務を負うことができる法的な地位をいう。すべての人は権利能力を有し，それは権利・義務の帰属点を意味する。このように，人の概念から人間的な人格が捨象されている結果（人とは権利・義務の帰属点をいうにすぎない），会社などの自然人以外のものを法律上の人（＝法人）として法的に承認することが理論的に可能となっている。

　(2)　**権利能力の平等の原則**　　(a)　3条1項の意義　　「私権の享有は，出生に始まる」とする3条1項は，法技術的には，私権の享有（＝自然人の権利能力）の始期を定めた規定である。3条1項は同時に，民法の指導原理の1つである権利能力の平等を当然の前提とする規定でもある。

　(b)　権利能力の平等　　**権利能力の平等**とは，すべての者が人間として出生したならば，等しく法律上の人として，私権を享有する（＝権利能力を有する）ことをいう（→23頁）。すべての人間は当然に私法上の権利の主体（＝法律上の人）となるのであって，絶対に権利の客体（売買の対象となるような奴隷的存在）となることはない。

　(c)　外国人の権利能力　　外国人（国籍法により日本の国籍を有しない自然人）もまた，法令または条約により禁止される場合をのぞき，権利能力を有する（3条2項。内外人平等の原則）。法令による禁止として，船舶法1条（日本船舶の所有権），航空法4条（日本航空機の所有権），鉱業法17条・87条（鉱業権・租鉱権）などがある。相互主義（相互の保証があるときは禁止がない）によるものとして，特許法25条（特許権），国家賠償法6条（外国人被害者の国・公共団体に対する損害賠償請求権）などがある。

② 権利能力の始期

　(1)　**出生の時点**　　権利能力の始期は出生の時点である（3条1項）。出生とは，出生の完了をいい，胎児が母体から全部露出することと解されている（全部露出説）。出生の有無は，相続関係などに影響を与える（出生しなければ，人ではなく，権利能力がないので，相続権〔887条1項〕もない）。なお，刑法上は，出生

の有無で殺人罪（刑199条）と堕胎罪（刑212条以下）に分かれるので，胎児の母体からの一部露出でもって出生と解され（一部露出説），殺人罪での法益保護がはかられている。

(2) **胎児の権利能力**　権利能力は出生に始まるから（3条1項），胎児に権利能力はない。しかし，民法典は例外的に，不法行為による損害賠償請求（721条），相続（886条1項）および遺贈（965条）の場合について，胎児を「既に生まれたもの」とみなして，その権利能力を認めている（→WINDOW 2-1）。ただし，胎児が死体で生まれたときは，この限りでない（886条2項・965条）。

　なお，生命侵害に対する損害賠償請求については，判例・通説が原則として，死亡した被害者の請求権を相続するという相続構成をとっているので，大部分が相続に関する886条の問題となる。不法行為による損害賠償請求に関する721条の問題として残るのは，扶養利益の喪失とその損害賠償という扶養構成をとった場合（最判平12・9・7判時1728号29頁）や近親者の慰謝料請求（711条）の場合である。

③ 権利能力の終期

(1) **死　亡**　自然人の権利能力は死亡によって終了する。そして，死亡によって相続が開始する（882条）。一般的には，死亡の時期は医学上決定される（死の三徴候〔心停止・呼吸停止・瞳孔散大〕）。例外的な脳死については，臓器移植法6条2項が，「脳死した者の身体」とは脳幹を含む全脳の機能が不可逆的に停止するに至ったと判定された者の身体をいう，と規定する。

(2) **認定死亡**　水難・火災・戦争その他の事変によって死亡した者がある場合には，取調べをした官庁・公署が死亡地の市町村長に死亡の報告をし（戸籍89条），戸籍に死亡の記載がされる（**認定死亡**）。死亡届には医師の死亡診断書または死体検案書を添付しなければならないが（戸籍86条2項），認定死亡の場合には必要でない。認定死亡により，反証のない限り，戸籍記載の死亡の日に死亡したものとされる（最判昭28・4・23民集7巻4号396頁）。

(3) **同時死亡の推定**　数人（2人以上）の者が死亡した場合において，そのうちの1人が他の者の死亡後になお生存していたことが明らかでないときは，これらの者は同時に死亡したものと推定される（**同時死亡の推定**。32条の2）。死亡時期の先後により相続関係が変わるが，共同相続人の1人が自らの相続権を

□ WINDOW 2-1

胎児の法的地位

(1) **法定停止条件説**　大審院の判例（大判昭7・10・6民集11巻2023頁：阪神電鉄事件）によれば，胎児は，出生前の胎児の時に権利能力はなく，生きて生まれた場合に，問題発生の時にさかのぼって，権利能力を有していたものとみなされる（法定停止条件説〔127条1項参照。→270頁〕）。これによれば，胎児中は，母が胎児を代理することはできない。前掲大審院判決は，胎児の母がした電鉄会社との示談（和解契約〔695条〕）を無効とした。

(2) **法定解除条件説**　通説は，胎児中にも胎児の利益を保護する必要があるから，母による代理を認めるべきであるとして（824条本文の類推適用），胎児の時に，胎児の権利能力を承認する。それは，法文の文言どおりに，胎児を「既に生まれたもの」とみなして，出生前に胎児はすでに権利能力を有するとするものである。死体で生まれたときは，遡及的にその権利能力が消滅する（法定解除条件説〔127条2項参照。→270頁〕）。

母の代理権の範囲は，権利の現状を維持する保存行為（103条1号参照。→224頁）に限定すべきだと解されている。

主張して，他の共同相続人などの相続財産を占有する者に対してその返還請求をするときに，数人の被相続人の死亡時期を証明できないために死亡時期の先後が不明となり，返還請求ができないおそれがある（それによって事実上，財産を先占した者が勝つ）。こうした不都合を避けるために同時死亡の推定規定が設けられている（→WINDOW 2-2）。

第2節　意思能力

1 意思能力の意義

意思能力とは，自己の法律行為の結果（権利・義務の変動）を弁識することができる能力をいう。意思能力のない者（意思無能力者）がした法律行為は無効である（3条の2）。私的自治の原則からすれば（→24頁），自己の法律行為の結果を理解せずに行為した者には，その法的な結果を負わせるわけにはいかない。

2 意思能力と責任能力

より一般的には，各個人は原則として，自己の意思に基づいてのみ，権利を有し義務を負うという近代市民法の根本原理がある（個人意思自治の原則）。そ

□ WINDOW 2-2 ◀◀

法定相続と同時死亡の推定──タイタニック号の沈没

大西洋で氷山に衝突して沈没したタイタニック号のように，客船が沈没したとしよう。それに乗船していたAおよびその子のBが死亡し，Aの妻CおよびAの母Dが遺族として残されたとして，その場合の法定相続について考えてみる。

(1) **BがAの死亡後になお生存していたことが明らかなとき**　まずAの死亡により，子Bおよび配偶者CがAの相続人となり（890条・887条1項），法定相続分は各2分の1である（900条1号）。次にBの死亡により，直系尊属で親等の近いCがBの相続人となり（889条1項1号），Aから相続した財産を含むBの全財産を相続する。結局，Aの財産については，妻Cがそのすべてを承継し，母Dは何も承継しない。

(2) **AがBの死亡後になお生存していたことが明らかなとき**　まずBの死亡により，直系尊属で親等の近いAおよびCが相続人となり（889条1項1号），法定相続分は各2分の1である（900条4号本文）。次にAの死亡により，配偶者Cおよび直系尊属DがAの相続人となり（890条・889条1項1号），法定相続分は配偶者Cが3分の2，直系尊属Dが3分の1である（900条2号）。Bからの相続分を含むAの財産について，妻Cが3分の2，母Dが3分の1を承継する。

(3) **AとBの死亡時期の先後が明らかでないとき**　AとBが同時に死亡したものと推定される（32条の2）。AとBの間で相続は生じない。Aの死亡により，配偶者Cおよび直系尊属DがAの相続人となり（890条・889条1項1号），法定相続分は配偶者Cが3分の2，直系尊属Dが3分の1である（900条2号）。Bの死亡により，直系尊属で親等の近いCがBの相続人となる（889条1項1号）。

れゆえ，法的な結果が発生するためには，自己の行為の結果（権利・義務の変動）を判断できる能力が必要である。

自己の法律行為の法的な結果（法律行為より生じる法律効果。→114頁）を弁識できる能力が**意思能力**であり，自己の事実行為（違法行為）の法的な結果（不法行為による損害賠償責任〔709条〕）を弁識できる能力が**責任能力**である（→WINDOW 2-3）。意思無能力者がした法律行為は無効であり（3条の2），責任無能力者は不法行為による損害賠償責任を負わない（712条・713条）。

③ 意思無能力による無効の効果

(1) **法律行為の無効**　法律行為が意思無能力を理由として無効（3条の2）であれば，法律行為を法律上の原因とする債務は，はじめから当然に発生していなかったことになる。

もっとも，こうした意思無能力による法律行為の無効は，意思無能力者を保護するためのものであるから，意思無能力者の側からのみ主張することがで

☐ WINDOW 2-3 ◀◀

意思能力・責任能力の有無の判断要素

(1) **能力の程度**　　意思能力・責任能力において，行為の結果を弁識するというのは，法律効果である権利・義務の変動あるいは責任発生を理解することであるが，その正確な法的意味までを理解することを要しない。物を買ったら代金を支払わなければならない，あるいは，他人の物を壊したら弁償しなければならないというようなことが理解できればよい。

年齢でいえば，意思能力につき，7歳程度または7歳～10歳とされ，責任能力につき，判例によれば11歳～14歳程度とされている。責任能力が高めに設定されているのは，加害者である未成年の子について責任能力がないとして，法定の監督義務者である親権者（820条）に損害賠償責任を負わせ（714条1項），被害者救済を図るという政策的判断であるとされている。

(2) **行為の内容に応じた判断**　　意思能力・責任能力の有無の判断は，行為の内容によっても異なるであろう。たとえば，売買契約よりも抵当権設定契約の方がその結果の理解が難しい。また，他人の物を壊す場合であっても，子どもが凧揚げをしていて，凧糸がぬれていたら電線に引っかかったときに電線をショートさせるなどということを理解するのは，やや難しい。能力の有無は，行為ごとに判断されなければならない。

(3) **事理弁識能力の意義**　　そうすると，後見等開始の審判における事理弁識能力（7条・11条・15条1項）は，法律行為の内容によって異なることのある意思能力とは異なる。鑑定等によって一般的に判断されるべき事理弁識能力については，その語義のとおり，社会における物事の道理（社会のしくみ）を弁識できる能力と解すべきであろう。

き，相手方から主張することはできない（**相対的無効**。→255頁）。

　(2)　**原状回復義務**　　①給付前　債務の履行としての給付がまだされていなかったならば，当事者に法律行為上の債務の履行義務がないだけのことである。②給付後　法律行為が無効であるにもかかわらず，債務の履行としての給付がされたならば，当事者は相手方を原状に復させる義務（**原状回復義務**）を負う（121条の2第1項。→253頁）。ただし，意思無能力者の返還義務の範囲は，現に利益を受けている限度（**現存利益**）に縮減されている（同条3項前段。→WINDOW 8-6）。

図表2-1　権利能力・意思能力・行為能力の一覧

権利能力	権利を有し，義務を負うことができる法的な地位（権利・義務の帰属点）。すべての人間は，法律上の人として，権利能力を有する（3条1項）。	←権利能力平等の原則
意思能力	自己の法律行為の結果（権利・義務の変動）を弁識することができる能力。意思能力のない者がした法律行為は無効である（3条の2）。	←私的自治の原則
行為能力	単独で確定的に有効な法律行為をすることができる能力。制限行為能力者が単独でした一定の法律行為は，取り消すことができる（5条2項・9条本文・13条4項・17条4項）。	←制限行為能力者制度

第3節　行為能力

1 行為能力と制限行為能力者の定義

　行為能力とは，単独で確定的に有効な法律行為をすることができる能力をいう（なお，権利能力・意思能力・行為能力の一覧を図表2-1にまとめている）。行為能力者とは，行為能力の制限を受けない者をいう（20条1項かっこ書）。行為能力の制限を受ける者が制限行為能力者であり，それは，未成年者，成年被後見人，被保佐人および17条1項の審判（補助人の同意を要する旨の審判。→65頁）を受けた被補助人をいう（13条1項10号かっこ書。→次述2）。制限行為能力者が単独で行った一定の法律行為は，行為能力の制限を理由として，あとから取り消すことができる（5条2項・9条本文・13条4項・17条4項。120条1項参照。→54頁）。

　制限行為能力者は，行為能力の制限を受けている一定の行為について，単独で確定的に有効な法律行為をすることができないのである。法律行為が「確定的に有効」でないとは，あとから法律行為を取り消すことができることをいう。「単独で」とは，保護機関（→次述2）の同意を得なければならないときに（5条1項本文・13条1項本文・17条1項本文。→56頁，65頁），同意を得ていないことをいう。同意があれば（もはや「単独で」ではなく），法律行為は確定的に有効となり，取り消すことができない。

2 制限行為能力者制度の4類型

　制限行為能力者を保護する法制度が，制限行為能力者制度である。民法典はそこにおいて，①**未成年**，②**後見**，③**保佐**，④**補助**という4類型を設けている。後見・保佐・補助の3類型は，成年を対象とする法定後見である。成年の法定

□ WINDOW 2-4　　　　　　　　　　　　　　　　　　　　◀◀

意思能力がなかったことの証明

　行為時に意思能力がなかったとの証明は，認知症などについての医師の診断書があれ
ば，比較的容易であろう。もっとも，その作成時期によって，その推定力は異なる（行為
直近のものがベストである）。診断書がない場合でも，意思無能力の証明はできるであろ
うが，簡単なことではない。周囲の人の証言など，間接事実（状況証拠）を積み重ねてい
くしかない。
　最判平10・7・17民集52巻5号1296頁（→248頁）の事実審（控訴審）は，認知症以外
の病状や周囲の人の証言などから，無権代理行為をされた本人の意思無能力を認定して
いる。そこでは，脳循環障害・パーキンソン病・脳萎縮と診断されたこと，夫が死亡し
たことを理解することができなかったこと，および，夜中に夫の骨壺を開けて骨をかじっ
たことなどがあげられている。

後見，および，任意後見契約法に基づく任意後見をあわせて成年後見という
（→59頁）。

　4類型において，制限行為能力者を，①未成年者，②成年被後見人，③被保
佐人，④被補助人といい，保護機関を，①親権者（または未成年後見人），②成
年後見人，③保佐人，④補助人という（成年後見につき，8条・12条・16条）。

③ 制限行為能力者制度の意義

　(1)　目　的　　制限行為能力者制度の目的は，精神上の障害により判断能力
の減少した高齢者や未成年者など，取引社会において独立して取引を行う能力
が欠如した，または，不十分な者を定型的に制限行為能力者とし，制限行為能
力者が単独で行った一定の法律行為をあとから取り消すことができるとするこ
とによって（→次述④），それらの者が財産を失うことを防止することにある。

　(2)　意思無能力者保護制度の問題点　　独立した取引能力が欠如した者の保
護は，理論的には，意思無能力者がした法律行為は無効という法制度（3条の
2）によって図られている。

　しかし，これによる保護を受けるには，法律行為の時に意思能力を有してい
なかったことを証明しなければならず，その証明は実際上，容易ではない
（→WINDOW 2-4）。証明できなければ，事実上，保護されないことになる。

　反対に，意思無能力の証明に成功した場合，法律行為の相手方は，外見から
意思能力のないことを予測することが困難であったときなどに，不意打ち的に

法律行為の無効を主張されて，ひどく困惑することであろう。

(3) **制度趣旨**　そこで民法典は，意思無能力者を含めて，取引社会における独立した取引能力の不十分な者を，4種の制限行為能力者に定型化し，行為能力の制限のみを理由とする取消しを可能としている。

(a) **証明の容易化**　意思能力のない者が制限行為能力者（成年被後見人）となれば（後見開始の審判〔7条〕。→62頁），制限行為能力者（成年被後見人）であることのみを理由として法律行為を取り消し（9条本文），はじめから無効だったものとすることができる（121条）。

制限行為能力者であることの証明は，意思無能力者であったことの証明よりもはるかに容易である。戸籍謄本等・住民票の写し・住民票記載事項証明書（戸籍10条1項，住民台帳12条。未成年の場合）または後見登記等ファイルの登記事項証明書（後見登記10条。後見等の場合。→61頁）によることができるからである。

(b) **利害得失の計算能力の不十分な者の保護**　制限行為能力者制度においては，意思能力はあっても，取引における利害得失の計算能力の不十分な者（意思能力のある未成年者・被保佐人・被補助人）もまた，独立取引能力の不十分な者として，保護の対象となっている。

(c) **相手方の予測可能性**　制限行為能力者制度は，法律行為の相手方の予測可能性にも資する。外見から意思能力の有無を判別することは困難であるが，制限行為能力者であるかどうかは容易に確認できる。取引の際に，上記(a)の戸籍謄本等または後見登記等ファイルに記録がないことの登記事項証明書（後見登記10条柱書かっこ書）の提示を求めればよい。

④ 行為能力の制限による取消しとその効果

(1) **取消しの意思表示**　行為能力の制限を理由として取り消すことができる法律行為は（5条2項・9条本文・13条4項・17条4項），制限行為能力者本人（未成年者，成年被後見人，被保佐人，被補助人）または保護機関（親権者・未成年後見人，成年後見人，保佐人，補助人）が取消しの意思表示をすることができる（120条1項。→259頁）。この取消権には，期間制限がある（126条。→266頁）。

(2) **遡及的無効**　取り消された法律行為は，初めから無効であったものとみなされる（遡及的無効〔121条〕。なお，意思無能力による無効〔3条の2〕との関係〔無効と取消しの二重効〕については，→WINDOW 8-1）。したがって，法律行為か

ら債務が発生していなかったことになる。債務の履行としての給付がされる前であれば，当事者に債務の履行義務がないだけのことである。

(3)　**原状回復義務**　　債務の履行としての給付がされた後であれば，当事者は相手方を原状に復させる義務（原状回復義務）を負う（121条の2第1項。→262頁）。受領した金銭の返還義務，もしくは，受領した物の現物返還義務または（それが不可能なときの）価額償還義務である。

(4)　**返還義務の範囲の縮減**　　制限行為能力者の返還義務の範囲は，現に利益を受けている限度（**現存利益**）に縮減されている（121条の2第3項後段。→WINDOW 8-6）。

⑤ 制限行為能力者の相手方の保護

制限行為能力者制度は，行為能力の制限のみを理由とする取消しによって，制限行為能力者を，最大限，保護しようとするものである。その反面，相手方はたとえ善意であっても，制限行為能力者側からの取消しにさらされる。そこで民法典は相手方に，最小限度の保護として，催告権を与え（20条），また，制限行為能力者が詐術を用いた場合には，取消権を排除している（21条）。

(1)　**制限行為能力者の相手方の催告権**　　制限行為能力者側が，取消し（120条1項）または追認（122条）をしない限り，相手方は取消権の消滅まで（126条。→266頁），不安定な状態に置かれる。これを脱することができるように，相手方に次のような**催告権**が与えられている。

(a)　保護機関または行為能力者となった者に対する催告　　相手方は，制限行為能力者が行為能力者にならない間には親権者・後見人等の保護機関に対して，行為能力者となった後にはその者に対して，1か月以上の期間を定めて，追認するか否かを確答すべき旨の催告をすることができ，確答がないときは，追認が擬制される（20条2項・1項。なお，3項参照）。

(b)　被保佐人または被補助人に対する催告　　相手方は，被保佐人または被補助人に対して，1か月以上の期間を定めて，保佐人または同意権のある補助人の追認を得るべき旨の催告をすることができ，追認を得た旨の通知を発しないときは，取消しが擬制される（20条4項）。

(2)　**制限行為能力者の詐術**　　(a)　取消権の排除　　制限行為能力者が，行為能力者であることを信じさせるため，**詐術**を用いたときは，その法律行為を

取り消すことができない（21条）。親権者等の同意権を有する者の同意を得たことを信じさせるために詐術を用いたときも，これに準ずる（21条の類推適用）。

(b) **詐術の意義**　詐術とは，相手方をして，行為能力者であると（または，同意権を有する者の同意があるものと）相手方に誤信させ，その誤信によって法律行為をさせることをいう。相手方が誤信して法律行為をしたのでなければ，取消権は排除されない。判例（最判昭44・2・13民集23巻2号291頁）によれば，詐術は，相手方に対し積極的術策を用いた場合に限るものではなく，ふつうに人を欺くに足りる言動を用いて相手方の誤信を誘起し，または誤信を強めた場合をも包含する。単なる黙秘は，詐術にあたらないが，他の言動などとあいまって，相手方を誤信させ，または，誤信を強めたときは，詐術にあたる。

第4節　未成年者

1 成年期

(1) **成年**　「年齢18歳をもって，**成年**とする」（4条）。したがって，未成年者とは，成年に達していない者であって，年齢18歳未満の者をいう（→WINDOW 2-5）。これは，すべての法分野に対する原則規定である。もっとも，それぞれの法分野において，個別に年齢要件が定められているのがふつうであるので（選挙権〔18歳。公選9条〕，喫煙年齢・飲酒年齢〔20歳。煙禁1条・酒禁1条1項〕，勝馬投票券の購入年齢〔20歳。競馬28条〕，婚姻適齢〔18歳。→次述〕），4条の一般法としての意味合いは薄れている。

(2) **婚姻適齢**　「婚姻は，18歳にならなければ，することができない」（731条）。2018年改正前は精神能力の成熟度などを理由として，男が18歳，女が16歳であったが，現行法では男女平等および社会的・経済的成熟度の要請から，ともに18歳となり，未成年での婚姻もなくなった。

2 未成年者の行為能力の範囲

(1) **行為能力の制限と取消し**　「未成年者が法律行為をするには，その法定代理人の同意を得なければならない」（5条1項本文）。これに反する法律行為は，取り消すことができる（5条2項）。

□ WINDOW 2-5　　　　　　　　　　　　　　　　　　　　　　　　　　　◀◀

成年年齢の引下げ

　(1)　**成年年齢18歳への動き**　　日本では，民法典（1896年公布）が1898年に施行されて以来ずっと成年年齢は20歳であったものが，2018年に18歳に引き下げられた（2022年4月1日施行）。2007年に成立した（2010年施行）国民投票法（日本国憲法の改正手続に関する法律）3条で投票権が18歳以上の者に与えられたことから，附則で成年年齢・選挙権年齢の18歳への引下げが検討されることになっていた。選挙権については，2015年に公職選挙法が改正され（2016年施行），選挙権年齢が18歳に引き下げられた（9条）。

　(2)　**引下げの問題点**　　成年年齢を引き下げることについては，その年齢層において，①未成年者取消し（5条2項）が使えなくなり，悪徳業者等からの防御方法に困る，②自立が困難で困窮する若年者が増大する，あるいは，③飲酒・喫煙・公営ギャンブルや少年法の適用についても18歳が基準となるのは問題であるなどといった点が指摘されていた（ほかに，移行期または受験時期における成人式の問題がある。なお，国民の祝日に関する法律2条は成人の日について「おとなになったことを自覚し，みずから生き抜こうとする青年を祝いはげます」と定め，成年年齢には触れていない）。

　(3)　**実現への環境整備**　　成年年齢18歳のためには，上記の点について，消費者保護制度の拡充，社会的扶助の拡大，あるいは，飲酒・喫煙などについて，個別に問題解決を図り，環境整備をすることが不可欠である。そこで，消費者契約法が改正され（進学・就職などについての不安をあおる告知〔不安告知〕，または，恋愛感情等に乗じて契約しなければ関係が破綻する旨の告知〔デート商法〕による困惑を理由とする取消しの新設〔消費契約4条3項5号イ・6号〕→200頁），また，飲酒・喫煙について，それらをすることができない者が，「未成年者」から「20歳未満の者」に改められるなどした。

　(4)　**グローバル・スタンダードへ**　　20歳という成年年齢は，民法典制定当時は世界の最先端を行っていたが（当時の世界の主流は21歳），現在ほぼすべての国が18歳であり，それがグローバル・スタンダードとなっている。

　(a)　未成年者　　未成年者とは成年に達していない者をいう（→上述**1**(1)）。

　(b)　法律行為　　法律行為とは，契約など，意思表示のとおりに法律効果が発生する法律要件をいう（→114頁）。身分行為については特則がある（780条〔認知に同意を要しない〕・961条・962条〔満15歳で遺言能力〕）。

　(c)　法定代理人　　**法定代理人**とは，法律の定めによる代理人をいう（→217頁）。未成年者の法定代理人は，親権者または未成年後見人である（824条・859条）。親権者は，父母または養親であるか（818条），あるいは，離婚の場合は父母の一方である（819条）。未成年後見人は，親権者がないときに（838条），指定・選任されることがある（839条・840条）。

(d) 同　意　　法定代理人の同意は，同意書などで明示されることも多いで
あろうが，黙示のものでもよい。事後の同意は追認（122条。→264頁）である。

(e) 取消権者　　取消権者は，未成年者，法定代理人（→上述(c)）および相続
人などの包括承継人である（120条1項。→259頁）。

(2) **単独ですることができる行為**　　以下の場合には，未成年者は単独で確
定的に有効な法律行為をすることができ，法定代理人の同意を得ないでしたと
きでも，取り消すことができない。日用品の購入など，日常生活に関する行為
も，少なくとも法定代理人のいない未成年者については，単独ですることができ
るものと解すべきであろう（9条ただし書・13条1項ただし書類推適用。→64頁）。

(a) 単に権利を得，または義務を免れる法律行為（5条1項ただし書）　　未
成年者が不利益を受けるおそれのないことが，行為の性質から客観的に判断さ
れる行為である（負担付贈与〔553条〕でない贈与契約〔549条〕など）。

(b) 自由財産の処分（5条3項）　　次のような，法定代理人が処分を許した
財産（自由財産）は，未成年者が自由に処分することができる。

①　目的を定めて処分を許した財産（前段）　　特定の物の購入・支払いのた
　　めに与えられた金銭などである。目的の範囲内で同意があるものといえる。

②　目的を定めないで処分を許した財産（後段）　　小遣い銭などである。包
　　括的な同意により，個別の同意の手間を省くものである。

(c) 営業の許可（6条1項）　　「1種又は数種の営業を許された未成年者は，
その営業に関しては，成年者と同一の行為能力を有する」（1項。許可の取消し
〔撤回。→259頁〕・制限につき，2項。なお，職業の許可につき，823条1項・857条本
文）。許可された営業に関しては，法定代理人の同意があったものといえるか
らである。未成年者が営業を行うときは，未成年者登記簿に登記しなければな
らない（商5条，商登35条1項）。

「営業」とは，営利を目的とする反復的・継続的な独立の事業をいう。「営業
の許可」は，法定代理人がする（黙示であってもよい。なお，864条〔未成年後見監
督人あるときは，その同意を要する〕）。「1種または数種（2種以上）」の許可だか
ら，営業の種類を特定しなければならない。「行為能力を有する」とは，行為
能力の制限を理由として，法律行為が取り消されることはないことをいう。

③ 未成年者の保護機関の権限

　未成年者の保護機関（親権者・未成年後見人）には，同意権（5条1項）・取消権（120条1項）・追認権（122条）がある。また，法定代理権がある（824条本文・859条1項）。

　これらの権限は，保護機関が未成年者に対して行う保護・後見システムの一環である。そこでは，保護機関は，未成年者に対して監護および教育を行う（820条・857条〔監護・教育権〕）。また，未成年者の財産を管理する（824条本文・859条1項〔財産管理権〕）。そのために，法律によって包括的な代理権が与えられ（824条本文・859条1項〔法定代理権〕），同時に，未成年者が単独でした法律行為に対する同意権（5条1項）・取消権（120条1項）・追認権（122条）が与えられているのである。

第5節　成年後見

1 ── 成年後見制度

① 成年後見制度の類型

　成年後見制度には，民法の定める**法定後見**（後見・保佐・補助）および任意後見契約法の定める**任意後見**（→67頁）がある。それは，認知症などにより判断能力が減少した成年者について，家庭裁判所の審判または任意後見契約に基づき，その自立支援を後見人等の保護機関（成年後見人・保佐人・補助人・任意後見人）によって図る制度である（→WINDOW 2-6）。

② 成年後見制度の意義

　(1)　**超高齢社会における基本的制度**　　成年後見制度は，超高齢社会における基本的制度である。1999年の民法改正により，それまでの行為無能力者制度（禁治産・準禁治産）が制限行為能力者制度（後見・保佐・補助）に改められ，また，任意後見契約法が制定されて，任意後見制度が新設された。

　成年後見は，加齢に伴なって増加する認知症などによる判断能力の減少に対して，後見人等の保護機関による一方的な保護ではなく，現在なお有している

□ WINDOW 2-6　　　　　　　　　　　　　　　　　　　　　　　　　　　◀◀

後見人等の選任と監督

⑴　**誰を後見人等にするか？**　　かつては，配偶者が後見人・保佐人となるのが法律上の原則であった（1999年改正前840条・847条１項）。これについては，本人も後見人も高齢者であるときに，老老介護と同様の問題があるなどの理由から廃止された。現在は，家庭裁判所が一切の事情を考慮して保護機関である後見人等（成年後見人・保佐人・補助人）を選任する制度となっている（843条４項・876条の２第２項・876条の７第２項）。

⑵　**さまざまな後見人等**　　したがって，後見等の事務内容などに応じて，それにふさわしい人を選任することができる。①本人の親族，②専門職後見人，③市民後見人，または，④法人（843条４項かっこ書）などである。

②の専門職後見人にあたるのは，法律の専門家である弁護士・司法書士，福祉の専門家である社会福祉士などである。

③の市民後見人は，市町村が推進する市民後見人養成講座を受講し，家庭裁判所への推薦を受けた者である（老人福祉32条の２参照）。2016年に成立した「成年後見制度の利用の促進に関する法律」は，その基本理念の中で，「市民の中から成年後見人等の候補者を育成しその活用を図ることを通じて成年後見人等となる人材を十分に確保すること」をうたう（３条２項）。

④の法人には，たとえば，市区町村の社会福祉協議会等の社会福祉法人がある。

⑶　**複数人による事務の分担**　　家庭裁判所は，数人（２人以上）の後見人等を選任し，それらの者に後見等の事務を共同または分掌させることもできる（859条の２・876条の５第２項・876条の10第１項）。たとえば，司法書士（または弁護士）および親族（または社会福祉士）を後見人等に選任し，事務の分掌として，前者に財産管理を，後者に生活側面を管掌させることができる。

⑷　**後見人等による不正の問題**　　後見人等に対する監督は，法律上，家庭裁判所および後見等監督人による後見等の事務の監督ならびに後見人等の解任（→63頁）を通じて，行われることになっているが，本人の財産の横領などの不正があとを絶たない。親族後見人のみならず，専門職後見人による横領も珍しくはない。本人の財産を守るための方法の１つとしては，成年後見につき，日常的に使用しない金銭を信託銀行等に信託する後見制度支援信託がある。

能力の活用や，自己決定の尊重による自立支援・ノーマライゼーション（ごくふつうに生活ができるようにすること）を図ることを目的としている。

⑵　**現在なお有している能力の活用**　　現在なお有している能力の活用は，制限行為能力者制度において，以前の行為無能力者制度のように行為能力がないとするのではなく，行為能力が制限されているとしている点にみられる。

①成年被後見人は日常生活に関する行為を単独ですることができ（９条ただし書），②被保佐人は13条１項列挙行為以外の行為（および日常生活に関する法律

行為) を単独ですることができ (13条 1 項), ③被補助人は補助人の同意を要する旨の審判を受けた特定の行為以外の行為を単独ですることができる (17条 1 項)。これらの単独でできる行為以外の行為について, 行為能力が制限されているにすぎない。

(3) **自己決定の尊重**　成年後見における自己決定の尊重については, 以下の点にみられる。

① 　補助開始の審判および保佐人・補助人に代理権を付与する旨の審判において, 本人の請求または同意が必要であること (17条 1 項・ 2 項・876条の 4 ・876条の 9)。

② 　任意後見において, 本人が任意後見人となる者を選任できること (任意後見 2 条), および, 任意後見の開始 (= 任意後見監督人の選任) には本人の請求または同意が必要であること (同 4 条 1 項・ 3 項)。

③ 　任意後見が法定後見に優先すること (同10条 1 項)。

④ 　後見人等の保護機関に本人の意思の尊重義務があること (858条・876条の 5 第 1 項・876条の10第 1 項, 任意後見 6 条)。

③ 成年後見の公示制度

後見・保佐・補助に関する登記および任意後見契約についての登記 (= 後見登記等) は, 法務局において, 磁気ディスクをもって調整する**後見登記等ファイル**に記録することによって行われる (後見登記 1 条・ 2 条・ 4 条・ 5 条)。成年後見の公示制度は, かつての行為無能力者制度におけるような戸籍への記載ではなく, 誤解や偏見を避けるために, 戸籍とは別の後見登記等ファイルへの登記によっている。

2 ── 法定後見

① 法定後見の 3 類型

法定後見には, ①**後見**, ②**保佐**および③**補助**の 3 類型がある (→図表 2 - 2)。これらは, 制限行為能力者となる本人の事理弁識能力の程度に応じたものであり, その減衰度合いの大きいものから順に, 後見 (7 条) →保佐 (11条) →補助 (15条 1 項) となっている。

図表 2-2　成年後見制度の概要

		後　見	保　佐	補　助
要件	事理弁識能力	欠く常況にある者（7条）	著しく不十分な者（11条）	不十分な者（15条1項）
開始の審判	申立権者	本人，配偶者，四親等内の親族，検察官など（7条・11条・15条1項），任意後見受任者，任意後見人，任意後見監督人（任意後見10条2項），市町村長（老人福祉32条）		
	本人の同意	不　要	不　要	必要（15条2項）
本人と機関	本　人	成年被後見人（8条）	被保佐人（12条）	被補助人（16条）
	保護機関	成年後見人（8条）	保佐人（12条）	補助人（16条）
	監督機関	成年後見監督人（849条）	保佐監督人（876条の3）	補助監督人（876条の8）
同意権・取消権	範　囲	同意権なし。日常生活に関する行為以外は取消可能（9条）。	13条所定の行為（1項各号。2項による追加可能）	13条1項列挙行為の一部（17条）
	手　続	後見開始の審判（7条）	保佐開始の審判（11条）	補助開始の審判＋同意権付与の審判＋本人の同意（15条）
	取消権者	本人・成年後見人（120条）	本人・保佐人（120条）	本人・補助人（120条）
代理権	範　囲	財産に関するすべての法律行為（859条）	特定の法律行為（876条の4）	特定の法律行為（876条の9）
	手　続	後見開始の審判	保佐開始の審判＋代理権付与の審判＋本人の同意	補助開始の審判＋代理権付与の審判＋本人の同意

② 後見等開始の審判

（1）　**審判の請求**　家庭裁判所は，次述(2)の事理弁識能力に関する実質的要件が備わっているときに，本人・配偶者・4親等内の親族・検察官などの一定の者の請求により，後見・保佐・補助開始の審判（後見等開始の審判）をすることができる（7条・11条・15条1項）。市町村長も，65歳以上の者（65歳未満の者であって特に必要があると認められるものを含む〔老人福祉5条の4第1項かっこ書〕）につき，その福祉を図るため特に必要があると認めるときは，請求権者となる（同32条）。

（2）　**事理弁識能力**　（a）　事理弁識能力の程度　後見等開始の審判の実質的要件は，認知症・知的障害・精神障害など（飲酒・服薬による一時的なものを含まない）の精神上の障害によって，事理を弁識する能力（**事理弁識能力**）が，①後見開始の審判については「欠く常況」（事理弁識能力のないのが通常の状態であること），②保佐開始の審判については「著しく不十分」，③補助開始の審判については「不十分」であることである（7条・11条・15条1項）。各法文には，後見等

「開始の審判をすることができる」とあるが，事理弁識能力に関する実質的要件が備わっている限り，家庭裁判所は後見等開始の審判をしなければならないと解されている。

(b)　事理弁識能力の内容　　事理弁識能力とは，社会における物事の意味（社会のしくみ）を理解することができる精神的能力をいう（→WINDOW 2-3）。

(c)　本人の精神状況の判断　　本人の精神状況の判断は，医師の鑑定による（家事119条1項・133条。補助については医師等からの意見聴取〔診断書など〕でよい〔同138条〕）。

(3)　**補助開始の審判の特則**　　(a)　本人の同意　　本人以外の者の請求により補助開始の審判をするには，本人の同意がなければならない（15条2項）。

(b)　同意権・代理権付与の審判との同時審判　　補助開始の審判は，17条1項の審判（13条1項列挙行為の一部につき補助人の同意を要する旨の審判）または876条の9第1項の審判（特定の法律行為につき補助人に代理権を付与する旨の審判）とともにしなければならない（15条3項）。補助においては，補助人の権限が法定されていないので，同意権または代理権あるいはその双方が補助人に付与される必要がある。

(4)　**後見等の開始**　　後見等開始の審判により，後見・保佐・補助が開始する（838条2号・876条・876条の6）。審判を受けた者は，**成年被後見人・被保佐人・被補助人**となり，**成年後見人・保佐人・補助人**が付される（8条・12条・16条。なお，19条〔審判相互の関係〕）。

(5)　**後見等の終了**　　事理弁識能力が回復した場合など，後見等開始の審判における原因が消滅したときは，家庭裁判所は，一定の者の請求により，後見等開始の審判を取り消さなければならない（10条・14条1項・18条1項。なお，保佐・補助開始の審判の一部取消しにつき，14条2項・18条2項）。

③ 後見人等の選任・監督・解任

(1)　**選　任**　　家庭裁判所は，後見等開始の審判をするときは，職権で，後見人等の保護機関（成年後見人・補佐人・補助人）を選任する（843条・876条の2・876条の7。複数を選任することもできる。→WINDOW 2-6）。

(2)　**監　督**　　家庭裁判所は，必要があると認めるときは，本人・親族・後見人等の請求または職権により，監督機関である**成年後見監督人・保佐監督人・**

補助監督人を選任することができる（849条・876条の3第1項・876条の8第1項）。後見監督人等および家庭裁判所が後見等の事務の監督を行う（851条1号・863条・876条の3第2項・876条の5第2項・876条の8第2項・876条の10第1項）。

(3) **解 任**　後見人等に不正な行為，著しい不行跡その他後見の任務に適しない事由があるときは，家庭裁判所は，後見監督人等・本人・親族・検察官の請求または職権により，後見人等を解任することができる（846条・876条の2第2項・876条の7第2項）。

④ 法定後見における行為能力の範囲

法定後見における制限行為能力者の事理弁識能力は，成年被後見人・被保佐人・被補助人の順で高まる。それに応じて，行為能力の制限も狭くなり，単独で確定的に有効な法律行為をすることができる範囲が広がる。

(1) **成年被後見人の行為能力**　(a)　**成年被後見人の法律行為の取消し**　成年被後見人の法律行為は，取り消すことができる（9条本文）。成年後見人とともに，成年被後見人自身も取り消すことができる（120条1項）。成年被後見人が取消しの意思表示をしたとしても，取り消すことのできる取消しとはならない（→259頁）。

成年後見人の同意を得て法律行為をしたとしても，それを取り消すことができる（成年後見人に同意権はない）。成年被後見人は，事理弁識能力を欠く常況にあるからである（7条）。成年被後見人の法律行為を確定的に有効なものとするには，保護機関の同意を得て制限行為能力者自身が法律行為をするという方法によることはできず，成年後見人が法定代理権（859条1項）に基づいて代理行為をする方法によるしかない（事後的には，成年被後見人のした法律行為を，成年後見人が追認することが可能である〔122条〕。追認につき，→264頁）。

(b)　**単独ですることができる行為**　成年被後見人のした「日用品の購入その他の**日常生活に関する行為**」については，取り消すことができない（9条ただし書）。生活に必要不可欠なものについて，あとから取り消される可能性があることを理由とする取引拒絶を防ぎ，もって日常をつつがなく過ごせるようにするためである。

したがって，「日常生活に関する行為」とは，衣料・食料品などの日用品の購入とこれに準ずる電気・ガス・水道の契約など，生活のために欠くことので

きない法律行為 (必需行為) と解すべきである。これに対して, (日常の家事に関する債務の夫婦の連帯責任を定める) 761条の「日常の家事に関する法律行為」と同様に, 生活を営むうえにおいて通常必要な法律行為をいうとする見解もある (日常家事行為につき, 最判昭44・12・18民集23巻12号2476頁参照)。しかし, 個人の生活における「日常生活に関する行為」は必需行為であって, 婚姻生活における「日常の家事」と異なるとすべきであろう。

(2)　**被保佐人の行為能力**　(a)　保佐人の同意を要する行為 (13条)　(i) 13条1項列挙行為　被保佐人が13条1項の各号に列挙されている行為をするには, 保佐人の同意を得なければならない (1項本文)。13条1項列挙行為は (10号を除き), 被保佐人の財産状態に大きな影響を与える重要な行為である。たとえば, ①「借財又は保証をすること」(2号), ②「不動産その他重要な財産に関する権利の得喪を目的とする行為をすること」(3号), ③「訴訟行為をすること」(4号) などがある。

家庭裁判所は, 本人や保佐人など一定の者の請求により, 13条1項列挙行為以外の行為をする場合であっても保佐人の同意を要する旨の審判をすることができる (同意権の拡張〔2項〕)。なお, 保佐人に代理権を付与する旨の審判も可能である (本人の同意が必要。876条の4)。

(ii)　同意に代わる許可　保佐人の同意を要する行為について, 被保佐人の利益を害するおそれがないにもかかわらず, 保佐人が同意をしないときは, 家庭裁判所は, 被保佐人の請求により, 同意に代わる許可を与えることができる (13条3項)。

(iii)　同意を得ないでした行為の取消し　保佐人の同意を要する行為であって, その同意または同意に代わる許可を得ないでしたものは, 取り消すことができる (4項)。

(b)　単独ですることができる行為　被保佐人は, 保佐人の同意を要する行為以外の行為について, 保佐人の同意を得ることなく, 確定的に有効なものとして, それをすることができる。また, 「日常生活に関する行為」も保佐人の同意を要しない (1項ただし書。→前頁(1)(b)参照)。

(3)　**被補助人の行為能力**　(a)　補助人の同意を要する行為 (17条)　(i) 補助人の同意を要する旨の審判　家庭裁判所は, 本人や補助人など一定の者

の請求により，被補助人の特定の法律行為について，補助人の同意を得なければならない旨の審判をすることができる（1項本文）。この審判による同意を要する行為は，13条1項列挙行為（保佐人の同意を要する行為）の一部に限られる（17条1項ただし書）。

　(ii)　同意に代わる許可　　被保佐人に関する規定（13条3項。→上述(2)(a)(ii)）と同旨である（17条3項）。

　(iii)　同意を得ないでした行為の取消し　　補助人の同意を要する行為であって，その同意または同意に代わる許可を得ないでしたものは，取り消すことができる（同条4項）。

　(b)　単独ですることができる行為　　被補助人は，補助人の同意を要する行為以外の行為について，補助人の同意を得ることなく，確定的に有効なものとして，それをすることができる。

⑤ 後見人等の職務および権限

　(1)　成年後見人　　(a)　後見の職務　　成年後見人は，成年被後見人の生活，療養看護および財産の管理に関する事務を行う（身上監護および財産管理〔858条〕）。その事務を行うにあたっては，成年被後見人の意思を尊重し，その心身の状態および生活の状況に配慮しなければならない（意思尊重義務および身上配慮義務〔同条〕）。

　また，成年後見人は，郵便物等の管理をすることができる（家庭裁判所の嘱託による郵便物等の成年後見人への配達〔860条の2〕・郵便物等の開封〔860条の3〕）。本来は見ることのできない本人のプライバシーである郵便物等を見ることができるので，業者からの請求書を見つけたら，詐欺まがい商法などにひっかかっていることに気づくことができる。

　(b)　財産管理上の権限　　成年後見人には，上述の財産管理に関する事務を行うために，包括的な代理権（859条1項）・取消権（120条1項）・追認権（122条。→264頁）がある。同意権はない。成年被後見人が同意を得て法律行為をしたとしても，取り消すことができる（9条本文。→64頁）。

　なお，成年後見人が，成年被後見人を代理して，その居住用の不動産を処分するには，家庭裁判所の許可を得なければならない（859条の3）。また，成年後見人は，成年被後見人の死亡後も相続人が相続財産の管理をすることができ

るに至るまで，相続財産について保存行為 (→224頁)，債務の弁済および (家庭裁判所の許可を得て) 火葬・埋葬に関する契約をすることができる (873条の 2)。

(2)　**保佐人**　(a)　保佐の職務　保佐人は，身上監護および財産管理に関する事務を行い，その事務を行うにあたって，被保佐人に対して意思尊重義務および身上配慮義務を負う (876条の 5 第 1 項)。

(b)　財産管理上の権限　保佐人には，財産管理上の権限として，13条 1 項列挙行為についての同意権 (13条 1 項)・取消権 (120条 1 項)・追認権 (122条。→264頁) がある。

さらに保佐人には，同意権を付与する旨の家庭裁判所の審判により (13条 2 項)，13条 1 項列挙行為以外の行為についての同意権が付与されることがある (同意権の拡張)。また，代理権を付与する旨の家庭裁判所の審判により，特定の法律行為についての代理権が付与されることがある (本人の同意が必要。876条の 4)。

(3)　**補助人の権限**　補助人の権限は，法律上当然に定まっているものではない。補助人は，家庭裁判所の審判により，特定の法律行為についての同意権または代理権，あるいはその双方を有することになる (本人の意思尊重・身上配慮義務につき，876条の10第 1 項)。

同意権を付与する旨の家庭裁判所の審判により (17条 1 項)，補助人には特定の行為 (13条 1 項列挙行為に限られる) について，同意権が付与される (取消権〔120条 1 項〕・追認権〔122条。→264頁〕も生じる)。また，代理権を付与する旨の家庭裁判所の審判により，特定の法律行為の代理権が付与される (本人の同意が必要。876条の 9)。

3 ——任意後見

1 任意後見契約

(1)　**意　義**　**任意後見**契約とは，本人 (委任者) が，任意後見受任者 (任意後見人になる者) に対し，事理弁識能力が不十分な状況になる前に，そうなった状況における自己の生活・療養看護・財産の管理に関する事務を委託し，それについて代理権を付与する委任契約 (643条) であって，家庭裁判所が任意後見監督人を選任した時から効力を生ずる旨の定めがあるものをいう (任意後見 2

条)。

　なお，家庭裁判所は，本人の利益のためにとくに必要であると認めるときに限り，後見・保佐・補助開始の審判をすることができる（任意後見の原則的優先。任意後見10条1項。また，同4条2項参照）。

　(2)　**方式および登記**　　任意後見契約は，公正証書によってしなければならない（任意後見3条）。公正証書を作成した公証人の嘱託に基づき，任意後見契約が後見登記等ファイルに登記される（後見登記5条，公証人57条の3）。

　(3)　**任意後見の開始**　　本人の事理弁識能力が不十分な状況にあるときは，家庭裁判所は，本人，配偶者，4親等内の親族または任意後見受任者の請求により，任意後見監督人を選任する（任意後見4条1項本文。本人以外の者の請求によるときは，原則として，本人の同意がなければならない〔同4条3項本文〕）。これにより，任意後見が開始し（同2条1号），任意後見受任者が任意後見人となる（同条4号）。

② 任意後見人

　(1)　**職　　務**　　任意後見人は，任意後見契約で委託された事務を行い，それを行うにあたっては，本人の意思尊重・身上配慮義務がある（任意後見6条）。

　(2)　**権　　限**　　任意後見人は，任意後見契約で与えられた代理権を有する。本人の行為能力は制限されていないので，法定後見でのような同意権・取消権はない。

　(3)　**解　　任**　　任意後見人に不正な行為，著しい不行跡その他その任務に適しない事由があるときは，家庭裁判所は任意後見監督人・本人等の請求により解任することができる（任意後見8条）。

③ 任意後見監督人

　(1)　**職　　務**　　任意後見監督人の職務は，任意後見人の事務を監督すること，および，家庭裁判所に定期的に報告することなどである（任意後見7条1項）。

　(2)　**権　　限**　　任意後見監督人は，任意後見人に対し，事務の報告を求め，または事務もしくは本人の財産状況を調査することができる（任意後見7条2項。なお，同条3項〔家庭裁判所による報告・調査などの命令〕）。

④ 任意後見契約の解除

　任意後見の開始前（任意後見監督人の選任前）は，本人または任意後見受任者

は，いつでも任意後見契約を解除することができる（任意後見9条1項）。開始後は，正当な事由がある場合に限り，家庭裁判所の許可を得て，解除することができる（同条2項）。

第**6**節 住 所

① 住 所

　(1) **意 義**　民法典は，各人の生活の本拠をその者の**住所**とする（22条）。生活の本拠とは，生活関係における場所的中心をいう。

　法令が人の住所に法律上の効果を規定している場合，反対の解釈をすべき特段の事由のない限り，22条の各人の生活の本拠をいう（最判昭29・10・20民集8巻10号1907頁）。それは，その者の生活に最も関係の深い一般的生活，全生活の中心を指し（最判昭35・3・22民集14巻4号551頁〔公選9条〕），客観的に生活の本拠たる実体を具備しているか否かにより決定される（最判平23・2・18判時2111号3頁〔相続税法現1条の3〕）。これは，実質主義・客観主義によるものであり，本籍地などによる形式主義，および，その者の意思による意思主義を排斥している。

　(2) **機 能**　住所は，権利主体の場所的個性を定め，私法上次のような法律関係における基準となる。たとえば，不在者・失踪宣告（25条・30条），弁済の場所（484条1項，商516条），相続開始の場所（883条），裁判管轄（民訴4条1項・2項）などである。

② 居所・仮住所

　(1) **居 所**　住所が知れない場合には，居所を住所とみなす（23条1項）。**居所**とは，その者が多少の期間継続して居住するが，土地との密接度が住所ほどではない場所をいう。また，日本に住所を有しない者は，原則として日本における居所を住所とみなす（同条2項本文）。

　(2) **仮住所**　当事者が，ある法律行為について**仮住所**を選定したときは，その仮住所が住所とみなされる（24条）。

第7節 不在者の財産管理および失踪宣告

1——不在者

不在者とは，従来の住所または居所を去った者をいう（25条1項）。去った者とは，容易に帰来する見込みのない者をいう。民法典は，不在者について，不在者本人または利害関係人のために，不在者の財産の管理（25条～29条）および失踪宣告（30条～32条）の制度を設けた。

2——不在者の財産の管理

① 不在者の財産の管理についての必要な処分

不在者がその財産の管理人（委任管理人）を置かず，また，法定代理人もいないときは，利害関係人または検察官の請求により，家庭裁判所は財産の管理について必要な処分を命じなければならない（25条1項。なお，同条2項，家事147条〔処分の取消し〕，民26条〔管理人の改任〕参照）。「利害関係人」は，管理人のいないことに法律上の利害関係がある者を広く含む。たとえば，不在者を含む遺産分割協議における他の共同相続人などである。単なる友人・隣人はあたらない。「必要な処分」は，主として管理人の選任を指す（27条1項）。

② 管理人の職務および権限

（1）**職　務**　家庭裁判所が選任した管理人（選任管理人）は財産目録を作成しなければならない（27条1項前段。なお，同項後段〔作成費用〕・同条2項〔委任管理人への作成命令〕・29条〔管理人の担保提供及び報酬〕参照）。

（2）**権　限**　権限の定めのない管理人は，必要最小限の管理行為（103条。→224頁）を行うことができる（管理行為を超えるときは，家庭裁判所の許可が必要〔28条〕）。

3——失踪宣告

① 失踪宣告

（1）**失踪宣告の意義**　不在者（25条1項。→上述1）について，生死不明の

状態が続き，死亡の証明は困難であるが，死亡の蓋然性が高いときは，相続権者や配偶者などの残存者のために，不在者をめぐる法律関係を確定する必要がある。そこで民法典は，その者を死亡したものとみなす**失踪宣告**制度を設けた（30条以下）。失踪宣告により，相続が開始し（882条），婚姻関係も終了して，その配偶者は再婚が可能となる。

(2) **失踪宣告の要件**　失踪宣告は，配偶者や相続権者などの利害関係人（＝失踪宣告について法律上の利害関係を有する者）の請求により，家庭裁判所が次のいずれかの場合につき審判によって行う（30条，家事39条・別表第1-56）。

① **普通失踪**　不在者の生死が7年間明らかでないとき（30条1項。失踪期間は，不在者が生存していると知られた最後の時から起算する）。

② **特別失踪**　戦地に臨んだ者，沈没した船舶の中にあった者その他死亡の原因となるべき危難に遭遇した者の生死が，危難が去った後1年間明らかでないとき（30条2項）。

(3) **失踪宣告の効果**　失踪宣告を受けた者（失踪者）は，普通失踪（30条1項）の場合には7年の期間が満了した時に，特別失踪（同条2項）の場合にはその危難の去った時に，死亡したものとみなされる（死亡の擬制。31条）。もっとも，死亡したものとみなすのは，失踪者の従来の住所または居所を中心とする私法上の法律関係についてのみであり，失踪者が他の場所で生存している場合に，失踪者の権利能力が消滅するわけではない。

2 失踪宣告の取消し

(1) **要　件**　失踪者が生存すること，または，失踪宣告により死亡したとみなされる時と異なる時に死亡したことの証明があったときには，本人または利害関係人の請求により，家庭裁判所は失踪宣告を取り消さなければならない（32条1項前段）。失踪期間の起算点以後のある時点での生存が証明された場合も同じである。その時点から失踪期間を計算すべきだからである。

(2) **効　果**　(a) 遡及効　失踪宣告の取消しにより，はじめから失踪宣告がなかったのと同一の効力を生ずる（失踪宣告の取消しの遡及効）。失踪宣告を原因とする法律関係の変動ははじめから生じていなかったことになる。

(b) **権利の喪失**　失踪宣告によって財産を得た者は，その取消しによって権利を失う（32条2項本文）。相続人や生命保険金受取人など，失踪宣告を直接

□ WINDOW 2-7　　　　　　　　　　　　　　　　　　◀◀

失踪宣告の取消しと婚姻

　婚姻については，32条1項後段の適用がないとする見解が有力である。それによれば，失踪宣告後に残された配偶者が再婚し，その後に失踪宣告の取消しがあったとしても，つねに後婚のみが有効となる。これが，当事者の意思の尊重，および，存続している事実状態の保護という家族法の精神に合致するという。近時ではさらに，後婚について「婚姻を継続し難い重大な事由」という離婚原因（770条1項5号）があるとされている。

　従前の見解は，婚姻にも32条1項後段の適用があるとしていた。したがって，当事者が善意のときに，後婚が有効であることが維持される。そうでないときは，前婚が復活し，後婚との重婚状態になる。このとき，前婚については離婚原因（770条1項5号）が，後婚については取消原因（732条）があるので，残された配偶者は，前婚の離婚か後婚の取消しのいずれかを選択することができるという。

の法律上の原因とする財産取得者（直接取得者）は，善意・悪意を問わず，失踪宣告の取消しによって権利を失う（→**3**）。さらには，その者から財産を譲り受けた第三者も権利を失う（→**4**）。

　もっとも，失踪宣告の取消しによって著しい影響を受ける者のために，保護規定が設けられている（32条2項ただし書・1項後段。→次述**3****4**）。

3 財産を得た者の返還義務

　(1)　**不当利得返還義務**　　相続人など失踪宣告によって財産を得た者（直接取得者）は，失踪宣告の取消しにより，法律上の原因なく利益を受けたことになるから，それを不当利得として返還しなければならない（703条）。

　(2)　**返還義務の範囲**　　このときの返還義務の範囲は，現に利益を受けている限度（現存利益）に縮減される（32条2項ただし書。→WINDOW 8-6）。32条2項ただし書の法文は，善意・悪意を区別していないが，通説は，善意・悪意を区別する不当利得の原則（703条・704条）に従い，その適用を善意者のみとする。

4 善意でした行為の効力

　(1)　**善意でした行為の有効性**　　失踪宣告の取消しは，失踪宣告後その取消し前に「善意でした行為」に影響を及ぼさない（32条1項後段。なお，婚姻への適用については，→WINDOW 2-7）。失踪宣告の取消しの遡及効の例外である。たとえば，失踪宣告により不動産を取得した相続人が，その不動産について第三者と売買契約をした場合に，それが「善意でした行為」であれば，真の権利者

からの売買契約として維持され，第三者への所有権移転の結果も維持される。

(2)　**善意の意義**　「善意でした行為」にいう善意とは，失踪宣告が事実と異なることを知らないことをいう。失踪宣告取消し前の行為が契約である場合，通説は，契約の両当事者(上記の例でいえば，相続人と第三者)がともに善意でなければならないとする。有力説は，32条1項後段が第三者保護規定であるとして，第三者が善意であればよいとする。

 第8節　物

1——物の意義

1 物の定義

民法典において「物」とは，**有体物**をいう(85条)。有体物とは，空間の一部を占めて，人間が覚知できるもののうち(有体性)，人間が制御・支配でき(支配可能性)，かつ，支配することが許されないもの(人間の尊厳にかかわるもの)ではない(非人格性)ものをいう。

わが国の民法典のもとでは，ペットなどの動物も有体物であって，単なる物にすぎない。ドイツでは，ドイツ民法典90条aが動物は物ではないと規定する(もっとも，法律に特別の規定がない限り，物に関する規定が準用される)。人間と同じ神の被造物として，単なる物ではないと考えられている。わが国には動物愛護法があるにすぎない。

(1)　**有体性**　電気・光・熱・電波等のエネルギーや自然力は物ではない。もっとも，電気などのように，それらが制御・支配可能な状態におかれれば，物に準じる(刑法245条は電気を財物とみなすので，盗電は窃盗罪〔刑235条〕である)。

(2)　**支配可能性**　日月星辰は，いまだ人間が制御・支配ができるものとなっていないので，物ではない。空気・海洋は万人の共通物であって，特定の人が支配すべきものではないから，物ではない。

もっとも，公有水面の埋立ての免許を受けた者は，埋立工事の竣工認可によって，埋立地の所有権を取得することができる(公有水面埋立法2条・22条・24

条1項)。また，自然現象による海没地であっても，人による支配利用が可能であり，かつ他の海面と区別可能である限り，所有権の客体たる土地としての性格を失わない（最判昭61・12・16民集40巻7号1236頁）。

(3) **非人格性**　人体は物ではない。屍体は，人体ではなく物であって，葬儀・埋葬のために慣習法上喪主となる人の所有に属する。献血された血液・かつら用の毛髪・抜歯された歯などの分離された人体の一部は，物となる。ただし，人体から分離された物の有償売買は公序良俗に反することがある（臓器移植11条〔臓器売買等の禁止〕参照）。提供された臓器・金歯・ペースメーカーが人体に付合したときは，人体の構成部分となり（243条〔動産の付合〕類推適用），物ではなくなる。

2 物の単一性・独立性

物は物権（とくに所有権）の客体であるから，一物一権主義より，単一のものであって（単一性），独立したものでなければならない（独立性）。

(1) **単一性**　自然的に一体性のある物である単一物だけでなく（動物，土地など），多数の構成部分からなる合成物も機能的・経済的に単一性を有する物である（一組のトランプ，宝石入り指輪，自動車，建物など）。集合物も，一定の要件のもとで，単一性を有する（→WINDOW 2-8）。

(2) **独立性**　物は他の物の一部（構成部分）であってはならず，独立したものでなければならない。もっとも，特別の規定により，物の構成部分に独立の所有権が認められる場合がある（242条ただし書〔可分の費用を要せず取り外し可能な弱い付合の場合。強い付合であれば，合成物となり独立性は認められない〈243条〉〕，建物の区分所有に関する法律1条〔マンションの一室〕など）。

2——物の分類

1 不動産と動産

(1) **不動産**　**不動産**とは「土地及びその定着物」をいう（86条1項）。定着物とは，土地に固定的に付着して容易に移動できない物であって，取引通念上，土地に付着して使用される物をいう。建物や立木（りゅうぼく）（→後述(c)）などがこれにあたる。移動の容易な物は定着物ではなく，土地の従物（87条。→76頁）となることがあるにすぎない。また，トンネル・井戸・敷石などは，土地の構成部分

□ WINDOW 2-8

集合物

　集合物とは，多数の物が集合して，一体的な経済的価値を有するものをいう。集合物は，次のようなときに，1個の物として扱われる。

(1)　一定数量が集合してはじめて価値のあるとき：米・土砂などである。

(2)　特別法のあるとき：ほとんど利用されてはいないが，鉄道財団（鉄抵2条）・工場財団（工抵14条）・鉱業財団（鉱抵3条）・立木（立木1条・2条。→次頁）などがある。

(3)　集合物譲渡担保のとき：とくに，構成部分の変動する流動集合動産が問題となる（たとえば，倉庫の在庫商品やいけすの養殖ハマチなどである）。それらを金融機関などに所有権を移転する構成（譲渡担保）により，担保として借入れを行うことができる（流動集合動産譲渡担保）。判例によれば，「構成部分の変動する集合動産であつても，その種類，所在場所及び量的範囲を指定するなどの方法によつて目的物の範囲が特定される場合には，一個の集合物として譲渡担保の目的とすることができる」（最判昭54・2・15民集33巻1号51頁，最判昭62・11・10民集41巻8号1559頁）。法人がする集合動産の譲渡については，動産の種類・保管場所の所在地という動産の所在によって特定する方法で登記をすることができる（動産債権譲渡特7条2項5号，同登記規則8条1項2号）。

であって，独立の不動産ではない。

　不動産の代表例は土地と建物である。その権利関係は，不動産登記法による登記によって公示され，登記が対抗要件となる（177条）。

　(a)　土　地　　一筆の**土地**は，一定範囲の地面と，その利用に必要な範囲でその上下を含む（207条）。地中の鉱物は土地の構成部分だが，国は，まだ掘採されない一定の鉱物について，掘採・取得する権利を賦与する権能を有する（鉱業2条・3条）。地下室の利用が通常行われない深さとして地表から40メートルを基準の1つとする大深度地下については（大深度地下の公共的使用に関する特別措置法2条1項，同施行令1条），（地下鉄等の）公共的使用が認められ，その上の土地の所有権にかかわらず，事業者は認可を受けて使用することができる（同法10条。もっとも，大深度地下を使用する東京外郭環状道路のトンネル工事の周辺地域で陥没事故などが生じ，問題となっている）。

　(b)　建　物　　**建物**は，土地とは別個の独立の不動産とされている（370条参照。世界的に珍しい）。屋根がわらを葺き荒壁を塗り終えて，風雨をしのげる程度になれば，床や天井を備えていなくても，独立した1個の建物となる（大判昭10・10・1民集14巻1671頁）。

(c) 立　木　　立木（樹木の集団）は，地盤である土地の構成部分として1個の所有権の客体となり，独立の不動産ではないが，立木法により登記されれば独立した取引対象である不動産となる（立木2条1項。立木法によって登記された**立木**を「りゅうぼく」と，登記されていない立木を「たちき」と読みならわし，それらを区別する）。立木はまた，土地から分離しての処分について，**明認方法**（名前等を立て札や樹皮を削った所に記す方法）を対抗要件とすることができるとされている。

(2)　**動　産**　　**動産**とは，不動産以外の物をいう（86条2項）。その権利関係は，占有によって公示され（182条〜184条・188条・192条参照），占有の移転（＝引渡し）が対抗要件である（178条）。

　もっとも，船舶・自動車登録ファイルに登記・登録を受けた船舶・自動車は動産であるが，不動産と同様に登記・登録が対抗要件となる（商687条，車両5条，自抵5条。なお，動産債権譲渡特3条1項〔債権担保等のために法人がする動産譲渡は，動産譲渡登記ファイルに登記すれば，上述の178条の引渡しがあったものとみなされ，それが対抗要件となる。→WINDOW 2-8〕）。

　金銭は特殊な動産である。通常は物としての個性を持たない抽象的価値そのものであり，価値は金銭の所在に随伴するものであるから，金銭は占有のあるところに所有権がある（最判昭39・1・24判時365号26頁）。これは窃盗・遺失の場合にもあてはまるが，元の所有者は不当利得として返還を請求することができる（703条。最判昭29・11・5刑集8巻11号1675頁）。

② 主物と従物

(1)　**従物の意義**　　**従物**とは，物の所有者が他の物（主物）の「常用に供するため」に，その物に「附属」させた自己所有の物をいう（87条1項）。建物に対する借地権（地上権〔265条〕・賃借権〔601条〕）は**従たる権利**であり，従物に準じる。**主物**とは，従物ないし従たる権利が附属させられた物をいう。

　「常用に供するため」とは，従物が主物の構成部分ではない独立の物であるが，主物の経済的目的に役立つように供されていることをいう。「附属」とは，その機能に応じた場所に存在することをいう。このように，従物は，独立の物でありながら，主物に従属してその効用を助ける物である。たとえば，家屋と畳・建具（襖・障子）や鞄と鍵などである。石灯籠・取り外しのできる庭石等は

土地の従物であり，植木・取り外しの困難な庭石等は土地の構成部分である（最判昭44・3・28民集23巻 3 号699頁）。

(2)　**主物の処分と従物**　「従物は，主物の処分に従う」(87条 2 項)。処分とは物権の移転または設定 (176条参照) をいうが，所有権の移転 (売却) または抵当権の設定がその典型である。87条 2 項は任意規定 (91条) であり，処分から一定の従物を除くとの当事者の合意があれば，それに従う。

判例によれば，地下タンク・ノンスペース計量機・洗車機などが，ガソリンスタンドの店舗用の建物に近接して設置され，経済的に一体としてガソリンスタンド営業に使用されていた場合，それらは建物の従物であり，建物への抵当権の設定の効力が及ぶ (最判平 2・4・19判時1354号80頁)。従物が主物である建物と一体となることによって，建物・諸設備の個別の価値の単なる合算を超えたガソリンスタンドという一体的・有機的な経済的価値を把握することが可能となり，担保価値が高まる。

③ 元物と果実

(1)　**使用と収益**　使用とは，物そのものの利用をいう (建物での居住，土地の建物敷地としての利用など)。これによって得られる利益を使用利益という。使用利益に関する規定はないが，果実に関する規定を類推適用すべきである。

収益とは，物から産出物を収取すること，または，他の者に使用させる対価として金銭等を受け取ることをいう (88条参照)。収益行為からの利益自体も収益という。

(2)　**元物と果実**　収益を生み出す物を**元物**(がんぶつ)といい，元物から生じる収益を**果実**という (88条)。

(a)　天然果実　果実のうち，物の用法に従い収取する産出物を**天然果実**という (1 項)。天然果実には，有機的産出物 (米・野菜・果物・木材，牛乳・子牛など) およびその他の物 (土砂・石炭・鉱物など) がある。

(b)　法定果実　物の使用の対価として受け取るべき金銭その他の物は，これを**法定果実**という (2 項)。賃料 (賃貸借〔601条〕)・地代 (地上権〔266条〕)・利息 (消費貸借〔589条〕) などである。

(3)　**果実の帰属・分配**　天然果実は，その元物から分離する時に (独立した物となり)，これを収取する権利を有する者に帰属する (89条 1 項)。収取権者

は元物の所有者 (206条)・賃借人 (601条) などである。法定果実は，収取する権利の存続期間に応じて，日割計算により取得する (89条 2 項)。89条は任意規定である。

第3章

法　人

● **本章で学ぶこと**

　ボランティアなどの非営利活動をするNPO法人と利益を追求する株式会社の共通点を求めるとすれば，それは，両者がともに法人であることにある。それでは，法人とは何であろうか。それは，何らかの目的のために人がつくった団体・組織が，法律によって法人とされたものである。

　法人にはその目的に応じて実にさまざまなものが法律によって用意されているから，本章ではまず，法人に関する基本的法体系をおさえたうえで，法人の目的と種類をみることとしよう。次に，団体・組織が法人となることの種々のメリットについて理解を深め，おわりに，法人の設立，法人の業務の執行および代表についてみてみよう。

第1節　法人の目的と種類

1 ── 法人に関する基本的法体系

１ 非営利法人と営利法人の二分体系

(1) **一般法人法と会社法**　2005年に「会社法」(2006年5月1日施行) が，2006年に「一般社団法人及び一般財団法人に関する法律」(2008年12月1日施行。以下，「一般法人法」という) が制定された。一般法人法は，剰余金の分配をすることができない法人のうち，最も一般的である一般社団法人・一般財団法人について定めるものであるから，**非営利法人** (→82頁) に関する基本的な法律である。会社法は，利益配当などの剰余金の配当を目的とする法人のうち，最も一般的である会社について定めるものであるから，**営利法人** (→84頁) に関する基本的な法律である。

(2) **非営利法人と営利法人の二分体系**　かつては公益法人に関する規定が民法に，会社に関する規定が商法に存在していたが，それらは一般法人法と会社法の制定に伴い削除された。現在では，基本法典である民法および商法に，非営利・営利目的のための個別の法人形式を定める規定はもはや存在しない。非営利法人に関する一般法人法，および，営利法人に関する会社法が，民法および商法とは別個に存在している。現行の法人法体系は，一般法人法を基本的法律とする非営利法人，および，会社法を基本的法律とする営利法人からなる二分体系となっている (→図表3−1。詳細は，→図表3−2)。

２ 公益法人に関する法体系

(1) **公益法人認定法による公益法人**　公益法人の認定に関する法律 (以下，「公益法人認定法」という) は，非営利法人である一般社団法人・一般財団法人が公益認定を受けて，公益法人である公益社団法人・公益財団法人となることを定めている。一般法人法により非営利法人が成立し，非営利法人の中から，公益認定により公益法人が成立するという2階建て方式である (→83頁)。

(2) **個別法による公益法人**　こうした一般法人法および公益法人認定法からなる非営利法人の基本的構造とは別に，公益法人については，公益法人認定

図表3-1 団体・法人に関する基本的体系図

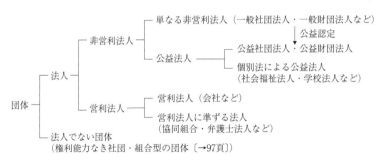

法によらないで、認可または認証により公益法人の設立を認める個別法が存在する（個別法による公益法人。→84頁）。

2──法人の目的

1 法人の目的

　法人の「目的」には2層の意味がある。その基層にあるのは団体目的（Zweck）である。団体目的は、何らかの非営利目的または営利目的であって、達成されるべき基礎的目標である。これに対して、団体目的を達成するために、法人が行う具体的な事業の内容が事業目的（Gegenstand）である。定款の絶対的記載事項にいう「目的」が（一般法人11条1項1号、会社27条1号など。→103頁）、これにあたる。

2 営利目的と非営利目的

　団体目的にいう営利目的とは、構成員に対する剰余金の分配を目的とするものをいう（剰余金分配の要素のみからなる営利概念。**非営利**目的とは、営利を目的としないものをいう）。これに対して、商法学説上の通説によれば、**営利**目的とは、会社を念頭に、団体の対外的な事業活動により経済的利益をあげ、それを構成員に分配することをいう（事業性の要素と利益分配の要素からなる営利概念）。

　しかしながら、会社法は、株主の基本的権利の1つについて、それまでの「利益ノ配当」（商旧293条）にかえて、より包括的な語義を有する「剰余金の配当」（会社105条1項1号）という文言を採用した（利益配当請求権から剰余金配当請求権へ）。極端な例ではあるが、減資など、対外的事業活動によらずに配当可能額

を確保することが明確となったのである（事業性の要素の解消）。一方，一般法人法においては，剰余金の分配が禁止されている（一般法人11条2項・35条3項）。したがって，剰余金分配の有無こそが，営利・非営利を分けるものとすべきである。

3 ── 法人の種類と法形式

1 非営利法人

(1) 意　義　　**非営利法人**とは，営利を目的としない法人をいう。非営利法人の基本的法律である一般法人法では剰余金の分配が禁じられているから（→次述(2)），正確には，剰余金の分配を目的とせず，かつ，剰余金の分配をすることができない法人をいう。

もっとも，非営利法人（または公益法人）であっても，主たる事業目的である非営利事業（または公益目的事業）のために，従たる事業目的として利益の生じる事業（営利事業）を**収益事業**として行うことができる（NPO法人につき，非営利活動5条1項。公益認定5条1号〔→次頁**2**(2)(b)〕参照）。収益事業を行ったとしても，そこから生じる利益が構成員に分配されない限り，非営利目的にとどまる（公益法人の収益事業には一定の制約がある。公益認定5条8号・15条〔事業比率〕，同19条・非営利活動5条2項〔特別会計〕など）。

(2) 剰余金分配の禁止　　一般法人法によれば，定款の定めまたは社員総会決議・評議員会決議によって，一般社団法人の社員・一般財団法人の設立者に，利益配当などの剰余金の分配をすることはできない（剰余金分配の禁止。一般法人11条2項・35条3項・153条3項2号）。

剰余金分配がなかったとしても，社員・設立者に，法人解散後の清算段階での残余財産分配請求権（→104頁）を認めるならば，剰余金分配の禁止が潜脱される。したがって，残余財産分配請求権もまた，社員・設立者に与えてはならない（一般法人11条2項・153条3項2号）。

もっとも，解散後の清算の段階においては，残余財産を社員・設立者に帰属させる社員総会決議・評議員会決議（一般法人239条2項）をすることができると一般には解釈されている。ただし，税法上の公益法人等としての優遇措置（非収益事業所得の非課税）を受けるためには，解散後の残余財産の帰属などについ

て制約のある税法上の非営利型法人でなければならない（→94頁）。

② 非営利法人の種類

非営利法人には，単なる非営利法人，および，公益法人がある。

(1) **単なる非営利法人**　一般法人法に基づく一般社団法人・一般財団法人は，目的が非営利であればよい。剰余金の分配さえなければよく，その意味で単なる非営利法人にとどまる。

また，単なる非営利法人には，個別法によって，構成員に共通する利益を図ることを目的（共益目的。旧中間法人法2条1号参照）とする法人がある（個別法による共益目的の法人）。法人となった労働組合，管理組合法人，地縁による団体などである（→図表3-2）。

(2) **公益法人**　(a) 意　義　**公益法人**とは，非営利法人であって（＝剰余金の分配のない），公益を目的とする法人をいう。公益とは，社会全般の利益（＝不特定多数の利益）をいう。学術，技芸，慈善，祭祀，宗教などである（33条2項参照）。

公益法人となれば，税制上の優遇措置がある（制度は複雑。→94頁）。また，社会的信用が高まるとともに，公益法人に寄附をする者に税制上の優遇措置もあるので，パブリック・サポートが受けやすくなる。

公益法人には，公益法人認定法による公益法人（公益社団法人・公益財団法人）と個別法による公益法人の2つの系統がある。

(b) **公益社団法人・公益財団法人**　一般法人法に基づいて設立された一般社団法人・一般財団法人は，公益法人認定法による公益認定を受けて（公益認定4条），公益法人である**公益社団法人・公益財団法人**になることができる（同2条）。これは，単なる非営利法人と公益法人のいわゆる2階建て方式であり，公益目的の種類を問わない。公益法人となる最も一般的な方法である。

公益認定は，行政庁（内閣総理大臣または都道府県知事〔公益認定3条〕）が，内閣府に置かれる**公益認定等委員会**，または，都道府県に置かれる審議会その他の合議制の機関への諮問を経て（同32条・43条・50条・51条），これを行う（同4条）。公益認定の基準には（同5条），たとえば，公益目的事業を行うことを主たる目的とすることや（1号），公益目的事業に必要な経理的基礎・技術的能力（2号）などがある。公益目的事業とは，（公益法人認定法の別表各号に掲げる）公

図表 3-2　法人の種類と法形式

1. 非営利法人（剰余金の分配をすることができないもの）

単なる非営利法人	一般法人	一般社団法人・一般財団法人（一般法人法）。
	個別法による単なる非営利法人	（社会医療法人でない）医療法人（医療39条）。共益目的の法人として，法人である労働組合（労組11条以下），管理組合法人（建物区分47条以下），地縁による団体（地自260条の2以下）など。
公益法人	公益認定による公益法人	公益社団法人・公益財団法人（公益法人認定法）。
	個別法による公益法人	社会福祉法人（社福22条以下），社会医療法人（医療42条の2），特定非営利活動法人（特定非営利活動促進法），学校法人（私学25条以下），宗教法人（宗教法人法），更生保護法人（更生保護事業法）など。

2. 営利法人その他の法人（剰余金の分配をすることができるもの）

営利法人（剰余金の分配を目的とするもの）	会社	株式会社，持分会社〔合名・合資・合同会社〕（会社法）。
	個別法による営利法人	投資法人（投信61条以下），特定目的会社（資産流動化13条以下）。
営利法人に準ずる法人（剰余金の分配を目的としないが，可能なもの）	株式会社法準用型法人（一般的には非営利法人に分類される）	保険相互会社（保険業18条以下），農業協同組合（農協3条以下），漁業協同組合（水協11条以下），消費生活協同組合（生協2条以下），労働者協同組合（労協2条以下），事業協同組合・信用協同組合（中協3条以下），信用金庫（信用金庫法）など。
	持分会社法準用型法人	弁護士法人（弁護士30条の2以下），司法書士法人（司法書士26条以下），税理士法人（税理士48条の2以下），監査法人（会計士34条の2の2以下），特許業務法人（弁理士37条以下）など。

益に関する事業であって，不特定多数の者の利益の増進に寄与するものをいう（同2条4号）。

　(c)　個別法による公益法人　　公益法人認定法によらずして，個別法に基づいて認可・認証を受けて成立する公益法人が数多くある。従前からは，2006年改正前民法34条に基づく民法上の公益法人に対して，特別法上の公益法人といわれてきたものである。社会福祉法・医療法・特定非営利活動促進法・私立学校法・宗教法人法に基づく社会福祉法人・社会医療法人・特定非営利活動法人（NPO法人。→WINDOW 3-1）・学校法人・宗教法人などがある（→図表3-2）。

③ 営利法人

　営利法人とは，営利を目的とする法人をいう。営利とは，剰余金の分配をいう（→81頁）。営利法人の基本的法律である会社法では，株式会社および持分会社（合名会社・合資会社・合同会社。→98頁）が定められている。

□ WINDOW 3-1 ◀◀

NPO法人

NPOとは，non-profit organizationの略で，民間非営利組織をいい（NGOは，non-governmental organizationの略で，非政府系組織をいう），広義では非営利団体を意味する。狭義では，特定非営利活動促進法（NPO法）に基づく**特定非営利活動法人（NPO法人）**をいう。

⑴ **NPO法人の設立**　NPO法人は，（NPO法別表各号にある）特定非営利活動を行うことを主たる目的として，同法に基づいて設立される法人である（非営利活動2条1項・2項）。所轄庁（都道府県知事または政令指定都市の長〔同9条〕）による設立の認証を受け（同10条・12条。認証主義，→102頁），設立登記をすることによって成立する（同13条1項）。

⑵ **今日的意義**　2006年改正前の民法上の公益法人における許可主義のもとでは（旧34条。→102頁），主務官庁の定める許可基準が，億単位の基本財産を必要とするなど，厳格であったために，規模の小さな市民団体が法人格を取得する途は事実上閉ざされていた。しかし，阪神淡路大震災（1995年）の際のボランティア団体の大活躍をきっかけとして，認証主義によって容易に法人格を取得することを可能にするNPO法が1998年に成立した。

2006年に一般法人法が成立し，同法の準則主義（→102頁）のもとで非営利法人の設立が容易になった後も，NPO法は存続している。公益社団法人・公益財団法人は，公益認定（→83頁）やその運営がNPO法人に比べてやや煩瑣・厳格であるから，NPO法人は簡易型の公益法人としての意義を今なお有するとされている。

不特定多数の消費者のために，事業者の不当な行為などを団体訴訟として差止請求できる適格消費者団体（消費契約2条4項・13条。→194頁）は，そのほとんどがNPO法人である。

⑶ **認定NPO法人**　NPO法人のうち，運営組織および事業活動が適正であって公益の増進に資するものは，所轄庁の認定を受けて，有効期間5年の**認定特定非営利活動法人（認定NPO法人**〔非営利活動2条3項〕）となることができ（同44条），税制上の優遇措置を受けることができる（→94頁。設立後5年以内のNPO法人は，有効期間3年の特例認定NPO法人〔同2条4項・58条以下〕）。

また，剰余金の分配を目的としないが，それが可能であって，会社をモデルとして会社法の規定を多く準用する法人がある。たとえば，保険業を行う相互会社（保険業18条以下），個別の協同組合法（農業協同組合法・消費生活協同組合法など）に基づく協同組合（農業協同組合〔農協〕・消費生活協同組合〔生協〕など）がある（株式会社法準用型法人。→図表3-2）。伝統的には，剰余金の分配を目的としないので，非営利法人とされてきたが，割戻しとして剰余金の分配が可能なことから，**図表3-2**では営利法人に準ずる法人として整理している。ほかに，会

社をモデルとするものとしては，弁護士法人・税理士法人・司法書士法人などの士業法人がある（持分会社法準用型法人。→100頁）。

 ## 第2節　法人の意義と効用

1——法人の定義とその内容

① 法人の定義

　伝統的通説によれば，「法人とは，自然人以外のもので権利義務の主体となりうるもの」をいう。これは，法人を自然人（→46頁）とならぶ法律上の人（＝権利主体）とし，法人の第1の意義が権利能力（＝権利・義務の帰属点）にあるとするものである（なお，法人学説につき，→WINDOW 3-2）。

② 法人の内容

　法人となるものの法的な実体を考慮するならば，法人とは，①特定の目的を達成するために，②人が設立した団体的組織が，③法律の規定に従い法人格を取得したものをいう。本章では，①法人の目的と種類（→81頁），②組織構造（→96頁），③法人の法人格の意義（→次述）について叙述している。

2——法人の法人格の意義

① 法人の法人格の属性

　法人の法技術的な意義は，法人の**法人格の属性**として論じられる。それは，法人の法人格と結びつけて論じることが可能な法人の法技術的な内容をいう（→図表3-3）。法人の法人格の属性すべてを備えている完全法人もあれば（株式会社），その一部を欠く法人もある（合名会社は構成員の有限責任の属性を欠く。→90頁）。

② 権利能力・当事者能力

　すべての法人に認められる最小限度の属性は，権利能力および当事者能力である（→図表3-3(1)）。

　(1)　**権利能力**　　法人は，その名において権利を有し義務を負う（**権利能力**）。

□ WINDOW 3-2　◀◀

法人学説——擬制説と実在説

(1)　**法人学説**　法人の定義を超えた法人の真の理解のために，19世紀以来のドイツ・フランスにおいて，法人の本質を論じることが行われた。それが法人学説（法人論）であり，わが国でもそれを継受している。

　代表的なものに擬制説と実在説がある。擬制説は，権利主体は本来自然人のみであり，法人は法技術上の必要性から法律上の人として擬制された（みなされた）ものにすぎないとする（擬制：Fiktion〔独〕＝fiction〔仏〕）。実在説は，法人が単なる擬制ではなく，社会的実在を有する団体に権利主体性が認められたものであるとして，擬制説を批判する。

(2)　**今日的評価**　法人学説は今日，それが団体に敵対的な，あるいは，好意的な時代を背景として生じたものであって，それぞれ法人を成り立たせる契機（法技術的契機・実体的契機など）の1つを強調したものにすぎないとされている。

　擬制説は，団体嫌いの時代（フランス革命時には党派が争って，ギロチンが横行した，あるいは，ギルドが商売を独占していた過去があったため）に生まれたものであり，法人の法技術的契機を強調しているという。実在説は，団体に好意的な風潮のある時代（産業革命後の経済発展に伴い資金調達の容易な株式会社制度が生成した，あるいは，労働組合・協同組合運動など社会的・経済的弱者のための団体運動がさかんとなったため）に生まれたものであり，法人の実体的契機を強調しているという。

　このような理解のもとに，今日の日本では，法人学説は歴史的産物であってその使命を終えたものと考えられている（実は，このような考え方自体も歴史的産物にすぎないのであるが……）。

(3)　**実在説的思考・擬制説的思考の残滓**　もっとも，法人学説は「いいとこどり」でなお利用され続けている。たとえば，政治献金などの法人の政治的活動の自由については，実在説的思考によってこれを承認する（→WINDOW 3-4）。他方，法人税制については，擬制説的思考によって法人税の二重課税論や法人税減税が主張され，法人税率が大幅に引き下げられた（→WINDOW 3-5）。

図表 3-3　法人の法人格の属性

(1)　①法人の名において権利を取得し，義務を負うことができる（権利能力）。
　　　②法人の名において民事訴訟の当事者となることができる（当事者能力）。
(2)　①法人の財産は，法人の構成員や役員・代表者の個人財産から分離された独立の財産である（分離原則）。
　　　②法人の財産はもっぱら法人の債権者のための排他的な責任財産である。
(3)　①構成員の個人財産は法人の債権者に対する責任財産とならない（構成員の有限責任）。
　　　②法人財産の維持のために種々の法的規制が加えられる（資本維持の原則など）。

(a) **定款所定の目的による権利能力の制限**　34条は，「定款その他の基本約款で定められた目的の範囲内において」，権利・義務が法人に帰属することをいう。

通説・判例はこれを，法人実在説の立場から，権利能力の制限であるとする（権利能力制限説。他の学説につき，→WINDOW 3-3）。ある法律行為が法人の目的の範囲外だとされると，法人の権利能力が制限されているために法人に権利・義務が帰属しない結果，その行為は絶対的に無効となる。

(b) **目的の範囲内か否かの判断**　定款所定の目的の範囲内には，定款に明示された目的自体だけでなく，目的遂行のために直接・間接に必要な行為が含まれる（最判昭27・2・15民集6巻2号77頁，最判昭30・10・28民集9巻11号1748頁）。判例は，目的遂行に必要か否かについて，法人の種類により異なって判断しているとされる（→WINDOW 3-4）。

(2) **当事者能力**　法人は，その名において訴え，訴えられる（**当事者能力**。民訴28条）。権利能力なき社団（→97頁）のような法人でない社団または財団についても，代表者または管理人の定めがあるものは，当該訴訟限りでの当事者能力が承認されている（民訴29条）。

③ 責任財産としての法人の財産

(1) **分離原則**　法人自身に権利が帰属すること（＝権利能力）から，法人の財産は法人に帰属する。構成員が出資した財産であっても，もはや構成員のものではない。法人の財産は，法人の構成員や役員・代表者の個人財産から分離された独立の財産である（**分離原則**。→図表3-3(2)①）。

(2) **法人の債権者のための排他的な責任財産**　したがって，構成員個人の債権者は，法人の財産に対して強制執行（ex.差押え→競売→配当）をすることができない。法人の債権者のみが（法人に対する確定判決等によって）強制執行をすることができる。法人の財産はもっぱら法人の債権者のための排他的な責任財産である（→図表3-3(2)②）。

④ 構成員の有限責任

(1) **意　義**　構成員の**有限責任**とは，法人の債務について構成員が出資の価額を限度として責任を負うことをいう（会社104条・580条2項参照）。次のような内容を有する（有限責任という場合，ふつう次の①の内容をさすことが多い）。

☐ **WINDOW 3-3** ◀◀

定款所定の目的による制限についての他の学説

　(1)　**代理権制限説**　　34条を法人の権利能力の制限ではなく，法人代表者の代理権の制限であると解する。110条の表見代理成立の可能性があるという。

　(2)　**会社への適用否定説**　　34条の会社への適用を否定する。目的による会社の権利能力の制限を認めると，目的の範囲の判断が困難で取引の安全を害し，また，会社に責任逃れの口実を与えることになるからである。

　(a)　代表権制限説　　定款所定の目的は，法人代表者の代表権の制限と解する。代表権の制限であるから，それを善意の第三者に対抗することができない（会社349条5項。→109頁）。

　(b)　内部的制約説　　定款所定の目的は，法人代表者に対する内部的な制約にすぎないとする。目的の範囲外の行為であっても原則として有効であり，法人代表者が法人の内部で責任（→109頁）を追及されるのみである。

☐ **WINDOW 3-4** ◀◀

定款所定の目的を遂行するために必要か否かの判断基準

　(1)　**営利法人**　　営利法人（会社）については，行為の客観的な性質に即し，抽象的に判断するものとされている（客観的・抽象的基準説）。会社は，自然人と等しく社会の「構成単位たる社会的実在であるから，それとしての社会的作用を負担せざるを得ない」として，政治献金も，「客観的，抽象的に観察して，会社の社会的役割を果たすためになされたものと認められるかぎりにおいては，会社の定款所定の目的の範囲内の行為である」（最大判昭45・6・24民集24巻6号625頁：八幡製鉄政治献金事件）。

　(2)　**非営利法人**　　非営利法人については，当該行為の必要性などの具体的諸事情を考慮して実質的に判断するものとされてきた（具体的事情説。最判昭33・9・18民集12巻13号2027頁，最判昭41・4・26民集20巻4号849頁）。上掲・最高裁昭和33年判決は，農業協同組合における販売委託先のリンゴ移出業者への員外貸付け（非組合員への貸付け。協同組合の本来的な事業目的とすることはできない）について，組合の経済的基礎を確立するためであったとして，組合の目的の範囲内であるとした。

　(3)　**税理士会・司法書士会**　　判例は，税理士会・司法書士会が，設立強制かつ事実上の強制加入の団体であり，目的の法定された「公的な性格を有する」法人であるとして（非営利法人ではあるが，具体的事情説によらずに），政治資金の寄附を目的の範囲外であるとし（最判平8・3・19民集50巻3号615頁〔税理士会〕），一方，他の司法書士会への震災復興支援金の寄附を目的の範囲内であるとした（最判平14・4・25判時1785号31頁〔司法書士会〕）。

　①　構成員個人の財産の差押禁止　　構成員の個人財産は法人の債権者の追及を免れる。法人の債権者は構成員の個人財産に対する強制執行をすることができない（構成員の個人財産は法人の債権者に対する責任財産ではない。→

図表3-3(3)①)。

② 追加出資義務なし　構成員に出資義務のある場合に，出資義務は出資額を限度とする。

③ 損失補塡義務なし　出資義務の履行以外には，損失の補塡などの財産上の義務を負わない。

　結局，出資済みであれば，構成員にもはや責任はない。また，非営利法人などにおいて，もともと出資義務がなければ，何の責任もない。構成員の有限責任は，構成員となる時に予測できない将来のリスクから構成員を解放し，安心して構成員となれるようにするためのものである。

　(2)　**有限責任という法人の法人格の属性の相対性**　構成員（社員・株主）の有限責任は，株式会社では株主に完全な有限責任が認められるが（株主有限責任の原則。会社104条），すべての法人において認められている属性ではない（法人の法人格の属性の相対性）。

　一般社団法人においては，社員有限責任の原則が認められているが（明文の規定はないが，法人であることから当然のことだと考えられている），社員は定款の定めにより会費等の経費支払義務を負うことがあるために（一般法人27条），上記③が不十分で，社員の有限責任が完全ではない。

　合名会社では，社員は会社の債権者に対し補充的な無限責任を負うので（会社580条1項。→99頁），構成員の有限責任の属性が欠けている。

5 法人財産の維持

　構成員の有限責任から，法人の債権者にとっては法人財産のみが債権の引き当てとなるから，法人財産の維持が図られなければならない（→図表3-3(3)②）。したがって，剰余金の分配・持分の払戻しなど，法人財産から構成員への財産の流出について，一定の制度的制約がなければならない。株式会社では，これを資本維持の原則という。

　(1)　**剰余金分配の規制**　剰余金の分配については，それが禁止され（一般法人11条2項・35条3項），あるいは，分配可能額が限定されている（株式会社につき剰余金配当制限〔会社461条〕）。

　(2)　**持分払戻しの規制**　持分の払戻しについては，非営利法人では社員に持分がそもそも認められない。持分がないから，残余財産分配請求権もない

（一般法人11条2項）。株式会社では，持分である株式の払戻しは認められず，その代わりにその自由な譲渡が認められている（株式譲渡自由の原則。会社127条）。

　合名会社・合資会社では，法人財産の維持に関する一般的制度が存在せず，かえって，退社に伴う持分の払戻しがあるから（会社611条），法人の債務について無限責任社員が補充的に**無限責任**を負う（会社580条1項。→99頁）。

3──法人格取得の効用

①　法技術上の効用

　(1)　**法律関係の単純化・自然人との等置**　(a)　法人でない場合　当該団体が法人でなければ，団体にある財産は総構成員に帰属し，契約では総構成員が当事者となる。財産の帰属関係などについて，その法律構成はやや複雑である（権利能力なき社団につき，→WINDOW 3-6）。実際にも，総構成員が所有権者や契約当事者であることは，それが多数であるとき，または変動したときに，登記や契約書の作成・変更が面倒である。

　(b)　法人である場合　当該団体が法人となっていれば，法人である団体に財産が帰属する。不動産は，法人名義で登記でき，契約当事者は法人たる団体である。法律関係が単純化される。

　これは法人を自然人と等しく扱うこと（自然人との等置）によるものであるから，法人に，名称や名誉権などの人格権（最判昭39・1・28民集18巻1号136頁），または，（政治献金などの）政治的自由（→WINDOW 3-4(1)）といった基本的人権を認めることが理論的には可能となる。

　(2)　**法人財産の分離・独立**　法人における分離原則から，法人の財産と構成員・役員等の個人財産は，原則としてそれぞれ独立の財産である（→88頁）。法人代表者は，法人の財産を自己または第三者のために用いることはできない（刑253条〔業務上横領〕，一般法人334条・会社960条〔特別背任罪〕参照）。

　(a)　**無限責任の原則と法人の設立**　人はその債務については自己の全財産（責任財産）でもって責任を負う。私法における**無限責任**の原則である。したがって，自己の責任財産を分割することはできない（1人の人につき1つの財産）。たとえば，個人事業主は，自己の財産を事業用と個人生活用に分けることはできない。そのすべての財産が事業上の債務の引き当てとなる。

　個人生活用の財産を事業破綻のリスクから隔離する方法としては（倒産隔離），財産の一部を隠匿し，事業上の債権者の追及を免れることが考えられるが，違法である（刑96条の2〔強制執行妨害罪〕）。合法的な方法の1つが，法人を設立することである。個人事業主は，株式会社（とくに，株主が1人だけの一人会社）を設立し，自らを代表権のある取締役（社長）に選任すればよい。法人における分離原則・構成員の有限責任から（→88頁），理論的には事業の破綻から構成員・役員等の個人財産が守られる。

　(b)　経営者保証　　しかし実際には，中小企業においては信用度が低く，めぼしい担保も少ないことから，金融機関が社長の個人保証（経営者保証〔465条の9第1号参照〕）を求めることが多い。個人保証をした場合には，会社が倒産すれば，社長は個人財産で保証債務を履行しなければならない。

　(c)　役員への責任追及　　大企業など個人保証のない場合であっても，とくに会社の倒産時には，法人内部において，役員は任務を怠ったことを理由として損害賠償責任を追及される可能性がある（会社423条1項。一般法人111条1項参照。→109頁）。責任追及を容易にするために，民事再生手続・会社更生手続内には，役員の財産に対する保全処分・役員への損害賠償請求権の査定の制度がある（民事再生142条以下，会社更生99条以下）。また，職務を行うについて悪意・重過失のあるときには，役員は第三者から直接に損害賠償責任を追及される（会社429条1項。一般法人117条1項参照）。

　(3)　**構成員の地位とそれへの転換（持分化）**　　(a)　構成員の地位　　法人における分離原則から（→88頁），構成員は，法人の財産に対する直接の権利関係を有しない。営利法人における構成員の地位（社員・株主としての地位）には，①総会における議決権（会社105条1項3号）などの法人運営に参画する権利である共益権，および，②剰余金配当請求権・残余財産分配請求権（会社105条1項1号・2号）などの構成員個人の経済的利益にかかわる自益権が含まれる。非営利法人における構成員の地位（社員としての地位）は，前者の共益権が中心となる（一般法人48条）。

　(b)　構成員の地位への転換（持分化）　　営利法人において，構成員が出資として法人に財産を出捐したときは，その財産に対する権利を失い，いわば対価として，社員・株主といった構成員の地位を取得する（構成員の地位への転換）。

営利法人では，それが財産的価値を有するから，持分化ということができる。営利法人となれば，出資を受けることによる資金調達，および，事業移転・事業提携・事業統合が容易になる。社員（株主）としての持分（株式）の割当て，または，その譲渡の方法によればよいからである。

　　(i)　出資による資金調達　　事業のための資金の調達は，借入れ（金銭消費貸借〔587条〕）によることのほかに，当該事業を法人化すれば，出資によることもできる。金融市場においては，投資家一般に向けて，社債の発行および新株の発行（増資）が行われている。前者が借入れ，後者が出資の一形態である。もっとも，出資の方法による資金調達をとった場合，経営者にはデメリットもある。社員（株主）が増えるので，法人を運営するうえで（総会の開催手続などの）種々の負担が生じるとともに，事業（企業）に対する支配を喪失するリスクがある。

　　(ii)　事業移転・事業提携・事業統合　　事業譲渡などの事業移転は，事業を法人化して，法人における構成員の地位（持分・株式）の移転の方法によれば，事業のための財産を個別に移転をする必要がないので，個人事業のままでの移転より簡単に行うことができる。株式会社であれば，会社間の事業提携・統合（資本参加，株式の持合い，合併），または，会社のグループ化（持株会社による経営統合，親子会社関係の創設）を，株式を通じて簡便に行うことができる。

　　(4)　**法人の永久性**　　法人に，解散後の消滅はあるが，自然人のような死亡はない。個人事業主の死亡による事業承継には，共同相続および租税負担に起因する問題（相続人間の不和による混乱や相続税など）があるが，法人成りにより，会社の持分（株式）の相続による移転の形式をとれば，それが緩和される。

② 事実上の効用

　法人を設立する最大の動因は，現実には，法技術上の効用よりも，法人成りによって社会的信用が高まるという事実上の効用，および，税制上の効用（→次述③）にある。信用できるか否かは，自然人と同じで，その法人の運営実態や活動実績を見なければわからないはずであるが，わが国では個人よりも，会社では株式会社，非営利法人ではNPO法人（→WINDOW 3-1）などの方が信用できると考える向きがある。

③ 税制上の効用

（1） **法人税**　　法人成りにより，所得税の課される個人とは分離されて，法人に法人税が課される（→WINDOW 3-5 (1)）。所得税は，居住者である個人に対して，すべての所得に課されるのが原則であるが（所税7条1項1号），**法人税**は，内国法人に対して，当該事業年度の益金の額から損金の額を控除した各事業年度の所得（事業所得。法税22条1項）に課される（法税5条。赤字法人には課税されない）。また，所得税が累進課税であるのに対して（所税89条1項），法人税の税率は法人の種類等に応じて一定である（法税66条）。

（2） **普通法人税率**　　**普通法人**（→次段），一般社団法人等（→次段）および人格なき社団（権利能力なき社団。→97頁）の法人税率は23.2％である（法税66条1項。→WINDOW 3-5 (2)。なお，資本金額1億円以下の中小の普通法人の年800万円以下の事業所得に対しては，19％の軽減税率である〔同条2項〕）。

　　ここで，税法上の普通法人とは，公共法人（→103頁）・税法上の公益法人等（→次述(3)(a)前段）・協同組合等以外の法人をいう（法税2条9号。税法上の法人の分類概念は実体法上のそれと異なるところがあるので，「税法上の〜」という表現を付す）。会社や税法上の非営利型法人（→次述(3)(a)後段）に該当しない一般社団法人・一般財団法人などがこれにあたる。また，税法上の一般社団法人等とは，税法上の非営利型法人に該当する一般社団法人・一般財団法人および公益社団法人・公益財団法人をいう（法税66条1項）。つまり，一般社団法人・一般財団法人および公益認定を受けた公益法人には会社と同じ普通法人税率が課される（→次述(3)(b)）。

（3） **公益法人等における税制優遇措置**　　(a)　非収益事業所得の非課税
税法上の**公益法人等**は，原則非課税であり，収益事業からの所得についてのみ課税される（非収益事業所得の非課税〔本業非課税〕。法税6条）。税法上の公益法人等とは，公益法人（→83頁）および税法上の非営利型法人（→次段）に該当する一般社団法人・一般財団法人などの税法上の一般社団法人等（→上述(2)後段），ならびに学校法人・社会福祉法人などの個別法による公益法人である（法税2条6号・別表第2）。NPO法人も，税法上の公益法人等とみなされる（非営利活動70条1項前段）。

　　ここで，税法上の非営利型法人とはおおよそ，営利事業・剰余金分配を目的

◻ WINDOW 3-5 ◀◀

法人税の二重課税論と法人税減税

　(1)　**二重課税論**　　法人税の二重課税論は, 株式会社の法人税と利益配当後の個人株主への所得税が, 法人の同一の所得に対する二重課税にあたるとし, 法人税の撤廃あるいは減税を主張するものである。

　これに対する反論としては, ①株式の持合いにより, 個人に対する配当のない場合のあること (法人株主に対する配当の全部または一部は, 配当を受け取った法人の課税益金に算入されない), ②個人に配当された場合には配当控除のあること, ③そもそも法人は法律上独立した存在であることなどがあげられる。

　(2)　**法人税減税**　　法人税については, 世界的な法人税減税競争の中で, わが国においても2012年度に25.5％となって以降, 段階的に引き下げられ, 2018年度からは, 23.2％となった。その根拠としては, ①他国と比べてわが国の法人実効税率の高かったこと, ②法人税が二重課税であること, ③景気回復ないし経済活性化のために必要であることなどがあげられている。

　これに対する反論としては, ①各種の租税特別措置で法人の負担は軽減されていることが多いこと (特別措置をなくした上で, 法人税を減税するのであれば, まだ合理的), ②社会保険料の負担もあわせて考慮すると, わが国の法人の負担は諸外国と比べて大きくないこと, ③赤字法人はそもそも法人税を負担しないこと (法人税が外形標準課税となっていて, その引き下げなら, まだ合理的) があげられる。

　法人税減税競争への反省から, 2021年にはOECD加盟諸国を中心とする136の国・地域によって, 最低法人税率を15％とすることが合意された (歯止めになっているかは疑問であるが)。

とせず, 残余財産が国・公益法人などに帰属する旨の定款の定めのあるもの (公益的非営利型法人), または, 会費により会員に共通する利益を図るための事業を行うものであって, その組織が適正なもの (共益的非営利型法人) をいう (法税 2 条 9 号の 2, 法税施行令 3 条)。

　(b)　軽減税率　　税法上の一般社団法人等 (→上述(2)後段) を除く税法上の公益法人等 (→上述(3)(a)前段) および協同組合の法人税は, 19％の軽減税率である (法税66条 3 項)。学校法人・社会福祉法人などの個別法による公益法人の法人税は軽減税率であるが, 公益法人認定法による公益社団法人・公益財団法人は, 非収益事業所得の非課税措置のある税法上の公益法人等であっても (→上述(3)(a)前段), 法人税については軽減税率の適用はない (→上述(2)後段。NPO法人についても同様である。非営利活動70条 1 項)。

　(c)　寄附金優遇税制　　税法上の公益法人等のうち, 公益社団法人・公益財

団法人・学校法人・社会福祉法人等および認定NPO法人（→WINDOW 3-1）に対する寄附金は，個人につき，所得金額の40％までの所得控除または税額の25％までの税額控除が可能である（所税78条2項，租特41条の18の3・41条の18の2。所得控除は，総所得金額−〔寄附金額−2000円〕。税額控除は，所得税額−〔寄附金額−2000円〕×40％）。法人につき，法定の限度額内で損金算入が可能である（法税37条3項）。

第3節　法人および法人でない団体の組織構造

　法人の法的な実体は，特定の目的（→81頁）を達成するために人が設立した団体的組織である。その分類に，社団と財団，および，社団と組合がある。

1 ──社団と財団

① 社団と財団の意義

　社団とは，特定の目的を達成するために結合した人の集合体（人の集まり）を基礎とする団体的組織をいう。社団のうち，非営利目的のものは，たとえば一般法人法によって，一般社団法人たる法人となる。営利目的のものは，たとえば会社法によって，会社たる法人となる。

　財団とは，特定の目的を達成するために設立者が拠出した財産の集合体（ものの集まり）のための団体的組織をいう。財団のうち，非営利目的のものは，たとえば一般法人法によって，一般財団法人となる。

② 社団と財団の相違点

　（1）　**構成員の有無**　　社団には構成員（社員，株主）があり，財団には構成員がない。したがって，社団には構成員からなる総会（社員総会，株主総会）があるが，財団にはそれがない。両者の相違点は，意思決定が総会でされるか，設立者の定めた定款ですでにされているかにあるとされてきた。

　（2）　**区別の相対化**　　現行の一般財団法人制度においては，評議員からなる常設必置の評議員会があり（一般法人170条1項・178条1項），その決議事項は理事会設置一般社団法人の社員総会と同様であるので（一般法人178条2項と35条2

項，177条など参照。→105頁，107頁），一般法人法における社団と財団の組織構造上の違いが相対化されている。

2——社団と組合

① 社団と組合の団体類型

（1） **意 義** 　**社団**型の団体（→後述②）は，構成員の変更にもかかわらず団体そのものが存続することを前提とする団体であり，多数の構成員を擁することが容易である（ここでいう社団は，上述の社団と財団にいう社団とは意味が異なる）。**組合**型の団体（→後述③）は，構成員（社員，組合員）相互に人的な信頼関係のあることを前提とする団体であり，これに応じてその構成員数も比較的少数であることが多い。

（2） **両類型のメルクマール（特徴）** 　社団と組合の団体類型による分析は，判例・通説が権利能力なき社団（→次述②(2)）の法理の前提とするものである。

　判例による権利能力なき社団の成立要件（→WINDOW 3-6）を斟酌すれば，社団型の団体の類型論的メルクマールは，①代表の方法・総会の運営・財産の管理などについて団体としての組織を備え，②多数決の原則が行われ，③構成員の変更にもかかわらず団体そのものが存続することにある。

　これに対して，組合型の団体の類型論的メルクマールは，①団体的規律が最小限であること（民法上の組合に関して〔以下のかっこ内も同じ〕，667条以下参照），②全員一致が原則であること（例外的に多数決が行われる〔業務の決定につき，670条，組合代理につき670条の2〕），③構成員の変更は例外事象であること（組合員の加入には組合員全員の同意が必要〔677条の2第1項〕。もっとも，任意脱退は可能〔678条〕）である。

② 社団型の団体

（1） **種 類** 　社団型の団体には，法人として一般社団法人・株式会社・各種の協同組合などがあり，法人でないものとして権利能力なき社団がある（→図表3-1）。

（2） **権利能力なき社団** 　**権利能力なき社団**とは，権利能力，つまり，法人格のない団体（法人でない団体）であるが，団体類型としては社団型の団体であるものをいう。それは，団体としての組織・規則を備え，構成員が変動する団

体である（→上述**1**(2)）。同窓会などの親睦・友好をはかる団体，同好・趣味のためのクラブなどの団体，法人となっていない町内会・自治会などの地域のための団体，業界団体などが考えられる。

　通説によれば，権利能力なき社団は，その実体が社団型の団体であるから，法人でない団体であることを理由として，法人でない団体である民法上の組合（→次述**3**）に関する規定（667条以下）を適用するのは，民法上の組合が組合型の団体であるので妥当でない。社団法人（法人である社団型の団体）に関する規定を，法人であることを前提とする規定を除いて，類推適用すべきであるとされている。これによって，権利能力なき社団については，民法に明文の規定がないにもかかわらず，数多くの判例が蓄積され，一連の権利能力なき社団の法理が形成されている（→WINDOW 3-6）。

　権利能力なき社団の法理は，2006年民法改正前の許可主義による公益法人制度のもとで（→85頁，102頁）法人成りのできない非営利法人にとって有意義であった。しかし，準則主義（→102頁）による非営利法人の成立を認める一般法人法のもとでは今日，その意義を再検討する必要がある。

③ 組合型の団体

　(1)　**法人格の有無**　　組合型の団体には，法人と法人でないものがある。法人であるものに持分会社（＝合名会社・合資会社・合同会社〔LLC〕）がある（会社575条以下）。法人でないものに民法上の組合（667条以下）・投資事業有限責任組合（投資事業有限責任組合契約に関する法律）・有限責任事業組合〔LLP〕（有限責任事業組合契約に関する法律）がある（→図表3-4）。

　(2)　**構成員の責任態様**　　組合型の団体における構成員の責任態様には無限責任と有限責任がある。無限責任とは，組合型の団体の債務につき構成員が個人財産で弁済する責任を負うことをいう（会社580条1項，投資有限組合9条1項）。組合型の団体の債権者は，各構成員の個人財産に対して差押え等の権利行使ができる（675条2項）。有限責任とは，組合型の団体の債務について構成員が出資の価額を限度として弁済する責任を負うことをいう（会社580条2項，投資有限組合9条2項，有限組合15条。→88頁）。

　(a)　無限責任の構成員のみ　　無限責任の構成員（社員，組合員）のみからなるものは，合名会社および民法上の組合である（会社576条2項，民675条2項）。

□ WINDOW 3-6

権利能力なき社団の法理

(1) **成立要件**　判例によれば，権利能力なき社団の成立要件は，①団体としての組織を備え，②そこには多数決の原則が行われ，③構成員の変更にもかかわらず団体そのものが存続し，その組織によって①(a)代表の方法，①(b)総会の運営，①(c)財産の管理その他団体としての主要な点が確定していることである（最判昭39・10・15民集18巻8号1671頁，最判昭42・10・19民集21巻8号2078頁）。なお判例は，権利能力なき財団をも承認し，それは「個人財産から分離独立した基本財産を有し，かつ，その運営のための組織」を有するものをいうとする（最判昭44・11・4民集23巻11号1951頁）。

(2) **財産の帰属関係**　権利能力なき社団における財産は，総構成員に総有的に帰属する（総構成員への総有的帰属）。総構成員の同意による総有の廃止がない限り，構成員は社団の総有財産に対する持分権または分割請求権を有しない（最判昭32・11・14民集11巻12号1943頁，前掲・最高裁昭和39年判決，最判昭49・9・30民集28巻6号1382頁）。

(3) **債務の帰属関係**　権利能力なき社団における取引上の債務もまた，総構成員に一個の義務として総有的に帰属するとされる。社団の総有財産だけがその責任財産となり，各構成員は個人的債務ないし責任を負わない（構成員の有限責任〔→88頁〕。最判昭48・10・9民集27巻9号1129頁。営利目的的権利能力なき社団では，構成員の有限責任が認められないとする学説が有力である）。

(4) **不動産登記**　総有不動産の登記については，権利能力なき社団名義ですることはできない。構成員全員による共有登記のほかには，代表者名義による登記（前掲・最高裁昭和39年判決，最判昭47・6・2民集26巻5号957頁。肩書きを付することはできない），または，登記名義人とすることとされた構成員個人名義（最判平6・5・31民集48巻4号1065頁）・第三者名義の登記（最判平22・6・29民集64巻4号1235頁）によるしかない。

図表3-4　組合型の団体

構成員の責任態様 法人格の有無	無限責任の 構成員のみ	無限責任と 有限責任の構成員	有限責任の 構成員のみ
あ り	合名会社	合資会社	合同会社
な し	民法上の組合	投資事業有限責任組合*	有限責任事業組合

＊投資事業有限責任組合は，その事業目的が事業者に対する投資事業に制限されている（投資有限組合1条・3条1項）。

持分会社の社員の無限責任は，会社財産で債務を完済することができない場合，または，会社財産に対する強制執行が効を奏しなかった場合の，補充的な連帯責任である（会社580条1項）。民法上の組合の組合員の責任は，直接の分割責任である（675条2項）。

(b)　**無限責任と有限責任の構成員**　　無限責任と有限責任の構成員からなるものは，合資会社（無限責任社員・有限責任社員）および投資事業有限責任組合（無限責任組合員・有限責任組合員）である（会社576条3項，投資有限組合2条2項）。

(c)　**有限責任の構成員のみ**　　有限責任の構成員（社員，組合員）のみからなるものは，合資会社および有限責任事業組合である（会社576条4項，有限組合2条・3条1項）。

(3)　**弁護士法人における特則**　　弁護士法人・税理士法人・司法書士法人などの士業法人は持分会社法準用型法人であり，社員の責任態様は原則として，合名会社の社員と同じく補充的な連帯・無限責任である（弁護士30条の15第1項〜3項など）。

弁護士法人においては，弁護士業務の独立性に配慮した指定社員制度による例外がある。ある弁護士が特定の事件について業務を担当する指定社員となるときには，その事件に関し依頼者に対して負担することとなった弁護士法人の債務について，指定社員（およびその業務に関与した社員）のみが連帯・無限責任を負う（弁護士30条の15第4項〜6項）。

(4)　**パス・スルー課税**　　組合型の団体のうち法人でないもの（有限責任事業組合・投資事業有限責任組合・民法上の組合）は，法人税が課される人格のない社団等（たとえば，権利能力なき社団〔→94頁，97頁〕。法税2条8号）にあたらない。構成員のみに直接課税される（構成員課税＝パス・スルー課税）。なかでも，有限責任事業組合には，構成員全員の責任が有限責任かつパス・スルー課税であるというダブル・メリットがある。

第4節　法人の設立と解散

1──法人の設立

①法人法定主義

団体を設立するのは自由であるが（結社の自由〔憲21条1項〕），法人を設立するには，民法その他の法律の規定によらなければならない（33条1項。法人法定

図表 3-5　法人の設立に関する立法主義

自由設立主義	（スイス民法典60条 1 項の非営利社団。）
準則主義	一般社団法人・一般財団法人（一般法人22条・163条），株式会社・持分会社（会社49条・579条），弁護士法人（弁護士30条の 9 ），労働組合（労組11条 1 項），労働者協同組合（労協26条），管理組合法人（建物区分47条 1 項）など。
認可主義	各種の協同組合（農協60条・63条，生協58条・61条など），社会福祉法人（社福32条・34条），医療法人（医療45条・46条 1 項），学校法人（私学31条・33条），地縁による団体（自治260条の 2 ），健康保険組合（健保12条 1 項。認可時に成立）など。
認証主義	NPO法人（非営利活動10条～13条），宗教法人（宗法12条～15条）など。
許可主義	（2006年改正前民法34条による社団法人・財団法人。）
特許主義	日本銀行（日本銀行法），日本放送協会（放送法15条以下），預金保険機構（預金保険法 3 条以下），日本年金機構（日本年金機構法），日本私立学校振興・共済事業団（日本私立学校振興・共済事業団法）など。
（株式会社準拠型）	日本政策金融公庫（株式会社日本政策金融公庫法），日本政策投資銀行（株式会社日本政策投資銀行法），商工組合中央金庫（株式会社商工組合中央金庫法），産業再生機構（株式会社産業再生機構法）など。

主義）。法律により，法人の種類・法形式および内容が定まっている（→図表 3-2 ）。

　したがって，法人格を取得する段階では，法定されていない種類の法人形式を創設することはできず，法定の法人形式をその中から 1 つ選択できるだけである。この意味では，結社の自由としての法人設立の自由は，法人形式の選択の自由にすぎない。（団体目的によって制限されることもある。たとえば，一般社団法人を設立するには，非営利目的でなければならない）。

　法人にも，法律の範囲内で組織設計を自由にできるという内容決定の自由（521条 2 項参照）があるともいえるが（機関設計の自由），株式会社や一般社団法人においては，それは法律の用意した選択肢からの選択の自由であるにすぎない（→105頁）。

② 法人の設立に関する立法主義

　法人法定主義（33条 1 項）は，法人が当事者の設立行為のみによって成立することはないことをも意味する。それは，法人の設立に関して，自由設立主義を排し，準則主義・認可主義などによる何らかの国家的関与を求めている（→図表 3-5 ）。法的安全を確保し，法人制度に対する信頼性を高めるためである。

　(1)　**自由設立主義**　　自由設立主義とは，団体を設立する意思が明示されたときに団体が成立するとともに，許認可や登記を要せずして団体が法人格を取

得するものをいう。わが国では，自由設立主義は法人の法律関係を不明確にし，取引の安全を害するものであると批判され，自由設立主義による立法例はない（スイス民法典60条1項は，非営利社団について自由設立主義を採用している）。

(2) **準則主義** **準則主義**とは，団体が法律の定める要件を具備し，設立登記をしたときに法人の成立が認められるものをいう。準則主義は，事前の国家的関与を，以下にみる許可主義・認可主義におけるような実体的審査ではなく，形式的審査による公簿への登記に限定している。

これによって，法人設立の自由を最大限尊重しながらも，法人の成立を登記にかからせ，登記による公示によって法的安全を確保しようとするものである。団体の実体的審査は，解散命令判決・休眠法人のみなし解散（→104頁）といった事後的な国家的関与によることになっている。

(3) **認可・認証主義** (a) 認可主義 **認可主義**とは，法律の定める要件を具備した申請があれば，所轄庁が必ず認可しなければならないものをいう。認可の後，設立登記をすることによって法人が成立するのがふつうである。

認可主義は，所轄庁が事前の実体的審査を行う。準則主義におけるような形式的審査ではないが，法定の要件が具備されていれば，所轄庁は認可しなければならず，許可主義（→後述(4)）におけるような裁量の余地はない。

(b) 認証主義 **認証主義**とは，申請者が提出した書面に基づいて，所轄庁が法律の定める要件を具備している否かを確認するものをいう。その後の設立登記により法人が成立する。認可主義と同じく，法律の要件が具備されていれば，所轄庁は認証しなければならない（宗法14条，非営利活動12条）。

(4) **許可主義** 許可主義とは，法人設立の許可を主務官庁の裁量的審査に委ねるものをいう。2006年改正前の民法上の公益法人（社団法人・財団法人）は許可主義によるものであった（→WINDOW 3-1）。

(5) **特許主義** 特許主義とは，1つの法人（特殊法人）を設立するために，各別の設立根拠法を制定するものをいう。また，1つの法人のために特別の法律が存在するものであるが，株式会社の法形式に準拠しつつ，設立の認可を受けるものがある（株式会社準拠型特殊法人）。特殊法人から改組されたものであり，特殊法人に準ずる法人といえる。これらの法人は，（国・地方公共団体の全額出資で，財務大臣の指定を受けた）独立行政法人，国立大学法人および地方独立

行政法人とともに，税法上の公共法人にあたる（法税2条5号・別表第1。法人税の納税義務なし〔法税4条2項〕）。

3 一般社団法人・一般財団法人の設立

　最も一般的な非営利法人である一般社団法人・一般財団法人を設立するには，定款を作成し，公証人の認証を受け，設立の登記をしなければならない。

　(1)　**定款の作成**　　**定款**とは，法人の基本的な団体規約（基本約款〔34条〕），またはそれを記載した書面をいう。

　(a)　作　成　　一般社団法人の社員になろうとする者（設立時社員。2人以上）または一般財団法人の設立者は，定款を作成し，これに署名または記名押印しなければならない（一般法人10条・152条1項。遺言による一般財団法人の設立につき，一般法人152条2項〔遺言執行者が定款を作成〕）。

　(b)　記載事項　　定款には，目的，名称，主たる事務所の所在地，設立時社員の氏名（法人の場合は名称）・住所，公告方法および事業年度を記載し，また，一般社団法人の場合には，社員資格の得喪に関する規定などを，一般財団法人の場合には，設立者が拠出する財産・その価額（300万円以上。一般法人153条2項）などを記載しなければならない（絶対的記載事項。11条1項・153条1項）。

　(2)　**公証人の認証**　　公証人の認証を受けなければならない（一般法人13条・155条）。

　(3)　**設立の登記**　　一般社団法人・一般財団法人は，主たる事務所の所在地で，一般社団法人登記簿・一般財団法人登記簿（一般法人316条）に設立の登記をすることによって成立する（22条・163条）。

2——法人の解散

　法人は，解散事由の発生によって解散し，その後の清算が終了してはじめて，完全に消滅する（権利能力の消滅）。

1 解　　散

　(1)　意　義　　法人の**解散**とは，解散事由の発生により法人が清算手続に移行することをいう（ただし，合併・破産のときを除く）。一般法人法において，解散は清算の開始原因の1つである（一般法人206条1号。会社475条1号参照）。解散により，法人は，その目的を清算目的に変更して，清算の結了までなお存続

するものとみなされる（清算法人。一般法人207条，会社476条参照）。

(2) **解散事由**　法人の解散事由は，各法人について各法律が定めている。

一般法人法の定める解散事由は，定款で定めた存続期間の満了・解散事由の発生，社員総会の特別決議，社員が欠けたこと，合併（消滅法人となる場合），破産手続開始決定および解散を命ずる判決である（一般法人148条・202条1項。会社471条参照）。一般財団法人に特有の解散事由として，基本財産の滅失による事業の成功の不能（一般法人202条1項3号）および純資産額が2期連続して300万円未満になった場合がある（2項）。解散を命ずる判決には，公益を確保するため法人の存立を許すことができないときの解散命令によるもの（一般法人261条。会社824条，宗法81条参照），および，やむをえない事由があるときの議決権の10分の1以上の社員による解散請求の訴えによるもの（一般法人268条，会社833条参照）がある（一般法人148条7号・202条1項6号）。

(3) **休眠法人のみなし解散**　休眠法人（当該法人に関する登記が最後にあった日から5年を経過したもの）については，法務大臣が事業を廃止していない旨の届出をすべきことを官報に公示してから2か月以内にその届出がない場合，解散したものとみなされる（休眠法人のみなし解散。一般法人149条・203条，会社472条など）。活動実態のない休眠法人の登記が，不正・違法行為や脱税などのために悪用されるのを防止するためである。

② 清　算

法人が解散すると，清算人（一般法人209条，会社478条など）によって，法人の清算手続が行われる。清算人は，現務の結了，債権の取立て・債務の弁済をして，なお残余財産があれば，一定の者に引き渡される（一般法人212条，会社481条など）。

営利法人たる会社では，構成員（株主，社員）に残余財産分配請求権があり（会社105条・666条），残余財産は構成員に帰属する。一般法人法では，残余財産の帰属は，定款または社員総会・評議員会の決議による（一般法人239条。→82頁）。もっとも，公益認定を受けるためには，残余財産を類似の事業を目的とする他の公益法人・国・地方公共団体等に帰属させる旨を定款で定めていなければならない（公益認定5条18号）。

法人の組織および運営

1 ——法人の組織

① 一般社団法人の機関

(1)　**社員総会**　　一般社団法人において，**社員総会**は総社員によって構成される。社員総会は原則として，法人に関する一切の事項について決議をすることができる（一般法人35条1項）。このとき，社員総会は意思決定に関する万能の決議機関である。

(2)　**理　事**　　社員総会の決議によって選任される**理事**（一般法人63条1項）は，原則として，業務を決定して執行し（同76条。業務執行機関），法人を代表し（同77条1項本文。代表機関），包括的な代表権限を有する（4項。同項にいう「代表理事」とは法人を代表する理事をいう〔同21条1項括弧書〕）。

(3)　**監事・会計監査人**　　監事および会計監査人の設置は原則として任意であり，定款の定めによる（一般法人60条2項）。

監事は，理事の職務の執行を監査（業務監査および会計監査）し，監査報告を作成する義務を負う（一般法人99条。監督機関）。

会計監査人（公認会計士または監査法人でなければならない〔一般法人68条1項〕）は，計算書類（貸借対照表・損益計算書〔同123条2項かっこ書〕）・附属明細書を監査し，会計監査報告を作成する義務を負う（同107条1項）。

なお，会計監査人設置のときは監事が必置となり（一般法人61条。会計監査人の選解任に監事の同意が必要とされているため〔73条1項〕），負債額200億円以上の大規模一般社団法人（同2条2号）は会計監査人・監事が必置である（同62条・61条。経理規模が大きいため）。

(4)　**理事会設置のとき**　　一般社団法人は，定款の定めによって，理事会を置くことができる（一般法人60条2項。**理事会設置一般社団法人**という〔同16条1項かっこ書〕→図表3-6）。

(a)　理事会・代表理事　　**理事会**は，すべての理事で組織し（一般法人90条1項），業務執行の決定を行う（2項1号。業務執行決定機関）。また，理事の職務執

図表3-6　理事会設置一般社団法人

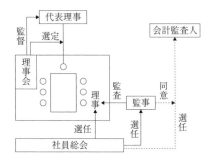

行の監督および代表理事の選定・解職を行う（2項2号・3号。代表理事の選任・監督機関）。代表理事は理事の中から選定する（3項）。**代表理事**は，業務を執行し（同91条1項1号。業務執行機関），法人を代表し（同77条1項。代表機関），包括的な代表権限を有する（4項）。

　（b）　社員総会の権限　　理事会設置一般社団法人の社員総会は，一般法人法および定款で定められた事項に限り，決議をすることができる（一般法人35条2項）。このとき，社員総会は，万能ではなく，基礎的な重要事項についての意思決定機関にすぎない。業務の決定など通常の意思決定は理事会が行う。社員総会の決議事項が限定されている関係上，理事の職務執行を監査する監事は必置となる（一般法人61条）。

② 取締役会設置会社の機関

　（1）　**取締役会の設置**　　株式会社は，定款の定めによって，取締役会を置くことができる（会社326条2項。取締役会設置会社という〔同2条7号〕）。（株式譲渡制限のない株式のある）公開会社（5号）には取締役会の設置義務がある（同327条1項）。取締役会設置会社の機関構成は，理事会設置一般社団法人に相似している（取締役会があっても，ガバナンス体制の異なる監査等委員会設置会社・指名委員会等設置会社〔会社2条11の2・12号〕を除く）。

　（2）　**取締役会・代表取締役**　　取締役会は，すべての取締役で組織された業務執行決定機関・代表取締役の選任・監督機関である（会社362条1項・2項）。取締役の中から選任された代表取締役が，業務執行機関・代表機関である（同363条・349条）。

　（3）　**株主総会の権限**　　株主総会は万能の決議機関（会社295条1項参照）ではなく，会社法および定款で定められた事項に限り，決議をすることができる（2項）。したがって，取締役の職務の執行を監査する監査役（同381条）は，必置である（同327条2項。すべての監査役で組織される監査役会の設置も可能〔同326条2項・390条。大会社〈同2条6号〉では必置〈同328条1項〉〕）。

③ 一般財団法人の機関

(1) **機関構成** 　一般財団法人は，**評議員，評議員会**，理事，理事会および監事を置かなければならない（一般法人170条１項。会計監査人の設置は原則任意〔同170条２項。ただし，大規模一般財団法人のときは必置。同171条〕）。

　一般財団法人では，理事会が必置の機関であり，評議員会が社員総会と同様の機能を有する（→96頁，106頁）。また，一般財団法人の理事・理事会・監事・会計監査人については，理事会設置一般社団法人に関する規定の多くが準用され（一般法人177条・197条），その機関構成は理事会設置一般社団法人と同様である。

(2) **理事会・代表理事と評議員会の権限** 　理事会は，評議員会によって選任されたすべての理事によって組織し，理事の中から代表理事を選定し，代表理事が法人を代表する（一般法人177条〔→63条〕・197条〔→90条・77条４項〕）。理事会が設置されているので，評議員会は，一般法人法および定款で定められた事項に限り，決議をすることができる（178条２項）。評議員会は選解任を通じた理事の監督機関でもあるから（同177条〔→63条１項・70条１項〕），理事または理事会が評議員を選解任することはできない（同153条３項１号）。

2——法人の業務の執行および代表

① 一般法人法における業務の執行

(1) **業務の執行** 　業務の執行は，原則として理事が行う（一般法人76条１項。会社348条１項参照）。理事会設置一般社団法人・一般財団法人のとき（以下，「理事会設置のとき」という）は，代表理事が行う（一般法人91条１項１号・197条。会社363条１項１号参照）。

(2) **業務の決定** 　業務の決定は，理事が行うが，理事が２人以上ある場合には，原則として過半数をもって行う（一般法人76条２項。会社348条２項参照）。理事会設置のときは，理事会が行う（一般法人90条２項１号・197条。会社362条２項１号参照）。

(3) **理事・代表理事の義務** 　(a) 専断的行為の禁止 　理事または（理事会設置のときの）代表理事は，理事の過半数による決定または理事会の決定に従わなければならない。とくに，理事会設置のとき，重要な財産の処分・多額の

借財などの重要な業務の決定については，理事会が理事に委任することはできず（一般法人90条4項・197条。会社362条4項参照），代表理事といえども，重要な業務を執行するには理事会の決定を経なければならない。

　理事または（理事会設置のときの）代表理事は，そのような決定のない，または，そのような決定に反する行為をしてはならない（専断的行為の禁止）。

　(b)　善管注意義務・法令等遵守義務・忠実義務　　法人と役員（一般法人63条1項かっこ書。会社329条1項かっこ書参照）との関係は委任に関する規定（643条以下）に従うので（一般法人64条。会社330条参照），役員である理事・代表理事は，受任者としての善良な管理者の注意をもって（644条〔善管注意義務〕），法人の業務を執行しなければならない。また，法令・定款・総会決議を遵守し，法人のため忠実に職務を執行しなければならない（法令等遵守義務・忠実義務。一般法人83条・197条。会社355条参照）。

　忠実義務について，判例は，善管注意義務を敷衍したものであり，別個の高度な注意義務ではないとする（最大判昭45・6・24民集24巻6号625頁）。有力説は，業務執行により自己または第三者の利益を図ってはならない義務であるとする。

　(c)　競業・利益相反取引の制限　　理事・代表理事が，自己または第三者のために法人の事業の部類に属する取引（競業取引）をしようとするときは，当該取引についての重要な事項を開示し，社員総会または（理事会設置のときは）理事会の承認を受けなければならない（一般法人84条1項1号・92条1項・197条。会社356条1項1号・365条1項参照）。

　また，自己または第三者のために法人と取引（直接取引）をしようとするとき，あるいは，法人による理事個人の債務の保証など，法人と理事との利益が相反する取引（間接取引）をしようとするときにも（あわせて利益相反取引という。→後述**4**(1)），総会または（理事会設置のときは）理事会の承認を受けなければならない（一般法人84条1項2号〜3号・92条1項・197条。会社356条1項2号〜3号・365条1項参照）。

　(d)　違反行為の効果　　上述(a)(b)(c)の禁止・義務・制限に反して，会社を代表して行われた第三者との法律行為であっても，それは法人の内部的な意思決定を欠くなどの内部問題にすぎないから，原則として有効である。理事または（理事会設置のときの）代表理事は，法人の業務に関する一切の裁判上または裁

判外の行為をする権限（代表権）を有するからである（一般法人77条4項。会社349条4項参照）。ただし，第三者（取引の相手方）が悪意または有過失のときは，無効となる（93条1項ただし書類推適用。会社での専断的行為に関する判例として，最判昭40・9・22民集19巻6号1656頁，最判平21・4・17民集63巻4号535頁。もっとも，利益相反取引への108条の適用につき，→226頁）。

　理事または（理事会設置のときの）代表理事は，違反行為によって法人に生じた損害を賠償する責任を負う（任務を怠った役員の法人に対する損害賠償責任。一般法人111条・197条。会社423条参照）。

　なお，一般社団法人の社員は，法人に対し理事・代表理事の責任を追及する訴えの提起を請求したにもかかわらず，60日以内に提訴のないときは，法人のために責任追及の訴えを提起することができる（一般法人278条〔社員代表訴訟〕。会社847条〔株主代表訴訟〕参照）。

② 法人の代表

　一般法人法においては，理事または（理事会設置のときは）代表理事が法人を代表する（一般法人77条1項・197条。会社349条1項参照）。

　法人と理事（理事であった者を含む）の間の訴訟においては，なれあい訴訟防止のために，社員総会が法人を代表する者を定め（一般法人81条。会社353条参照），（理事会設置のときなど）監事が置かれている場合は，監事が法人を代表する（一般法人104条1項・197条。会社386条1項参照）。

③ 代表権の範囲

　法人代表者の代表権は包括的である。一般法人法においては，法人を代表する理事・代表理事は，法人の業務に関する一切の裁判上または裁判外の権限を有する（一般法人77条4項・197条。会社349条4項参照）。代表権に加えた制限は，善意の第三者に対抗できない（一般法人77条5項・197条。会社349条5項参照）。

④ 代表権のコントロール

　(1)　**自己契約・双方代理または利益相反行為**　　代表行為として理事・代表理事の行った利益相反取引（→前頁①(3)(c)）が，108条にいう自己契約・双方代理または利益相反行為にあたる場合には，原則として無権代理とみなされる（108条1項本文・2項本文。→224頁，226頁）。ただし，社員総会（または理事会〔一般法人92条1項〕）の承認を受けた取引については，実質的に本人のあらかじめ

の許諾があるといえるから，108条の規定が適用されず（一般法人84条2項・197条。会社356条2項参照），自己契約・双方代理または利益相反行為にあたらない。

(2) **代表権の濫用**　　代表行為をした理事・代表理事が自己または第三者の利益を図るために代表権を濫用した場合であっても，その行為は原則として有効である。ただし，相手方が悪意または有過失のときは，無権代理とみなされる（107条。→227頁）。

(3) **定款・総会決議**　(a) 代表権の制限となる場合　　定款の定めまたは総会の決議によって，特定の事項について法人代表者が代表権を行使するためには，特別の手続を履践することが必要であるとした場合，それは代表権の制限となる。

特別の手続とは，理事の過半数または（理事会設置のときに）理事会による決定を要求する原則的な法定ルール（一般法人76条2項・90条2項1号。会社348条2項・362条2項1号参照。→107頁）による業務決定機関の手続を，それより外の手続において加重したものをいう。たとえば，重要な財産の処分について，総会決議を必要とする旨などを定めたときがこれにあたる。

(b) 善意の第三者に対抗できない　　このような代表権の制限は，善意の第三者に対抗できない（→上述**3**）。

善意とは，代表権に制限があることを知らないことをいう。善意の証明責任は，第三者にあるとする最高裁判決があるが（最判昭60・11・29民集39巻7号1760頁〔一般法人法77条5項と同趣旨の2006年改正前54条を準用する水産業協同組合法旧45条のもとでの，漁業協同組合の事案〕），なお検討を要する（一般法人法77条4項〔会社349条4項参照〕によって，第三者の善意が法律上推定されるものと解すべきである）。

もっとも，相手方において，代表権に制限があることを知っている（＝善意でない）場合であっても，代表者が当該行為について特別の手続を経て適法に法人を代表する権限を有するものと信じ，かつ，このように信じることについて正当の理由があるときには，110条の表見代理規定（→240頁）の類推適用がある（前掲・最高裁昭和60年判決）。

(c) 第三者に対抗できる場合　　以上に対して，NPO法16条ただし書は「定款をもって，その代表権を制限することができる」旨を定める。代表権の制限に関する定めは登記することによって（組合等登記令2条2項6号・別表），第三

□ WINDOW 3-7　◀◀

「職務を行うについて」の意義

　一般法人法78条および会社法350条・600条にいう「職務を行うについて」とは，715条1項本文（使用者責任）にいう「事業の執行について」と同義である（以下で「被用者」とあるところは，「代表者」と読み替えることになる）。

　判例によれば，「事業の執行について」とは，それは被用者の職務の執行行為そのものには属しないが，その行為の外形から観察して，あたかも被用者の職務の範囲内の行為に属するものとみられる場合をも包含する（外形理論ないし外形標準説。最判昭36・6・9民集15巻6号1546頁など）。

　ただし，取引的不法行為につき，その行為の相手方が，被用者の職務権限内において適法に行われたものでないことを知りながら，または，重大な過失により知らないときは（＝悪意または重過失），「事業を行うについて」にあたらない（最判昭42・4・20民集21巻3号697頁，最判昭42・11・2民集21巻9号2278頁）。

者に対抗することができる（非営利活動7条2項。たとえば，代表理事と代表権のない理事を置いて，理事会を構成することができる）。

⑤ 代表者の行為についての法人の損害賠償責任

　法人は，代表者がその職務を行うについて第三者に加えた損害を賠償する責任を負う（一般法人78条。会社350条・600条参照。→WINDOW 3-7）。2006年改正前は，削除された44条1項がすべての法人に対する通則としてこれを規定していたが，現行法では一般法人法78条および会社法350条・600条となり，それらが個別の法人に関する法律で準用されるという法体系となっている（非営利活動8条，農協35条の4第2項，弁護士30条の30第1項など）。

　権利能力なき社団（→97頁）の代表者がその職務を行うについて第三者に損害を加えた場合には，上記の法人の損害賠償責任の規定の類推適用が問題になる。そのときは，権利能力なき社団の団体目的が非営利目的か営利目的であるかに応じて，一般法人法78条または会社法350条が類推適用される。なお，地方公共団体等の公法人への類推適用も認められる（最判昭50・7・14民集29巻6号1012頁。公権力の行使にあたる場合は国家賠償法1条による）。

第4章

法律行為

● **本章で学ぶこと**

法律行為という言葉は日常用語としてはあまり耳にすることのない言葉である。だが，法律行為は，それが個人の意思を基点として成立し，法の世界が個人の意思の内容どおりに法的効果を付与する点に特徴があり，民法の基本構造を理解するための鍵となる概念である。法律行為の最も典型的なものは，契約である。たとえば，私たちは，本や携帯電話を購入したり，お金を借りたり，部屋を借りたり，誰かに物をあげたりするときに，売買や消費貸借，賃貸借，贈与といった契約を締結する。こうした各種の法的な行為をひとまとめにするのが，法律行為≒契約という言葉である（法律行為は，契約の上位概念であるが，とりあえず，ほぼ同じものと考えておこう）。本章では，まず「法律行為とは何か」について説明する。次に，法律行為の内容はどのように確定されるのかをみる。この問題は「法律行為の解釈」として扱われる。そして，「法律行為の有効要件」では，法律行為が成立しても何らかの理由で効力が否定される場面をみることにしよう。

第1節　法律行為とは何か

1——法律行為自由の原則

　私的自治の原則とは，すでに学んだように（→23頁以下），法秩序の定める制限のもとで個人がその法律関係を自由に形成できるとする原則である。この私的自治を実現するために認められている私法上の手段の最も重要なものが**法律行為**である。私的自治の原則は，法律行為のレベルでは，個人は法律行為によって自由にその法律関係を形成できる，という**法律行為自由の原則**を意味する。この原則は，①契約自由の原則，②遺言自由の原則，③社団設立自由の原則として現れる。

2——法律行為の意義

① 法律行為と意思表示

　(1) **法律行為と意思表示との関係**　　**法律行為**とは，「一定の法律効果の発生に向けられた意思表示を不可欠の要素とする法律要件であり，その意思表示の内容に従った法律効果を発生させるもの」である。法律行為の概念（→WINDOW 4-1）において重要なのは「意思表示」である。「**意思表示**」とは，ある法律効果を発生させようと意欲してそれを外部に表示する行為である。たとえば，この物を購入するとか，貸した金をもう返してもらわなくてもよいと伝達する行為がこの例となる。こうした意思表示が必ずその要素として含まれている法律要件のことを「法律行為」という。

　(2) **申込みと承諾による契約（≒法律行為）の成立**　　もう一度，契約を例にして具体的に説明しよう。たとえば，Aが，ある洋装店で店主Bに対して，現金特価10万円の価格表示が付けられたスーツを見て，「これがほしい」と告げたとする。これに対してBが「わかりました」と返事をしたとしよう。先にした意思表示を「**申込み**」と呼び，これに対する応諾の意思表示を「**承諾**」という。この経過をみれば，それぞれの意思表示は発言された言葉そのものとしては違っているが，スーツの売り買いという点で内容的に合致している。この場

```
□ WINDOW 4-1                                                    ◀◀
```

ヨーロッパ法と法律行為概念

　ドイツ法に起源を有する法律行為 (Rechtsgeschäft) という概念は，本文で述べたように，私的自治の原則のもとで私人に法律関係の形成が委ねられていることを明らかにするという意味を持つ。それゆえ，ドイツ語の本来の意味からすると，「権利行為」と訳しておく方が適切かもしれない。こうした法律行為的な発想は，理念的には各国で広く認められているものであろう。しかし，この概念そのものは，18世紀後半にドイツ法学が作りだしたもので，ドイツ民法に特有のものである。たとえば，比較法的にみれば，フランス法典に法律行為という概念は置かれていないし，英米法にも知られていない。日本の民法典は，この点についてはドイツ法を継受し，法律行為の概念を受け入れた。

　わが国においてこの法律行為概念が有用なのか，そもそも総則編の有用性についてもさまざまな観点から疑問が出されている (→WINDOW 1-7)。とはいえ，日本民法が法律行為のシステムを取り入れていることは間違いのないところである。この法律行為のシステムを理解するために，法律行為の概念の意味について知ることは無意味ではない。

合は，Aの意思表示に対して，Bはその内容をそのまま承認するという意思表示を行っている。この場面では2個の意思表示が内容的に合致していると評価され，契約≒法律行為が成立する。口頭で行われたものであっても，こうした約束によって契約は成立する（Aは代金を支払い，Bは商品を引き渡す債務を負う）。

　(3)　**解除の意思表示**　　しかし，その後，Aの手持ちのお金が5万円しかなく，代金全額を払えないことが判明したとしよう。Bは，「この特価の商品は現金払いでないと売れないので，またお越しください」と言うことができる。Bのこの表示も意思表示であって，Aが代金を払えないこと（債務不履行）を理由として契約を解消するという意味を持つ。これを**解除の意思表示**といい，Bの意思表示1個だけで成り立っている法律行為として，**単独行為**と呼ばれている（→118頁以下）。

② 法律行為の要件と効果

　ともかく，法律行為は，上記の例でいえば，終局的にはスーツの所有権をBからAへと移転するという結果を実現するための道具（要件）である。そして，ここから引き出される結果のことを「**法律効果**」という。つまり，2つの意思表示の合致によって「契約」という「**法律要件**」が充足され，そして，その意思表示の内容を反映した権利の変動という法律効果が生じることになる（→28頁）。

図表 4-1　法律要件と法律効果

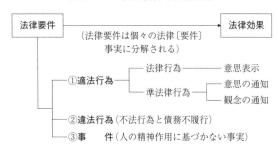

③ 法律行為の特徴

　法律行為について少しまとめておこう。**法律行為**は，法律関係を変動させる法律要件の中心となる総括的な概念である。法律行為の特徴は，当事者の意思の内容が原則として法秩序によって承認され，実現される点にある。これに対して，後述する**準法律行為**とか違法行為，事件などを要素とする法律要件は法律行為とはされない。これらには当事者の意図したのとは異なる法律効果が付与されるからである（→WINDOW 4-2）。

3——法律行為概念

① 法律行為とその他の概念との区別

　法律行為概念の特徴を理解するために，**図表 4-1**を参考に，まず，法律行為とその他の概念との区別を説明する。この法律事実を大きく分けると，人の意識的な精神作用に基づくものと，そうでないものの2つがある。まず，人の生死，時の経過など自然の事実あるいは「**事件**」といった人の精神作用に基づかないものがある。たとえば，ある人の死亡という事実によって，相続という効果が発生する。これに対して，人の精神作用に基づく「事実」には，たとえば，ある事実を知っているとか，知らないとかいう善意・悪意が法律事実になることがある（たとえば，失踪宣告の取消しの場合，→71頁以下。法律事実の意味については，→28頁を参照）。

② 適法行為と違法行為

　しかし，人の精神作用としての事実でとくに問題となるのは，意思によってコントロールされた人間の外部的行為であり，この行為には**適法行為**と違法行

□ WINDOW 4-2 ◀◀

法律行為とは異なる法律要件

(1) **不法行為（違法行為）との区別（→図表4-1）**　民法上の権利関係が変動する原因として重要なものは，契約・法律行為と不法行為である。契約・法律行為は適法行為であり，法秩序から肯定されるが，不法行為は違法行為であり，法秩序から否定的判断を下される。両者は，当事者間の権利義務関係が発生する際の経過を同じくしない。契約では，当事者の「合意」の内容で基本的な権利義務関係が決まる。

たとえば，売買契約であれば，ある商品の引渡しと，それに対する代金の支払いという関係が契約上の権利義務関係として生じる。これに対して，自動車を運転中に不注意で事故を起こし，歩行者にけがをさせたという場合は，不法行為となり，加害者に対して損害賠償請求権が生じる。もっとも，運転者の意思は損害賠償義務の発生には向けられておらず，法律行為ではないことは明らかである。この義務の発生は当事者が意欲したから生じるのではなく，不法行為という事実に「法」が独自に付与したものである。「合意」が義務の発生の基点となるか，それとも法が基点となるかの違いである。すでに述べたように，法律行為と不法行為との区別は比較的明瞭であるが，そのほかにも法律行為とよく似ているが区別される法律要件がある。これについて次に説明しておこう。

(2) **準法律行為**　法律行為と準法律行為との区別はさほど明確でない。準法律行為は法律行為と似てはいるが，違うものとされている。たとえば，A（貸主）が友人B（借主）に貸した10万円を返せと催促する行為は，請求と呼ばれ，これは準法律行為の1つの例となる。請求は，人間の意欲にかかわる行動であり，意思表示といってもよさそうである。だが，Aは，こうした請求によって貸金が自分の手に戻ることを欲しているのに，法がこれに与える効果はそうではない。

請求の法的効果となるのは，たとえば，期限に遅れた責任をBにとらせるとか（412条3項），時効で貸金を返してもらえなくなるのを停止すること（147条1項1号）などであり，貸金の返還までをも生じさせるものではない。

この点でAの望みと法の与える効果との間にずれがある。意思表示の場合は，それに与えられる効果は，法の許す範囲で表意者が意欲したところと一致していなければならないので，請求は法律行為ではないとされることになる。

もっとも，準法律行為に意思表示・法律行為に関する規定を類推適用できるかという問題があるが，一般的に可能なわけではなく，それぞれの制度の趣旨を考えて個別に判断されるべきであるとされている。

準法律行為の例として，①意思の通知と②観念の通知がある。①は，制限行為能力者の相手方に対する催告（20条），債務履行の催告（150条1項）などであり，②は，ある事実を通知することであり，社員総会招集の通知（一般法人39条），代理権を与えた旨の通知（109条），債権譲渡の通知（467条）などである。

(3) **事　件**　人の死亡とか時の経過は，一定の法律効果を発生させるが，人の精神作用に基づかない事実である。この法律事実を事件という。

図表4-2　法律行為の種類

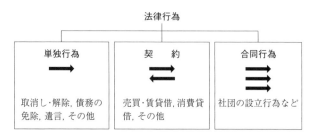

単独行為	契　約	合同行為
→	⇄	⇛
取消し・解除, 債務の免除, 遺言, その他	売買・賃貸借, 消費貸借, その他	社団の設立行為など

為との区別がある。適法行為とは，法律によって許されている合理的な行為であり，その典型は，とくに人間の意思において意欲された結果をもたらす意思表示・法律行為である。**違法行為**とは，法律的に許されない行為で，その主たるものは不法行為と債務不履行である。

4──法律行為の種類

　法律行為は，私的自治を実現する手段として民法上最も重要なものであり，この法律行為システムの中核となるのが意思表示である（意思表示については後述）。正確には全部で3つの種類（→**図表4-2**。この図では意思表示の数と方向で分類した）があり，それぞれの類型に応じた処理が必要となる（契約について述べたことが，その他の種類の法律行為に当然にあてはまるわけではない）。

① 単独行為

　法律行為の1つは単独行為で，一方向に向けられ，意思表示は1個である。**単独行為**は，当事者の一方が，その一方的な意思表示によって法律関係を形成したり，消滅させたりするものである。したがって，それに条件を付けたりすることができると，相手方や関係者が不当な不利益を受けるおそれがある。このため，法律によって特別の定めがある場合にのみ許されている。

　単独行為の具体例は，取消し（5条・9条・95条・96条・424条），所有権の放棄，契約解除（540条），債務の免除（519条），遺言（960条以下），相続の放棄（938条以下）などである。各種の追認（116条・122条ほか）もその例となる。

　単独行為は，相手方のある単独行為と，相手方のない単独行為に区別される。これは「意思表示が特定の相手方に到達しなければならない」ものかどう

か，「意思表示の受領が必要かどうか」によって区別される。債務免除や契約解除は，相手方のある場合であり，所有権の放棄とか遺言は，相手方のない場合である。この区別は，二当事者の存在を前提とする条文，たとえば94条の虚偽表示の適用があるかどうかという問題において意味を持つ。

② 契　　約

　契約は，交叉する両当事者の意思表示が合致することで成立する法律行為である。当事者の合意の内容が契約を形成する。法律行為の中で最も重要なものが契約である。売買契約，賃貸借契約，消費貸借契約などがこの例である。

③ 合同行為

　合同行為においては，図表4-2からもわかるように，複数の意思表示が一定の目的に向けて並行的に行われる。会社設立（社団の設立）行為がその典型である。社団設立の場合，ある者の意思表示が効力を失うことによってその設立自体が無効になると，多数の者の法律関係に影響が及ぶことになる。それは適切ではない。こうした設立行為の効力を維持し，法的安定性を確保するために，合同行為においては他の法律行為とは異なる扱いをすることが必要となる。

　さらに，法律行為については，こうした意思表示の態様からの分類という基準による以外にも，いくつかの分類の仕方がある（→WINDOW 4-3）。

第2節　法律行為の解釈

1 ── 法律行為の解釈の意義

① 解釈の必要性

　法律行為は契約という形式で行われることが多い。まず，契約の場合を取り上げて説明する。契約の存在は，通常契約書という書面によって認識される。もっとも，民法上では，契約は合意だけで成立するのが原則であって，さらに物の引渡しや書面等の方式も必要になる場合は，さほど多くはない（書面が特別の必要性によって法律上求められる場合は別である。保証人保護の観点から保証契約の成立に書面を要求する446条2項がある）。こうした合意だけで成立する契約を諾

□ WINDOW 4-3　　　　　　　　　　　　　　　　　　　　◀◀

債権行為・物権行為・準物権行為

　A（借主）が新たに購入した住宅甲の購入代金を借りるためにB銀行（貸主）と長期の住宅ローンを組むことにした。その借金（被担保債権）の担保のために，Bが甲に抵当権を設定することにしたとしよう。この場合，A・B間での抵当権を設定するという行為によって，抵当権という物権が作りだされることになる。これは**物権行為**という法律行為である。他方，銀行BがAに融資する（お金を貸す）行為は，金銭消費貸借契約の締結であり，これによって，BのAに対する消費貸借上の債権が生みだされることになる。これを**債権行為**という。これは，債権・債務関係の発生を目的とする法律行為である。

　ところが，土地の売買やパソコンの売買では「物や代金を引き渡せ」と要求する債権を取得するだけでなく（債権行為），所有権の移転という物権の取得をも生じさせる行為（物権行為）も行われることになる。通常は物権の変動を伴う売買契約を締結するときに，当事者が両者を区別して意識的に行っているわけではないし，また民法がそれを前提とするシステムを有しているとも言い切れない。

　もう一度，整理すると，債権（＝履行義務）関係を発生させる行為が「債権行為」と呼ばれる。契約が典型例である。これに対し，「物権行為」は，物権の変動を直接に生じさせることを目的とする行為で，履行関係を後に残さないところに特徴がある。典型例は，所有権の移転，地上権の設定や抵当権の設定契約である。

　また，**準物権行為**は，債権譲渡・債務の免除・無体財産権の譲渡などのように，物権以外の権利の変動を直接に生じさせることを目的とする。物権行為と準物権行為とを合わせて「処分行為」という。さらに，原因となっている法律行為・法律関係の効力によって当該の行為の効力が左右されるかどうかによる区別（有因行為・無因行為という区別）もある（これは，物権法で学ぶことにしよう）。

成契約という。実務では，重要な契約については，当事者は合意するだけではなく，契約書面を作成することが多い。それらは，当事者が契約の内容をしっかりと認識・確認したり，また後の紛争の時に裁判等で契約書面を証拠として提出したりすることによって，契約（合意）の存在やその内容を証明するために使われる。

　こうした契約書は，当事者が言語を用い文章によって契約の意味を書き記したものである。しかし，契約書は，当事者の知識や経験の差によって明確な内容とならないことも少なくない。また，後の交渉に委ねるために意図的にある事項について取り決めない場合もある。いずれにせよ，裁判官は，どのように解決するのかを決める前提・基礎として，まず契約（法律行為）の内容をはっきりさせておく必要がある。こうした作業を**法律行為（契約）の解釈**という。その

際，裁判官は，当事者の合意の内容を明らかにすることに重点を置いて，書面だけでなく，当事者の交渉経過，その後の行動など諸般の事情を総合的に考慮しなければならない（契約の解釈について，→123頁）。

② 単独行為（遺言）の解釈

　もっとも，単独行為の解釈では，単独行為が表意者の一方的な意思表示によって成立することから，その意思表示そのものの意味が問題となる。たとえば，遺言は相手方のない単独行為であり，その解釈においては，遺言書の文言を形式的に判断するだけでなく，遺言書の全記載との関連，遺言書作成当時の事情，遺言者の置かれていた状況などを考慮して遺言者の真意を探求するべきであるとされている（最判昭58・3・18家月36巻 3 号143頁）。

2——法律行為の解釈の方法

　法律行為の解釈の方法について，最初にその全体像をみておくことにしよう。以下の作業すべてを含めて**広義**での「法律行為の解釈」というのが一般的である（→本節 3 も参照）。

① 意思の確認

　法律行為の解釈の場合，まず，当事者の**実際の意思**が確認される必要がある（意思確認）。この意思の内容が直ちに確認できれば，原則としてその内容に効力が付与される。しかし，実際の意思の合致が確認できない場合には，次の**②**および**③**の問題として処理される。

② 規範的解釈

　当事者の表示の理解の仕方に違いがあるときに，その意味をどのように理解したらよいのか（そうした紛争事例として，→WINDOW 4-5）。これを確定する作業のことを「**規範的解釈**」という。どのように解するべきかという観点から問題を扱うので，「規範的」解釈と呼ばれている（→125頁）。

③ 補充的解釈

　ある具体的な事項・問題については，当事者がわざわざ規定を置いていない場合もある。当事者は，ありとあらゆることを契約に定めておこうとはしないし（そうするのは不経済である），多くの場合，そのような事柄には争いは生じないであろうと考えているからである。そういうときには，裁判官は当事者の目

的を達成するために合意の内容を補充する必要がでてくる。これを「補充的解釈」という。とくに，契約の場合のそれを「補充的契約解釈」と呼ぶ。それは，単なる表示の意味の確定ではなく，意味の持込みであると理解されている。

　なお，補充を行う基準は，一般に，慣習，任意規定，条理の順であるとされるが，契約が私的自治実現の手段であるとすれば，当事者が補充するとしたらどのように補充するかを考えて，当事者の意思に近い解決（仮定的意思と呼ばれる）を優先させるべきであろう。つまり，当事者による契約を尊重し，その趣旨からわかる限りで，契約外の法規範によって補充するのではなく，その契約の趣旨に沿うような形で補充を行うことを追求するのである（後述）。

④ 修正的解釈

　当事者の合意内容にそのまま法律効果を付与することが妥当ではないときには，裁判所が当事者の合意を修正して別の内容に置き換えることがある。これを「修正的解釈」という。あるいは，契約改訂と呼ばれることもある。第三者である裁判所が当事者の合意を変更することは私的自治への介入となることから，抑制的であることが求められる。他方で，契約改訂は，契約を存続させるという観点からみて，合理性が認められる場合もある。いわゆる**例文解釈**も，この１つであり，それはまた信義則の適用としての機能を持つ。たとえば，賃貸借契約などで，一方当事者に有利な条項があらかじめ印刷された市販の契約書が用いられることがある。そのなかに，賃料が１回でも滞ったときには，いかなる事情に基づくかを問わず，何ら催告も要せず，直ちに，契約が解除されたものとみなすという解除条項があった。裁判例では，このような条項については当事者が本当に合意したと考えられる特別の事情がなければ例文にすぎないものであって，契約の内容とならないとされた（借地借家28条・30条を参照）。だが，何でも例文解釈をすればよいと考えるのは問題である。継続的な契約関係における解除条項が不当条項であるかどうかの実質的な判断がここには潜んでおり，例文解釈をすることによって問題を解釈の次元で隠して処理してしまうおそれがある。むしろ何がこの条項を不当とするのかというファクターを明らかにするためにも，不当条項の内容規制の問題として扱うべきであろう（消費者契約における不当条項規制については，→203頁）。

3 ── 法律行為の解釈と契約の解釈

① 契約の解釈の出発点

　法律行為は，当事者の意思表示によって構成されているから，法律行為の解釈は，意思表示の解釈ということになる。しかし，法律行為のうち契約においては，申込みと承諾という2つの意思表示の合致により成立するから，個々の意思表示の意味よりも，合致した内容が重視される（一方的な意思表示である遺言の解釈との違い）。したがって，この意味で法律行為の解釈のうち，契約について行われる解釈について，とくに「**契約の解釈**」と呼び，契約という観点から問題を整理し直すことが求められる。

　契約の解釈の場面では私的自治の原則が妥当する。このことは，契約自由の原則のもとで，裁判官は契約の内容にできるだけ介入するべきではないとの要請につながる。次に，当事者が守るべき規律である契約は原則として当事者によって作成される。この契約上の規律は，当事者間にある具体的状況を前提とし，またそれを対象としている点で個別具体的な事情に左右される。当事者は，自分たちが理解できる表現を用いて合意できれば，それで十分であって，あらためて第三者にそれを理解させる必要はない。裁判官も当事者がそれでよいと決めた表現に介入する必要はない。ここに契約の解釈の出発点がある。

② 解釈の多様な意味：契約の解釈の特殊性

　すでにみたように，「**解釈**」という言葉はいろいろな場面で使われる。一般的には，ある表示（言語的な表現のみならず，一定の行動も含む）の意味を確定することである。たとえば，**法律の解釈**とは，裁判などで民法が具体的な事件に適用されるかどうかを判断するために，法律の条文の意味を確定することである。そこでの中心作業は，立法者がどのような意味を法律に与えたのか，「社会的な次元（客観的なレベル）」で意味を確定することである。これに対して，契約解釈では，すでに確認したように（主観的なレベルでの）「両当事者」が契約という規律にどのような意味を与えたのかの確定が第1次的に重要となる。この点に，通常の「解釈」の場面とは異なる契約の解釈の特殊性がある。

4 ── 契約の解釈と契約の成立

契約は当事者の意思表示の合致によって成立する。問題は，意思表示の意味内容について争いが生じた場合に，合意内容をどのように確定するのか，である。こうした契約の解釈は，契約の内容を権利義務関係に分解し確定する作業である。この内容の確定という解釈の作業の中には，契約が成立しているかどうかという判断が論理的に先行するものとして入り込むのである。この契約の成立については，次のような2つの立場がある。

1つは，①契約は当事者の相対立する意思表示によって成立するとされているが，この場合において，意思の合致までは必要でなく，表示の合致で足りるとする立場がある。これを，「**契約の成立における表示主義**」という。ともかく，「表示」が合致しているならば，これによっていったん契約が成立したものとして扱い，表示と表意者の意思との不一致があれば，錯誤取消し等を認めることで表意者を保護すればよいとする。もう1つは，②当事者の真意を探求し，その合致があればその内容で契約の成立を認め，合致がなければ無効とする立場であり，これを「**契約の成立における意思主義**」という。しかし，主観的な意味での合致がない場合に，②の立場を強調すると，つねに契約が不成立になるという帰結が導かれてしまうおそれがある。

そこで，学説は，これらの立場のいずれか1つをとることはせず，具体的な場面で使い分けを行っている（以上の問題については，さらに→WINDOW 4-4）。

5 ── 契約解釈の具体的基準

以下では，契約の解釈の具体的な場面ごとに解釈の作業をみてみよう。契約の解釈の際の基準が向けられる名宛人は，裁判官である。裁判官は，次のような作業を行う。

① 当事者の合致した実際の意思

契約の解釈にあたって最初に行われることは，当事者の合致した実際の意思の確認である（前述）。この意味は，当事者が表示行為に付与した共通の意味を探求することである。この意味での意思が確認されれば，これが通用する。「誤表は害せず（*falsa demonstratio non nocet*）」との法格言で表現される。

□ WINDOW 4-4　　　　　　　　　　　　　　　　　　　　　◀◀

表示の規範的解釈(1)

　表示において当事者の付与した主観的意味が一致していない場合，どのように扱えばよいのであろうか。まずは，理論的な説明をしておこう。

　この場合，主観的意味が一致しない以上，不成立とする見方があるが，これでは相手方のまったく知りえない一方当事者の主観的意味により，契約の有効な成立が妨げられ，相手方の信頼が害されることになる。したがって，表示に従って契約を成立させることが適切となる（通説）。

　次に，表示の意味内容をどのように確定するか，つまり表示の意味が複数存在する場合に，いずれを当事者の行為の基準として通用させるのかが問題となる。たとえば，当事者間で成立した契約のある内容について，当事者の表示は γ であるが，Ａがその表示に付与しようとした意味は α であり，Ｂが付与しようとした意味は β であるときに，法的に拘束力ある意思として裁判所が当事者に強制できることは何かという問題が生じる。

　この場合，次の選択肢が考えられる。①γ の一般的客観的意味，②Ａ・Ｂの帰属する取引界・社会における γ の意味，③Ａが表示 γ に付与しようとした意味 α，④Ｂが表示 γ に付与しようとした意味 β である。ここでは契約は当事者が私的自治の領域で行ったものであり，当事者の意図した規律であることが重視される。いくら裁判官であっても両当事者のいずれもが意図していない契約を押しつけることはできない。そう考えると，表示の社会的な意味よりも当事者が付与した意味が優先することになる。まずは③か④かいずれかで理解するという立場にならざるをえない。その際，具体的な事情に照らして②や①を考慮することになる。具体的な場面として，WINDOW 4-5を参照しながら規範的解釈の意味を考えてみよう。

② 規範的解釈

　規範的解釈の際には，当事者の付与した意味が一致する場合と，一致しない場合とを区別することが必要となる。当事者が表示に付与している主観的意味が一致している場合，表示の意味は問題とならない。この場合は，いわゆる「契約の成立における意思主義」が妥当し，先の①での実際の意思の確認の問題となる。

　当事者が表示に付与した意味が一致しない場合や，当事者が表示に付与した意味が一致していることについて裁判官が確信を持つことができない場合には，直ちに契約が無効になるわけではない。原則として，「契約の成立における表示主義」が妥当する。もっとも，そこでも表示の意味をどのように理解したらよいのかが問題とされる。これが表示の**規範的解釈**の問題である。ここでは，裁判官には，表示について意味づけの作業＝評価を加えて判断することが求め

□ WINDOW 4-5

【設例】で考えてみよう：表示の規範的解釈(2)——主婦はお金を取り戻せるか

　WINDOW 4-4で取り上げた「表示の規範的解釈」の意味を次の設例で考えてみよう（特定商取引法や消費者契約法の適用も考えられるが，以下は民法の事例として扱うことにする）。

【設例】　業者はトラックに物干し竿を積載して「さおだけ～，さおだけ～1本で2000円～昔の値段で出ています～」との宣伝文句を拡声器で流していた。これを聞いた主婦が業者を呼び止め，「一番安いのを下さい」と注文した。これに対して，業者が「さびない方がいいですよね」と言い，「『ニッキュッパ』でご提供します」と言うので，主婦は2980円であると思い，これに同意した。業者は，ステンレス製の竿を物干し台に合わせて切断・設置した後に，29800円を請求してきた。主婦が2980円だと思ったと主張して，その支払いを拒もうとしたが，業者はまったく取り合わず，結局，29800円を支払わされてしまった。主婦はどう考えてもおかしいと思い，お金を取り戻したいと消費者センターに電話をかけたところ，同じ手口での被害は他にも報告されており，またホームセンターでは同様のステンレス製の竿は3000円から5000円で販売されていた。

【検討】　**(1)　契約の成立**　まず，どのような内容の契約が成立しているのかを確定する必要がある。当事者において「ニッキュッパ」という表示が行われており，それは客観的には一致している。しかし，業者は29800円と言い，主婦は2980円と主張しており，当事者が表示に付与した主観的意味において一致がない。この場合，通説のように，「表示」に従って契約を成立させる立場をとれば，「ニッキュッパ」という表示が存在するので，この「内容」での契約が成立する。

　(2)　表示の意味の規範的解釈　問題は，「ニッキュッパ」という表示の意味内容をどのように確定するか，である。この場合は，29800円なのか，それとも2980円なのか，である。裁判官は，当該状況に置かれた意思表示の受領者の観点から，事業者のした表示である「ニッキュッパ」の表示の意味するところを確定することになる。業者の宣伝文句によって主婦が表示を2980円と考えるように誘導されており，裁判官もこのような状況ではこの表示は2980円を意味すると受け取ることが通例であるとみるであろう。また，業者は事業者であるにもかかわらず，一義的でない「ニッキュッパ」という表示を用いたことに帰責性があり，2980円との表示に拘束されても仕方がない。こうした考慮において「ニッキュッパ」の意味が2980円に確定されれば，主婦においては意思と表示とが一致することから，錯誤の主張をする必要はない。業者はいくつかの顧客に対して同じ手口で販売をしていたのであるから，おそらく自己の意思（29800円）と表示（2980円）との不一致を認識していたであろう。そうなると，業者においては（表意者が不一致を知らない場合の）錯誤の主張はできず，心裡留保による意思表示の問題となる。主婦は，物干し竿を購入したいと考えており，それが業者の真意でないことを知ることはできなかったであろう（93条1項ただし書き参照）。業者の意思表示は有効となる（93条1項本文）。設例の契約は代金額2980円で成立することになる。したがって，主婦は業者に対して余分に支払った金額である26820（＝29800－2980）円を不当利得（703条）として返還請求することができる。これは，主婦にとって最も有利な解決ではなかろうか。

られる。規範的解釈の結果，表示の意味が確定されても，その表示の意味と自己の意思とが一致していない当事者の側では，錯誤の問題が残る。また，表示の規範的解釈を行ったとしても，なお表示の意味が確認できない場合には，不合意の問題となり，契約の不成立が導かれる（→WINDOW 4-4および4-5）。

6 ── 規範的解釈の際の個別基準

規範的解釈の場面では，次のようないくつかの準則が示されている。

1 全体的相互関連的解釈

契約の文言が複数にとれるとき，あるいは契約が矛盾した条項を含むときは，当事者の目的に照らして統一的に解釈することが必要である。

2 文字拘泥解釈の排除

当事者がその意思を表示するにあたって用いた言葉や記号は，その一般的な意味より広いときも狭いときもある。したがって，文字の意味だけに拘泥してはならない。たとえば，返還請求が「解除」の意味を含むとされることがある。

3 有効に解釈すべきこと（効果付与的解釈）

契約条項を一方の意味に理解すればある効果が生じるが，他方の意味に理解すれば何らの効果も生じないときは，効果を生じるように解するべきである。

4 不明確条項解釈準則（「作成者の不利に」の準則）

不明確条項解釈準則とは，ある契約条項を解釈した結果，複数の可能な解釈が成立し，いずれかに特定できない場合に，その不明確な条項を作り出した者に不利となる解釈を採用するというものである（ヨーロッパではこの準則を透明性の原則として取り込んだ民法典がみられる）。契約条項を作成した者は，表現を選択することができたのであり，その曖昧さから生じる不利益を受けても仕方がないからである。とくに，消費契約において，事業者が作成した約款条項に曖昧な表現が用いられている場合には，消費者に不利にならないように解釈すべきである。こうした考え方に基づいて事業者の努力義務として消費者契約の契約条項を明確かつ平易に理解できるものとすること，および，その解釈に疑義が生じないようにすることが要請されている（消費契約3条1項1号。→第6章）。

5 先行する交渉過程の考慮

契約は当事者の交渉によって導かれる到達点である。契約中の表示の意味

は，当事者の交渉内容を検討することで明らかになることも多いであろう。し
たがって，先行する契約交渉に照らして交渉の到達点＝結果である表示を意味
づけることもできる。これに対して，契約後の当事者の行動は当然に考慮され
ることにはならないとされている。

6 慣習（慣習による解釈）

　表示行為および表示の意味を確定するにあたっては，当事者間のこれまでの
取引によって形成された慣行（取引慣行）や**慣習**，さらには，当事者が帰属する
取引界ないし「社会」において理解されてきた表示（行為）の意味がその重要な
判断要素となる。慣習が適用されるのは，当事者間においてその慣習によるこ
とが通常の場合でなければならない。慣習が解釈の際に用いられた判例として
「塩釜レール入り」事件がある（大判大10・6・2民録27輯1038頁）。もっとも，当事
者の一方において職業的慣行（たとえば，約款）があったとしても，相手方との
関係で通用させてよいかは慎重に検討されるべきである。この点で，銀行取引
約定書をはじめとする約款の効力を慣習であるとしてそのまま承認するのは問
題である。

7 ── その他の解釈の基準

1 任意規定

　民法91条は，当事者が「法令中の公の秩序に関しない規定」，つまり**任意規
定**と異なる意思表示をしたとき，それが優先すると定めている。当事者は特約
によって任意規定の内容とは離れた合意をすることができる。争いとなった事
項について契約に定めがあれば，この契約上の取決めが基準となるが，取決め
がなければ任意規定が適用され，紛争解決の基準となる。債権法の領域ではこ
うした任意規定が多い。606条1項本文は賃貸借契約においては貸主が修繕義
務を負うと規定するが，これは任意規定であるとされ，その内容とは異なる特
約で貸主ではなく借主が修繕義務を負うと定めることができる。たとえば，売
買契約において売主は，引き渡した目的物が種類，品質または数量に関して契
約の内容に適合しないものであるときに，契約不適合の責任（いわゆる担保責任）
を負う（562条）。それによれば，買主は売主に対して，目的物の修補，代替物
の引渡し，履行の追完等の請求ができる。だが，当事者は，特約により契約不

適合責任を排除することもできる。ただし，売主が知りながら告げなかった事実等については責任を免れない（572条も参照）。同様に，消費者取引での契約不適合の責任を免れる条項は，消費者契約法8条2項および同10条によりが無効になる可能性もある（→第6章第3節）。

②　条　　理

法源とされる条理（→15頁）も法律行為の内容を明らかにする解釈作業で基準となる。

第3節　法律行為の有効要件

1──成立要件と有効要件

①　意　　義

法律行為が法秩序によって承認され，その法律効果が生じるためにはいくつかの要件を備えていなくてはならない。たとえば，契約であれば，これらの要件が充足されてはじめて，契約の効力である当事者間での権利義務（拘束力）の発生が認められる。

以下では，まず法律行為において共通の要件を確認するが，そこでは，とりわけ法律行為の成立要件と有効要件が重要となる（→図表4-3）。そのほかにも，たとえば，他人が行った法律行為の内容が本人に帰せられる場合の効果帰属要件や，効力発生要件も問題となるが，前者は第7章の代理で，後者は第9章の条件や期限で扱う。

②　成立要件

法律行為の**成立要件**となるのは，①当事者の存在と②意思表示の存在である。

（1）　**当事者の存在**　　①の要件が問題となる例は，たとえば，売主Aが得意先の買主Bにルノワールの絵を売ろうとして手紙を出したが，郵便局がBの隣人Cに手紙を誤配したような場合である。仮にCがこれを受け取り，Aに対して承諾の通知をしてもCは契約の当事者ではないとされ，AとCとの間で直ちに契約が成立することにはならない（Cの承諾が申込みとなる可能性はある）。

図表4-3　契約の効力発生までの認定過程（チェックポイント）

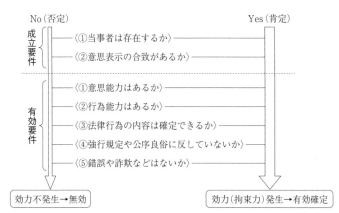

（2）　**意思表示の存在**　　②の成立要件は，契約では，両当事者の意思表示の合致（合意）となる。Aがルノワールの絵をBに売ると表示したのに対し，Bが買うという表示によって承諾した場合である。ここには内容的に「意思表示の合致」がある。しかし，Bがそれとは異なるドラクロワの絵を買うと表示した場合は，A・B間には意思表示の合致があったとは認められず，原則として契約は成立しないことになる（こうした場面でも契約の成立を認めてよい場合があるが，これについては，→124頁以下）。

（3）　**特別の成立要件と代金額が未定の場合**　　意思表示の合致があれば契約が成立する。これが通常のケースであるが，こうした合意の他に特別の要件がさらに必要となる場合もある（たとえば，587条の消費貸借など物の引渡しが要件となる要物契約がある）。

　また，契約として成立するには最小限度どのような事項について合意が必要であるかという問題がある。たとえば，契約の締結時点において代金額や代金の支払方法がまだ具体的に定められていなかったとしても，その計算方法がすでに示されていたり，事後的に代金額等が定められることが明確にされているのであれば，契約の成立を認めてよいであろう。通説は，当事者の契約を締結しようという意思を尊重し，成立要件をできるだけ緩やかに解して契約の成立を認めようとする。これは契約内容の確定の問題として議論される。

③ 有効要件

(1) **有効要件の意義** 民法は，法律行為においては，当事者の意思・合意をそれ自体として尊重し，その内容を変更せずに当事者が欲した法的効果を付与する。契約の場合，契約がその成立要件を充足すると，原則として，契約内容どおりに法律効果が発生すると一応考えることができる。

しかし，契約の効力を付与するにふさわしくない事情がある場合には，その効果の発生を阻止したり，否定したりしなければならない。これらの要件は，上述の契約の成立要件と区別され，**有効要件**（契約が有効となるための要件）とか，効力発生要件（契約がその効力の発生を妨げられないための要件）と呼ばれている。成立要件も有効要件もいずれも実際には，契約の成立によって発生したと思われる効力を否定する要件であるから，一括して効力否定要件（効力否定原因）として整理することができる。

(2) **有効要件の具体例** **有効要件**は，契約の効力の発生を認めるために検討を欠くことができない重要な要件である。その前に，一般的に有効要件であるとされているものをあげておこう。①意思能力があること（3条の2。→49頁），②行為能力があること（→52頁。制限的行為能力の問題），③法律行為の内容が不確定でないこと，④強行規定や公序良俗に反しないこと，⑤意思表示について錯誤や詐欺などのないこと，である。

なお，②については争いがあるが，有効要件であるとみてよいであろう。このうち，①および②はすでに述べたので，以下では，③を内容の確定性，④を内容の適法性および公序良俗の問題として取り上げる。公序良俗については次節で扱うことにする。⑤は第5章の意思表示で扱う。

なお，以上の成立要件と有効要件について，これらの要件がクリアされ，契約の効力の発生が確定的に認められるまでの流れを，**図表4-3**でもう一度確認しておいてほしい。

④ 証明責任

法律行為の成立要件が満たされることは，それに対応する法律効果が発生するための必要条件である。こうした（法律）要件は，法律効果＝権利関係の発生を積極的に根拠づける要件であり，裁判では，この法律行為の効果を主張する側でそれが満たされていることを証明しなければならない。これに失敗する

と，効力が発生しないという不利益を受ける。この不利益のことを証明責任という（民事訴訟法の講義で学んでほしい）。法律行為の成立によって生じる法律効果の発生を阻却する要件（消極的要件）については，その効果の否定によって利益を有する当事者がその主張・立証について責任を負う。

　上記の例では，顧客B（買主）は，画商A（売主）からルノワールの絵を引き渡してもらおうとする場合，その原因となる売買契約（555条）の成立を裁判において主張・立証（証明）しなければならない。

　これに対して，Aがこれを拒もうとするとき，売買契約の法律効果を否定するには，有効要件や解除原因が問題となる。すなわち，AがBからの引渡しの請求を拒むためには，契約の効力の否定原因として取消し・無効，解除などを主張することになる。Aは，この場合，原則として，詐欺や公序良俗違反，債務不履行など，それぞれの主張の根拠となる条文の要件を充足する事実を主張・立証する責任を負うことになる。

2 ── 内容の確定と実現可能性

① 内容の確定性

　契約≒法律行為の内容を完全なものにすることは難しく，不明瞭となったり，不完全なままであったりすることも少なくない。また，それが原因で当事者において誤解や行き違いが生じて紛争となることもある。裁判所は，法律行為の解釈によって契約の内容を明瞭とし，完全なものとしてその効力を維持するように努めるが，そのような努力にもかかわらず，どうしても法律行為の内容を確定することができない場合もある。裁判所としてはこれを有効として実現させることができないので，無効とすることになる。たとえば，Aが自己の土地をBに売るとしても，その対象となる土地が複数存在し，いずれであるかを契約の解釈でも確定できない場合がそうした例となる。裁判所は，どの土地かを確定することができないと，その土地の引渡しを命じることができないからである。

　この場合は，この契約に効力を与えることができず，結局，無効とするしかない。もっとも，契約は，単に（それに一般的に必要とされる）ある一定の契約条項を定めなかっただけで直ちに無効になってしまうわけではない。このこと

は，すでに契約の成立要件（→129頁）のところでも述べている。

② 内容の実現可能性

　法律行為（契約）の内容が成立した当初から実現ができない場合がある。教科書事例として，すでに火災で焼失した家屋を売買してしまった例がよくあげられる。

　以前は，契約締結時にすでに給付することができないことが客観的に明らかであった場合（**原始的不能**）には，契約は無効となると考えられてきた。しかし，こうした考え方の合理性についてはすでに強い異論が唱えられてきた。たとえば，当事者が，目的物の存在についてのリスクを考慮して契約を締結する場合に，そのリスク分配のあり方は当然に契約の内容として規律されてよいはずである（契約は有効とする必要がある）。それにもかかわらず，法が，締結された契約を当事者のそうした意思を排してまで，一律に無効にする必要はないと考えられるからである。

　2017年改正は，原始的不能の考え方を明確に否定し，こうした場合にも契約の有効性を認めた（412条の2第2項参照）。つまり，契約は，給付が「原始的に不能であること」を理由とすることだけでは無効にはならないとされたのである。この改正により，契約締結前に不能原因が存在する原始的不能の場面と，契約がいったん有効に成立した後に不能となった場合の不能（**後発的不能**）を区別する意味は失われたことになる。いずれの場合も契約が成立することになり，その効力は履行請求権の限界の問題として，あるいは債務不履行を理由とする損害賠償の問題として扱われることになる（→新プリメール民法3）。

3 ── 内容の適法性（強行規定と任意規定）

① 適 法 性

　法律行為の内容が法律の規定に違反していないことを**適法性**という。法律と一口に言っても，その内容や規制目的は多様である。以下では，適法性という要件のもとでそうした法律規定に違反したことが私法上の取引の効力にどのような影響を及ぼすことになるのかについて取り上げる（公序良俗については，次節で扱う）。

② 公法・私法の区分

法律規定の基本的な分類としての公法・私法という観点からまず説明しよう（→3頁以下でこの区分についてはすでに説明した）。**私法**では，自由で平等な私人＝個人が他の個人に対して一定の行為をいかなる場合に求めることができるかについて規律する。このように問題を分けると，それぞれの規律対象の違いから，公法に属する規定は私法上の問題について直接に影響を及ぼさないようにみえる。しかし，そうみるのは必ずしも正しくない。

③ 強行規定と任意規定

強行法規・任意法規ともいう。この区別は，規定に違反する行為の効力を私法上否定するかしないかという観点に基づいている。**強行規定**の場合は，それに反する法律行為は無効となり，強行規定の内容が適用する。**任意規定**の場合は，当事者がそれに反する行為をしても有効である。

任意規定の多くは，当事者が定めを置いていない場合に，これを補充する機能を有している。また当事者の定めた事柄の意味内容について推定をするものもある。たとえば，従物は主物の処分に従うとする規定（87条2項）がある。これは任意規定であり，当事者は異なる取決めをすることができる。これに対して，成年被後見人の取消権を定めた規定（9条本文）は強行規定であり，これを当事者間の合意で排除することはできない。

④ 強行規定の具体例

(1) **強行規定であることが明示されている場合**　たとえば，他人にお金を貸すという契約のことを金銭消費貸借というが，この場合に利息を付すことができる。しかし，無制限ではなく，金利の上限を定める利息制限法1条が，「金銭を目的とする消費貸借における利息の契約は，その利息が次の各号に掲げる場合に応じ当該各号に定める利率により計算した金額を超えるときは，その超過部分につき無効とする」と定める。同条3号によれば，元本の額が100万円以上の場合は年1割5分となり，これを超えた部分は無効となる。仮に年2割で100万円を借りたとすると，利息は20万円となるが，これを1割5分で計算し直すと，15万円となり，5万円の部分が超過部分となることから，この部分（5万円）についての利息の取決めは無効となる。借主はこの部分の利息を支払う必要はないことになる（消費者金融の過払い金返還訴訟ではこれが不当利得の返還と

いう問題として現れる）。

　他にも，法律の規定に反する特約を無効とすることを明文で定めているものとして，たとえば，「この節の規定〔たとえば，同6条借地契約の更新拒絶の要件〕に反する特約で借地権者に不利なものは，無効とする」と定める借地借家法9条がある。一方当事者にしか効力が生じない点で片面的強行規定と呼ばれる。また，消費者保護を定める法律には，強行規定であることを明示する規定が多くみられる。たとえば訪問販売におけるクーリング・オフ（申込みの撤回等）に関する規定（特商9条8項）がそれにあたる（→第6章）。

　(2)　**強行規定であることが明示されていない場合**　　上記の場合とは異なり，違反の効果が明文で定められていない場合においては，強行規定であるかどうかはその規定の趣旨を考慮して個別的に判断するしかない。おおむね強行規定であるとされているものは，次のとおりである。①基本的な社会秩序に関する規定（親族法，相続法に多く，物権法にもこの要素がみられる），②私的自治の前提に関する規定（法人格，行為能力，意思表示ないし法律行為の効力に関する規定），③第三者の信頼ないし取引の安全を保護する規定（175条〔物権法定主義〕，表見代理規定など），④経済的弱者保護のための規定（349条〔契約による質物の処分の禁止〕，恩給法11条1項本文，利息制限法，借地借家法の多数の規定，消費者保護に関する規定），などである。

5 脱法行為

　直接に強行規定に反しないが，他の手段を用いてその禁じている内容を実質的に達成しようとすることを**脱法行為**という。脱法行為は，明文の規定でそれを禁じて無効とされる場合がある。たとえば，利息制限法3条は，みなし利息の規定であり，これにより貸金業者が手数料との名目で利息制限法の制限を超える利息を隠れて取ることを禁止している。これに対して，脱法行為を禁止する明文の規定がない場合には，脱法行為を無効とする方法として次のような可能性がある。①脱法行為に当該規定を単純に適用して（たとえば，賃料の支払いという形式でも実質的に割賦販売であるとして，割賦販売法を適用するような場合）無効とする方法や，②そのままの要件では強行規定を適用できない場合には，拡張・類推解釈の手法により当該行為を無効とする方法がある（恩給受給権の譲渡および担保提供を禁止する恩給法11条1項の拡張例として，最判昭30・10・27民集9巻

11号1720頁など）。他方で，正当な理由がある場合には，脱法行為を許す可能性もある（たとえば，物権の創設を禁止する民法175条〔物権法定主義〕に反して明文で認められていない譲渡担保を認める場合など）。

⑥ 取締規定・効力規定の区別

取締法規・効力法規とも呼ばれることがある。民法や商法などの私法とは別に，行政的・経済政策的観点から取引を規制したり制限を加えたりする多くの規定が存在する。それらの規定に違反した場合，直ちに民事上の効力までもが否定されるかどうかは事例により異なって判断されることになる。

この場合において，違反しても民事上の効力に影響を及ぼさない規定を**取締規定**という（次に述べる効力規定となる取締規定と区別するために，単なる取締規定，あるいは狭義の取締規定と呼ばれることもある）。逆に，取締規定違反がそのまま民事上の無効をも導く場合には，当該の規定は強行規定の性質を持つことになる。これを**効力規定**と呼んでいる。

ほとんどの取締規定はその性質について明確な定めを置いていない。取締規定が効力規定となるかどうかは，明文の規定がない限り，個々の取締規定の立法趣旨を踏まえて判断しなければならない（取締規定・効力規定の具体例については，→WINDOW 4-6）。

その際，①規定による禁止の目的（たとえば，罰則だけでよければ取締規定となるが，民事上も違反行為を無効としなければ規制や取締りの目的を達成できないときには効力規定となる），②違反行為の悪性の程度（取締規定違反であっても，違反行為の悪性が高い場合には，無効とされることがある。後掲の食品衛生法違反に関する事例を参照），③当事者間における信義・公平（当事者間の取引を無効とすることで，不公平が生じる場合があるからである），④取引の安全（私法上の効力が否定されると，第三者や取引社会に影響が及ぶ場合があるからである），といったことが考慮される。

たとえば，禁制品・危険物・有毒物等の取引を禁止する行政的取締規定に違反して取引した場合は，取引の安全の観点から，それだけで契約が無効となるわけではない。当事者がそうした違反を知りながらもあえて販売したとか，行為の不法性がとくに強度であるといった事情が加味されてはじめて，そうした契約の無効が導かれる。判例は，食品衛生法で禁止されている有毒物質である硼砂が混入したあられを販売した事案で，単に食品衛生法に違反しただけでは

□ WINDOW 4-6 ◀◀

取締規定・効力規定違反の具体例

(1) **法律が厳重な基準で特別の資格のある者に限って営業を認めている場合**　たとえば，取引所取引員（大判大15・4・21民集5巻271頁）や，鉱物採掘事業（大判昭19・10・24民集23巻608頁），自動車運送業などの一定の営業が許されている場合，営業の名義を貸与する契約は無効である。

(2) **無免許営業**　①公益的・政策的な見地から，一定の取引を行うことを一定の資格者に制限する場合に，この禁止に違反してもその第三者との取引は原則として有効となる。ここでは，違反行為に罰則を課すだけでよいとされる。たとえば，無免許待合いの営業（大判大8・9・25民録25輯1715頁），無免許運送業者の運送契約（最判昭39・10・29民集18巻8号1823頁），食品衛生法の許可を受けていない者の販売用精肉の購入契約（最判昭35・3・18民集14巻4号483頁）では，無効とされなかった。②資格を有しない者が第三者と行った取引の効力は業法によって定まることになる（医師・弁護士・弁理士・公認会計士の場合）。たとえば，弁護士でない者に弁護活動（非弁活動）を委任する契約は弁護士法72条本文違反となり，無効である（最判昭38・6・13民集17巻5号744頁）。また無免許医師への医療委任契約も同様に無効とみるべきであろう。このような場合の契約を無効とするのは，資格制限をする取締規定の公共性が強いからである。

(3) **経済統制法規違反**　価格統制に違反する契約については統制価格を超える部分が無効となる（最判昭31・5・18民集10巻5号532頁）。一定の物の流通を禁止する物資統制法違反についてはその全体の無効が認められているが，これには強い批判がある。

(4) **取引の内容を規制する場合**　株式の信用取引を制限するような規定は，これに違反する取引であっても直ちに無効とはならない。その行為の抑止は，罰則で足りるからである。業法のうち，消費者保護を目的とする趣旨の規定に反している場合には，その他の事情をも考慮したうえで積極的に取引を無効とするべきではないかとの見解が有力に主張されている。

契約は無効にならないとしつつも，両当事者が違法であることを知りながら，一般の販売ルートに乗せて大衆に危険を及ぼした点で反社会性を認め，公序良俗違反で売買契約を無効とした（最判昭39・1・23民集18巻1号37頁）。

　近時は，消費者契約の領域の裁判例において，事業者の行政的取締法規に違反する個別行為に着目しつつ，公序良俗や不法行為の規定に基づいて，契約全体の効力を否定する傾向がみられる（第6章も参照）。これは，取締法規違反に間接的に民事効を付与する手法の1つとみることができ，また法秩序の統一性の維持という観点からも支持できるものであろう。

第4節　公序良俗

1──公序良俗の概念

　法律行為の内容が，個々の強行規定に違反していなかったとしても「公の秩序又は善良の風俗に反する」場合には，無効となる。民法90条はこのことを「公の秩序又は善良の風俗に反する法律行為は，無効とする」と明文で規定した。「公の秩序」とは国家社会の一般的利益秩序であり，「善良の風俗」とは社会一般の道徳観念である。両者をあわせて「**公序良俗**」という。

　裁判所がある法律行為（≒契約）を公序良俗違反であると認定すると，その法律行為の効力が奪われ，「無効」になる。国家（裁判所）はその法律行為の実現に助力しないのである。この意味で，公序良俗に違反していないかどうかの裁判所の判断（契約自由への介入を正当化する理由）が重要になり，それは先にみた法律行為（≒契約）の有効要件の1つとして検討される（**→図表4−3**）。

　ところで，90条の文言を見ただけでは，どのような行為が公序良俗に反することになるのか，つまり，どのような場合であれば（いかなる要件があれば）その法律行為が無効となるのかを一義的に引き出すことは難しい。こうした解釈の余地の大きい，いわば開かれた要件を持つ条項のことを一般条項ないし白地規定と呼んでいる。90条はこの代表例である。他にも，1条2項の信義則，同3項の権利濫用に関する規定がその例となる。

　公序良俗に反する行為として以前は人倫・性風俗に反する行為が典型的な例としてあげられていたが，近時は，とくに経済的な取引関係や労働関係に公序良俗規定を適用するものが多くみられる。そこでは，消費者保護や市場秩序（競争関係の維持）の問題が扱われている。学説では，90条を市場の環境整備のための「経済的公序」として利用することを提唱する見解や，私人間の紛争において個人の権利の憲法的な価値を実現するために公序良俗規定を媒介として積極的に利用する見解も主張されている。いずれの見解においても，そうした秩序や価値の実現に国家による支援が必要なことが認められている。

　以下では，公序良俗違反の事例群を，近時の学説の傾向に依拠して大きく社

会的公序違反型と経済的公序違反型の2つの類型に分けて説明する。前者は，伝統的な公序概念に関する事例群であり，社会的規範に違反していることを問題とする類型である。後者は，最近増えている事例群で，不公正な取引方法や競争秩序違反を問題とする類型である。

2──社会的公序違反型

① 犯罪にかかわる行為

　人を殺すことを約束する殺人契約は，刑法に違反する行為であり，無効である。また，犯罪行為や不正な行為を助長する行為は無効である。たとえば，公務員に住民の個人データを盗み出すことを依頼して成功したらお金を渡すという契約，入札価格を決める談合契約は無効となる。盗んできた物を処分してやるとの約束，裏口入学の約束も無効である。賭博に負けたら金を払うといった約束のみならず，賭博によって負担した債務の弁済に充てるための資金を貸すという契約も無効となる（大判昭13・3・30民集17巻578頁）。食品衛生法は行政的取締規定として理解されているが，これに違反する行為が私法上も無効とされることがある（→136頁）。

② 家族倫理・性道徳に反する行為（人倫に反する行為）

　(1)　**妻子ある男性がある独身の女性に対して妻との間の婚姻が将来解消したら結婚するという約束（婚姻予約）をし，それを維持するために扶養料を支払う契約**　　判例は，このような契約は，健全な倫理感情に反するから公序良俗に反するとした（大判大9・5・28民録26輯773頁）。

　(2)　**一夫一婦制ないし性道徳に反する行為**　　とくに配偶者ある男との間の妾（めかけ）契約がこの例であり，この契約は無効とされる。

　(3)　**金銭を得て不倫関係をやめるという契約**　　この種の契約も無効となる。ただし，不倫を清算するに際して手切れ金を相手に贈与するのは有効とされた（大判昭12・4・20新聞4133号12頁）。

　(4)　**いわゆる重婚的内縁関係にある相手方に対する贈与**　　判例は，重婚的内縁関係にあるとまではいえない相手方に対する遺贈について，それが不倫な関係の継続維持を目的とするものではなく，もっぱら生計を遺贈者に頼っていた愛人の生活を保全するためにされたもので，その内容が相続人らの生活の基

盤を脅かすものとはいえない場合には，公序良俗に反しない，としたものがある（最判昭61・11・20民集40巻7号1167頁）。

③ 個人の自由を著しく制限する行為

（1）**芸娼妓契約**　親が置屋から金銭を借りる消費貸借契約を締結し，その返済方法として娘を芸娼妓として働かせて，その収入から返済金を受け取るという契約（芸娼妓契約）の実質は，売春と結合した人身売買であって，個人の人格の尊厳または自由を害するものである。社会的にもこうした契約の効力を承認することはできない。

判例は，金銭の消費貸借と芸娼妓として働くという2つの契約は密接不可分であるとみて，この2つの契約をともに無効とした（最判昭30・10・7民集9巻11号1616頁。なお，立法例として，労働基準法58条〔未成年者の労働契約〕および17条〔前借金相殺の禁止〕を参照）。

（2）**共同絶交**　いわゆる村八分は個人の自由・名誉を侵害するものである。共同絶交の制裁処置を定める村落の壮年団の規約を無効とした判例がある（大判昭3・8・3刑集7巻533頁）。

④ 個人の尊厳・男女平等など憲法上の人権に反する場合

女子若年定年制を問題とする事例として男子従業員と女子従業員との間に定年の年齢差を設けることは公序良俗に反する。女子の定年を50歳とした就業規則は，90条に違反し無効とされた（最判昭56・3・24民集35巻2号300頁）。

3──経済的公序違反型

① 経済的公序とは

近時，公序良俗違反の一態様として注目を集めているのは，一方当事者の優越的な地位の濫用がみられたり，当事者のそれぞれが約束した内容がまったく釣り合わなかったりする場合（給付の著しい不均衡）である。これは，競争秩序を害したり，取引の公正さを害する取引であり，経済的公序違反類型とされるものである。裁判例では，この類型において，契約内容そのものの不当性とともに，契約締結過程の行為態様を考慮して公序良俗違反を肯定するものがみられる。そうした判例の動向を条文化するために，2017年改正前90条の文言から「事項を目的とする」という部分が削除され，民法90条では，契約の締結過程

を公序良俗違反判断に取り込むことへの文言上の障害が取り除かれた。以下では，いくつかの場面を取り上げる。

② 暴利行為

　暴利行為とは，相手方の窮迫，軽率，無経験などに乗じてはなはだしく不当な財産的給付を約束させることである（ドイツ民法138条2項参照）。その典型例となるのは，著しく高利あるいは過剰な価値の担保をとるなどの金銭消費貸借契約（最判昭27・11・20民集6巻10号1015頁）や，高額の違約金・損害賠償額の予定（大判昭19・3・14民集23巻147頁）である。

　暴利行為については，単に暴利であるという客観的要件だけでは足りず，相手方の無知や経験の欠如，心理的な窮状につけ込むという主観的な要件が必要とされている。暴利行為の典型事例の1つとして，いわゆる「原野商法」がある。ほとんど市場価値のない土地を買主の無知・無思慮に乗じて販売した契約は，公序良俗違反として無効となる（請求異議の訴えを認める前提としての裁判例であるが，名古屋地判昭63・7・22判時1303号103頁がある）。

　厳密な意味での暴利行為とはいえない場合もあるが，暴利行為的な要素を含む不公正な取引方法とみることができるものとして，たとえば，事業者が消費者に過大な量の契約を締結させた場合に取消しを認める規定（消費契約4条4項）がある。

　また，違約金や損害賠償の予定についても消費者法上の規制が設けられている（→第6章）。なお，暴利行為での救済は④で述べる消費者保護においても利用可能なものである。

③ ホステスの保証

　ホステスが客の掛売代金について保証債務を負うとの約束が公序良俗に反しないかが問題となった。下級審裁判例のほとんどで，この種の契約は経営者の優越的な地位を利用して，本来なら自己が負担すべき代金回収不能の危険を被用者たるホステスに転嫁するもので公序良俗違反とされてきた。もっとも，最高裁判決では，客とホステスとの間に密接な関係があった例外的なケースについて公序良俗に違反しないとしたもの（最判昭61・11・20判時1220号61頁）がある。

④ 不公正な取引方法

　事業者は，一般大衆に比して，圧倒的に豊富な情報，知識，宣伝手段を持ち，

これを最大限に活用して，不当な勧誘を行い，消費者を犠牲にすることがある。また，金融商品のリスクなどについて十分な説明をせずに消費者に契約させることもある。

契約の締結の仕方が過度に不適切であるときは，契約全体が公序良俗規範に照らして無効とされる場合がある。たとえば，商品知識のない主婦が締結した非公開市場における金地金（きんじがね）の先物取引に関する委託契約の事例がある（このような事例は，顧客としての適正を欠いた者との取引，いわゆる適合性原則に違反した行為としても理解することができる）。判例は，事業者の勧誘態様の違法性を重視し，著しく不公正な方法によるものであると認定し，公序良俗に反して無効となるとした（最判昭61・5・29判時1196号102頁）。こうした考え方や暴利行為のところで述べた救済法理は2018年・2022年改正の消費者契約法4条の困惑類型の拡張へとつながっている。これらは，公序良俗違反類型での判例法理の展開が具体的な立法に影響を与えることを示すものでもある（消費者保護の法理について詳しくは第6章を参照）。

5 高利契約

金銭消費貸借上の高利については利息制限法がある（利息1条）。これによれば，制限を超える利息の約定は超過部分について無効となるので，90条を適用する必要は事実上ない（→134頁）。もっとも，著しい暴利行為となれば，90条を適用して利息の約定全部を無効にできる（なお，貸金業法42条1項によれば，貸金業を営む者が年109.5％を超える割合による利息の金銭消費貸借契約をしたときは，当該契約すべてが無効になる。その無効の意味の理解として，貸し付けた金額〔元本〕についても不法原因給付になるものとして返還を不要とする裁判例がある）。

金銭消費貸借契約における損害賠償の予定について，その限度を定める例として利息制限法4条がある。

6 取引約款・特約（不公正な契約条項）

運送契約，クレジットカード契約，銀行取引などの定型的な取引において業者があらかじめ用意している約款（いわゆる定型約款も含む）について，それが相手方の利益を不当に害する場合には公序良俗違反の問題となる可能性がある。もっとも，2017年改正で新たに定型約款の規定が置かれた（548条の2以下）。同条2項は「相手方の権利を制限し，又は相手方の義務を加重する条項

□ WINDOW 4-7

約款規制と消費者契約法

　(1)　約　款　　私たちの社会では，資本主義経済の発展のなかで大量生産，大量取引といった現象が当然のこととなっている。このような取引では，事業者・販売業者としては顧客ごとに個別の交渉をして契約内容を決めるのは煩雑きわまりなく，またコストがかかりすぎることになる。また，相手方・消費者側にとっても平等な処理をしてもらうためには画一的な契約内容によることが望ましいこともある。このために，契約当事者の一方である事業者があらかじめ契約内容を細部にわたって定め，相手方はこれを承認するとの形式での契約が作り出された。こうした契約は保険契約，運送契約，銀行取引，クレジット取引などに典型的にみられる。これを約款による契約という。

　(2)　約款のメリット・デメリット：交渉コスト　　約款による取引には両当事者にとって契約にかかるコストを低減するというメリットがある。しかし，約款を定め，提示するのは取引について経験と専門的知識を有する事業者であることから，この事業者に一方的に有利な契約条件が定められていることが多い。たとえば，商品にどのような欠陥があっても一切責任を負わないとか，事故が起こっても責任を一切負わないとするような免責条項が典型例である。あるいは，約款で「解約は一切認めません」とか，「キャンセルした場合には，受領した代金は一切返還しません」とかいった顧客に過酷な条項もみられる。こうした約款による契約の相手方となるのは消費者である（もちろん，事業者が被害に遭うこともある）。約款を作成するのは事業者であり，その条項は消費者にとって不利なものが多い。消費者は，多くの場合は，それが不利であることさえ気づかない。仮に約款の内容が自己に不利であることに気づいたとしても，それを公正なものに変更するために費やさなければならない交渉コストを計算すれば，その努力はまったく割に合わないと考えるであろう。事業者はそれを知っていて，消費者の弱みにつけ込もうとする。事業者の契約形成の自由が消費者の犠牲において貫徹するという事態が生じる。しかし，このような契約自由の濫用は，当事者の対等な取引関係（市場メカニズム）を破壊する。

　(3)　約款規制の広がり　　そこで，ヨーロッパ各国でも，EU指令の国内法化によって不当条項規制の立法化が進み，民法典や消費者法典などに規定されてきている。わが国でも，改正民法で，私人間での定型約款取引を対象とした（したがって事業者間にも妥当する）定型約款（548条の2ないし548条の4）の規制が導入された（→142頁）。なお，消費者契約の不当条項規制については，→203頁を参照。

であって，その定型取引の態様及びその実情並びに取引上の社会通念に照らして第1条第2項に規定する基本原則に反して相手方の利益を一方的に害すると認められるものについては，合意をしなかったものとみなす」と規定している（→WINDOW 4-7を参照。なお，消費者契約の不当条項規制については，→第6章第3

節）。

⑦ 営業自由の制限

　従業員・使用者が仕事に従事していたときに得た知識や経験を利用して退職後に同種の営業をしないとの競業禁止特約（競業避止義務）違反が問題となることがある。この義務を課すことは，個人の経済活動の自由を過度に制限する可能性があり，その制限の程度によっては公序良俗違反となるおそれがある（司法試験予備校講師の独立が問題となった東京地決平 7・10・16判時1556号83頁がある）。

4 ── 動機の不法

① 動機の不法

　契約内容ではなく，その動機にのみ，公序良俗に反する違法性がある場合に，この違法性は契約の効力に影響を及ぼすのかという問題が，いわゆる**動機の不法**として議論されている。たとえば，賭博の賭金とするために金を借りるという行為についていえば，金を借りる行為自体には問題がないが，賭博をするためという目的＝動機に不法性があり，それが金銭消費貸借という法律行為に及ぶことになるから，全体として公序良俗に違反することになる（賭博の債務の弁済や賭博の目的のための金銭消費貸借に関して，大判昭13・3・30民集17巻578頁，最判昭61・9・4判時1215号47頁がある）。しかも，借主だけでなく，貸主がこの目的を知っていれば，当事者双方に不法な動機があるのであるから，これを無効としても問題はない。こうした金銭消費貸借を有効と認めてしまうと，賭博による資金の提供によって違法な賭博行為を行うことを認めるのと同じになるからである。

② 動機の不法となる場合の基準

　ところが，一方当事者にのみ違法な動機があるときは，相手方の取引への信頼の保護が問題となる。たとえば，Aが大型のサバイバルナイフを殺人の道具としてアウトドア用品の専門店で店主Bから購入したとしよう。たしかにこの売買契約は，違法な動機＝目的によって導かれてはいるが，いつでも無効としてもよいのであろうか。BがAの「殺人のため」というナイフ購入の目的を知らなかった場合，あるいは知ることができなかったような場合に，これが無効とされ，取引がくつがえされることになればBにとっては酷な結果となろう。

こうした取引の有効性への相手方の信頼をどのように保護するのかが問題となる。学説は，このような場合は，動機の違法性の程度と相手方の認識の程度との相関関係において公序良俗違反の有無を判断すべきであるとする。

5 ── 公序良俗違反の判定時期

公序良俗違反の法律行為は社会的な変化の影響を受ける。法律行為後に，公序が変わり，社会的に許されないとされることもある。判例は，法律行為がされた時点での公序を基準とする（最判平15・4・18民集57巻4号366頁）。しかし，法律行為時には有効であっても履行をすることが法令違反になる場合には，これを認めると国家が公序良俗に違反する結果の実現に助力することになる。裁判所としては，こうした請求を認めることはできない（前掲最判15・4・18は，保証契約の履行を証券取引法違反で退けている事案である）。したがって，法律行為の内容がその履行の時点でも公序良俗違反でないことが必要となる。

6 ── 公序良俗違反の効果

民法90条は，公序良俗違反の効果は無効であると定める。一般に，公序良俗違反による無効は，誰からでも誰に対しても主張できる対世的・絶対的な無効であると観念されてきたが，それだけでは現在の90条の無効の意味を説明することはできない。無効の意味については一部無効や相対的無効の議論に留意してほしい（詳しくは，→255頁以下を参照）。

第5章

意思表示

●本章で学ぶこと

　意思表示は，法律行為に不可欠の要素で，人間の意思を法的世界に反映する基点となる。本章では，まず意思表示とは何かについて説明し，次に，意思表示の規定についてそれがどのような問題を扱うのかを個別的にみることにする。意思表示の効力は，契約の効力に直結しており，民法総則で必ず理解しておかなければならない重要な事柄である。

　意思表示に関する規定は，表意者の自己決定の保障の要請と相手方の信頼保護の要請とを調整するものであることを学んでほしい。とりわけ，錯誤，詐欺・強迫の規定は，契約の効力を否定する原因として機能している。これらの民法上の規定は，個人の自己決定を保障するツールとしての意味があり，その延長線上に，消費者契約法や特定商取引法上の消費者取消権を位置づけることができる（第6章で扱う）。興味深いのは，虚偽表示の規定に関する判例法の展開である。本来の領域よりも，むしろその第三者保護規定（94条2項）が類推適用される場面で重要な意味があり，物権法上の信頼保護制度として機能していることである。

第1節　意思表示とは何か

1 意思表示の構造

　意思表示は、「ある私法上の効果を発生させたいという意思の表示」と定義される。この意味は、それをする人（表意者とか、表示者という）が内心で考えたことを誰かに表明することをいう。「私法上の効果」という限定がされているのは、たとえば、友人を食事に招待するといった申入れを法の世界から除くためである（→WINDOW 5-1）。

　こうした意思表示の意味を捉えるために、日常生活にみられる例を取り上げて説明しよう。①Ａが今度「結婚する」ので夫婦生活を営むための新居を捜していた。ある新聞で広告されていた新築の賃貸マンションの部屋に強い興味を持ち、不動産会社に行き、当該物件を見せてもらったところ、これを気に入り、②「借りようと決意した」。そして、③「これを借りたい」と表示しようと考え、会社の担当者に④「借りたい」と言ったとする。こういった人間の社会的行動の心理的なプロセスは、民法学では**図表 5-1**に示した構造において理解されている（意思表示の構造）。これについて説明しておこう。①②③は内面の領域にあり、④は外面の領域にある。このなかで、まず①の「結婚する」というのは新居となる物件を必要とする理由であるが、この理由のことを動機（基礎事情）という。伝統的な理解に従い、この動機は意思表示の本体からは一応除いておく。次に、②のこの部屋を借りようと思うのは、賃貸借という法律効果を発生させようとする意思であり、**効果意思**という。③の借りようという意思を相手方に伝達しようと思うことは、効果意思を表明しようとする意思として、**表示意思**ないし表示意識という。④「借りるという意思」を表現する行為は、効果意思の外部的表明であり、**表示行為**と呼ばれる。学説では、③の表示意思に独立の意義を認めていないものが多い。

　ここでは②と④が重要になる。もちろん、①の**動機（効果意思の形成過程）の段階**も意思表示の法的効力に影響を与えることがある。相手方がだましたり、脅かしたり、誤った宣伝をしていたことが原因で表意者が意思表示をしていたときには、民法上の詐欺や強迫、基礎事情の錯誤の問題として、あるいは消費

図表 5-1　意思表示の構造

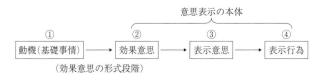

者法上の取消権の問題にもなる（→**図表 5-4**，197頁以下および**WINDOW 6-3**）。

　ところで，意思表示という法律用語は，②の効果「意思」と④の「表示」行為のそれぞれ一部ずつをとって「意思表示」として構成されたものと理解されている。意思と表示が結合されて作られた概念である。この場合，「意思」とは，表意者が自分の内心で思っていた効果意思（内心の効果意思）のことである。これに対して，「表示」とは，表示行為から，「こういう意図であっただろう」と推測・推断されることになる効果意思（表示上の効果意思）のことである。

　そして，この意思と表示がくい違うところ，つまり，「意思」と「表示」の不一致がある場面において，意思か表示か，いずれを重視して問題を解決すべきなのかが問われることになる。「意思」を重視する考え方を**意思主義**といい，「表示」を重視する考え方を**表示主義**といい，これについては古くから激しい論争が繰り広げられてきた。この対立の意味については次にみることにする。

2　意思主義と表示主義

（1）　**私的自治の原則との関係**　　すでに，民法の原理・原則のところ（→24頁）で説明したように，民法は，私的自治の原則（私人が自己の法律関係を自らの意思に従って自由に形成すること）を認めている。この私的自治を実現する手段が法律行為である。そして，この法律行為を構成する要素が意思表示であり，だからこそ意思表示の存在が，私的自治による法的効果を発生させる核心部分として必要とされることになる。さらに，意思表示で意欲された法律効果は，それが意欲されたがゆえに法秩序によって承認される。

　意思主義と表示主義との対立は，歴史的な展開を持つものであり，その整理は難しいが，意思表示に関する規定が上述のような構造を有していることを前提として，まずは，法律行為（意思表示・契約）の成立の場面において，その違いを素描してみよう（→124頁）。

□ WINDOW 5-1 ◀◀

彼女との約束を破ったら，訴えられる？——道義上・社交上の約束

　本文で述べたように，彼女を誕生日に豪華なディナーに招待すると約束したのに，それをすっかり忘れていたとしよう。この招待を契約とみることは無理があるし，そうすべきでない。また，裁判所も，このような紛争に介入しようとはしないであろう。このような問題は，法的なレベルではなく，社会的な制裁で対応すればよいものと考えられているからである。彼氏への制裁は，たとえば，その後彼女から電話できつく文句を言われたり，場合によってはそれ以上つきあってもらえなかったりすることで，事足りるのである。しかし，たとえば，Aがその隣人Bに翌朝最寄りの駅まで送ると約束したが，Aが寝過ごして約束を守れず，Bは結果としてバスではなくタクシーを利用して駅に向かったが，予定の電車に乗り遅れ，重要な商談に間に合わず多大の損害を被ったとしよう。通常は，このような約束は道義上・社交上の約束にとどまり，法律効果を発生させるものではないであろう（法律効果を発生させる効果意思がないとみて，意思表示にはあたらない）。したがって，契約とはいえず，Aの債務不履行責任も追及できない。またAは，商談の不成立による損害の賠償の責任も負わない。だが，京都から東京にAの自家用車で一緒に旅行するという約束で，Bがそのガソリン代を負担することになっていた場合はどうであろうか。この場合は，裁判所の介入を求めることはできるのであろうか。こうなると，その境界はたしかに微妙である。

　(a)　**意思主義**　　意思主義は，とくに，法律効果の発生の範囲を確定するための決め手となる効果意思の存在を重視している。これによれば，当事者の意思，とくに効果意思の存在が強調されることになる。前述した私的自治の原則を意思の側面において強調すると，この立場を正当化しやすい。

　(b)　**表示主義**　　これに対して，表示主義は，意思表示・法律行為・契約の成立の場面において表示を強調する立場をいう。近代私法は取引法であって，表示は意思伝達の手段として重要であり，しかも当事者は相手方の表示に社会的期待を寄せるのが通例である。この期待を保護するのが法の役割であり，それは取引安全に奉仕する。したがって，効果意思は，表意者の内心的効果意思ではなく，表示から推断される意思で理解すべきというのである。

　(c)　**両者の調整問題**　　このような形での対立を過度に強調するのは正しくないが，意味がないわけではない。意思表示は，表意者の自己（意思）実現の手段であるとともに，相手方に対し表意者の意思を伝達する手段としての機能を有している。この二重の機能を担う以上，いずれにせよ，両機能が矛盾する場合をどう調整するかという問題が現れるからである。ここにおいて意思を重

図表5-2　意思表示規定と意思主義・表示主義との関係

心裡留保（93条1項本文）――――――――――――表示主義
　例外（93条1項ただし書）：相手方の悪意・有過失 ―――意思主義
　善意の第三者との関係（93条2項）――――――――表示主義
虚偽表示（94条）―――――――――――――――意思主義
　善意の第三者との関係（94条2項）――――――――表示主義

錯　　誤（95条）―――――――――――――――意思主義
　例外（95条3項柱書）：表意者に重過失 ――――――┐
　善意・無過失の第三者との関係（95条4項）―――――┴表示主義
詐欺・強迫（96条）――――――――――――――意思主義
　善意・無過失の第三者との関係（96条3項）―――┬詐欺－表示主義
　　　　　　　　　　　　　　　　　　　　　　└強迫－意思主義

視するか，それとも表示を重視するのかという単純な対立図式ではなく，その調整の問題として捉えるべきことになる。こうした意思主義と表示主義という対立図式は，民法学上は次の3つの局面で問題とされている。

　(2)　**意思表示の成立**　　表意者の内心の効果意思と相手方が表示行為から推断した効果意思とが相違している場合，その意思表示は有効に成立するのかという問題である。意思主義では不成立となり，表示主義では表意者の意思に基づく表示行為があれば成立となる。もっとも，意思主義でも不成立とはせずに，その意思表示の内容と効力の問題として捉えるのが一般的である（→124頁）。

　(3)　**意思表示の内容**　　意思表示は，表意者の内心の効果意思どおりの内容で効力を有するのか，それとも表示行為から推断される意思内容で効力を生じるのかである。この問題は，意思表示（法律行為）の解釈として扱われるが，効果意思か表示行為か，そのいずれに重点を置くのかという問題として争われる。意思主義は前者の立場を，表示主義は後者の立場を重視する。

　(4)　**意思表示の効力**　　表意者の効果意思と表示が一致しない場合，あるいは効果意思の形成過程に瑕疵があるような場合において，意思表示の効果を否定できるかどうかが問題となる（→152頁）。意思主義の立場では無効とし，表示主義の立場では有効となる。日本民法は折衷的な立場にある。この問題について民法は93条以下で扱っている。これらの意思表示規定の基本的立場について意思主義と表示主義に関連させて図式的に整理しておこう（→**図表5-2**）。

第2節　心裡留保

① 意　義

　心裡留保は，表意者が表示行為に対応する真意・内心的効果意思がないこと
を知りながらする意思表示である。意思と表示の不一致があることを表意者が
認識している場合である。その典型例は「たわむれ」や冗談である。たとえば，
酒の席で，相手が自分の100万円の高価なブランドの時計を褒めてくれたので，
冗談のつもりで，「そんなに気に入ったのなら10万円で売ってあげよう」と
言ってしまった場合である。こうした冗談や戯れ言を，場合によっては相手方
が信頼することもある。また，表意者も自覚して本心とは違う意思表示をして
いる点で，この表示から生じる不利益を被っても仕方がない。

　こうした表意者の帰責性と相手方の表示の信頼保護の要請に基づいて，民法
は，心裡留保による意思表示の効力について原則として表示主義を採用し，心
裡留保があったとしても意思表示の効力は妨げられない（93条1項本文）とす
る。しかし，例外的に，93条1項ただし書は，「相手方がその意思表示が表意
者の真意ではないことを知り，又は知ることができたとき」は，意思表示は無
効となると定め，意思主義的な帰結を採用している。表意者の効果意思の不存
在について相手方が知っている場合には，表示行為についての信頼がなく，こ
れを保護する必要はないからである。

　なお，93条1項ただし書の適用については，その効果（意思表示の無効）を主
張する者（表意者）に証明責任がある。

② 適用上の問題

　民法93条1項は，単独行為・契約ともに適用される。相手方のない単独行為
にはただし書の適用はない。婚姻のような身分行為には真意が必要とされるの
で本条の適用はない。募集設立のように多数者の権利・義務にかかわる行為
（会社59条3項〔募集設立〕・203条2項〔募集株式の発行等〕）や，手形の振出しのよう
な手形行為（手形1条・2条1項本文〔為替手形〕，75条・76条1項本文〔約束手形〕）に
は厳格な方式が要求される。これらの行為は，心裡留保があっても，つねに有
効である。代理人がその権限を濫用して代理行為をした場合に，93条1項ただ

し書（2017年改正前93条ただし書）を類推適用するケースについては代理で扱う（→WINDOW 7-2）。

③ 心裡留保と第三者

93条２項は，心裡留保による無効（93条１項ただし書の規定による意思表示の無効）は善意の第三者に対抗することができないと定める。第三者に無過失であることを求めていないのは，心裡留保における本人の帰責性を考慮しているからである。

第3節　虚偽表示

① 虚偽表示とは何か

虚偽表示は，表意者が相手方と通じて行う真実でない意思表示である（94条）。虚偽表示は，通謀虚偽表示・虚偽行為ともいわれる。表意者が真意でないことを知っている点では心裡留保と同じ構造を持つが，意思表示の相手方の了解（これを通謀という）がある点で異なる。意思と表示の不一致を表意者が認識している場合である。

【設例】 たとえば，Aの負債が増えて債権者や税務署の彼の財産への差押えが迫っていたとする。Aはこれを免れ，自分の財産を隠す目的で友人Bに頼んで，実際は売買するつもりはないのに，A所有の不動産および動産の譲渡について，虚偽の契約書を作り財産をBに売ったことにして登記名義をBに移したり，動産をB宅に持ち込んだりする場合を想定してみよう。この設例は，虚偽表示が問題となる典型的な場面としてよく使われる（以下での説明は，この設例を用いることにする）。

② 虚偽表示の要件

（1）　**意思表示の外形・外観**　虚偽表示（真意でない意思表示）においては，意思表示の外形・外観の存在が要件となる。したがって，意思表示（売買契約）の外観（虚偽の売買契約書の作成など）の存在が必要であるが，この要件は厳格に要求されておらず，一般的には，登記名義の移転のような，一定の意思表示が存在したかのような外形が存在すれば足りるとされている。たとえば，物の引

渡しが成立要件となる要物契約の場合でも，金銭や目的物の引渡しは虚偽表示の成立にとって必要ではない。

(2) **外観に対応する効果意思の不存在**　真実には，ある不動産を贈与するつもりであったが，税金対策上，売買を仮装してこれを譲渡した場合，売買はともかく，この贈与行為も虚偽表示となるか。贈与行為は，当事者が真に意図したものであり，いわば売買という形式に「隠された行為」とみることができる。これを隠匿行為という。この行為には贈与の効果意思が認められるので，当事者間では贈与契約として有効として扱い，所有権の移転も認められている。もっとも，売買としての効果は生じないから，仮装売主は，たとえば代金の支払いを求めることができないが，第三者がこの代金債権が存在すると信じて譲り受けた場合は，この第三者に対する関係では，94条2項の適用がある。

(3) **当事者の通謀**　両当事者が法律行為の効果が発生しないということについて合意していること（これを通謀という）が要件となる。この点で，同じく真意を有しない心裡留保と区別されることになる。なぜなら，心裡留保では，虚偽の意思表示があっても相手方との通謀がないからである。

③ 虚偽表示の撤回

当事者間で虚偽表示を撤回することは妨げられないが，撤回するには，相手方とその旨の合意をするだけでは足りず，外形まで取り除くことが必要である。通謀の相手方との関係では虚偽表示はもともと無効であるが，第三者との関係ではそうではないからである。たとえば，通謀虚偽表示で登記を相手方に移転した者が，その外形を取り除く前に，第三者がそれを信頼した場合は，94条が適用されることになる。たとえそれが無効な登記であるとしても，94条2項の類推適用により第三者は保護される。

④ 虚偽表示の効果

(1) **当事者間の関係**　上記の設例では，A・B間では，両者の意思表示は形式的には合致しており，（偽装されたものであるが）売買契約の一応の成立は認められる。しかし，当事者間では，当該の意思表示についての法的効果が意欲されていないので，その効力は発生しない（意思がないから無効。94条1項）。

上記の例ではAはBに不動産や動産の所有権を移転する意思を有しておらず，Bもそれを了解していたという事情があるから，Bに不動産の登記名義を

図表5-3 虚偽表示の法律関係（相手方, 第三者, 転得者）

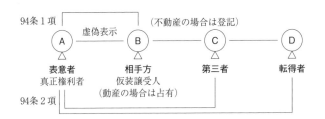

移転し, 動産が引き渡されていたとしても, Aはそれらを取り戻すことができる。

　虚偽表示に基づいて登記をした場合は, 表意者Aは意思表示の無効を主張して自己名義の登記を回復することができる。もっとも, ある不動産について善意の第三者が抵当権（制限物権）を取得してその登記を得た場合は, その不動産の回復としては移転登記のみが可能であると解すべきである。

　(2)　**第三者との関係**　　94条2項は「意思表示の無効は, 善意の第三者に対して対抗することはできない」と規定する。虚偽表示の当事者は, 虚偽表示の無効を善意の第三者に主張することができない（→図表5-3）。したがって, たとえば, 上記の設例でBがAに無断で善意の第三者Cに不動産を売却した場合であっても, AはCに対してそれを返還せよとは請求できないのである。また, 売買の目的物が一般的な動産の場合は, 物権法で学ぶ192条の即時取得の制度（→新プリメール民法2第3章）を適用して, 第三者を保護することもできる。この場合, 第三者が善意無過失で占有を取得している場合には, 192条で保護されるので, 94条2項を持ち出すまでもない（もっとも, 第三者が善意・有過失である場合には, 94条2項を適用するメリットがある）。しかし, 不動産取引に関しては, このような特別の保護がないことから, 94条2項の（類推）適用の問題が生じるのである（→159頁）。

⑤ 94条2項：「善意の第三者」

　(1)　**制度趣旨**　　本条の制度趣旨として, 1つには第三者の信頼保護があり, もう1つには表意者の帰責性の考慮がある。たしかに真意でない意思表示またはその外形を信頼して取引関係に入った者を保護する必要がある（善意者保護の要請）。だが, 第三者の信頼のみがその保護の根拠となるわけではない。

□ WINDOW 5-2

転得者の保護

仮装権利者Bとの間で，法律上の利害関係に入った直接の第三者Cが，悪意である場合には保護されない。この場合であっても，Cとの間で法律上の利害関係に入った転得者D（→**図表5-3**）は，自ら94条2項の要件［善意］を充足すれば保護される（最判昭45・7・24民集24巻7号1116頁）。このパターンではなく，第三者Cは善意であるが，Cからの転得者Dが悪意の場合については見解が分かれている。

(1) **絶対的構成説**（通説・判例）　絶対的構成説によれば，転得者は前主の地位を承継することから，悪意でも保護される。いったん民法94条2項の善意の第三者が出現すれば，その時点で虚偽の権利譲渡行為をした真の権利者は，確定的に権利を喪失する一方，第三者からの転得者は悪意であってもその権利を取得することになる。

(2) **相対的構成説**　相対的構成説は，善意者のみを保護すれば足りるとして，真正権利者からの悪意の転得者に対する返還請求を肯定する。これによれば，いったん善意の第三者が出現しても，その第三者からの転得者が悪意であれば，真の権利者は，転得者に対しては，なお虚偽表示の無効を主張して権利の回復を図ることができる。

(3) **検　討**　権利関係を不安定にしないという観点からは，通説の絶対的構成が妥当であろう。もっとも，Dが悪意の場合には，権利濫用の法理で対抗することは可能である。

第三者が信頼した意思表示またはその外形（信頼要件事実）は，表意者が自らの意思で作り出したものである必要がある（本人の帰責性）。だから，表意者は不利益を被ることになっても仕方がないとされる。

　表意者自らが第三者の信頼を誘発したことに着眼した94条2項の規定は，とくに，不動産取引について，判例・学説により同項の類推適用という形でその適用範囲が拡張されており，取引の安全・信頼性の確保のため重要な意義を有している（94条2項の類推適用の問題として後述する）。また，94条2項は，110条や192条とともに表見法理（信頼保護法理）の表れとみられている。

　(2) **94条2項の「第三者」の意味**　**94条2項の第三者**とは，虚偽表示の当事者およびその包括承継人（前主の法律上の地位〔権利義務その他〕を一括して承継する者のことで，たとえば相続人などのことをいう）以外の者であって，「その表示の目的につき法律上の利害関係を有するに至った者」をいう（最判昭42・6・29判時491号52頁）。つまり，虚偽表示に基づいて作出された仮装の法律関係を有効なものと信じて，新たに独立の法律関係に入り，そのために無効を主張する者と対立して，相いれない法律上の利害関係を取得するに至った者であると定義

されている。

　たとえば，上記の設例（→153頁および**図表 5 - 3** ）でBがCに不動産を譲渡したとき，またはCがBから抵当権の設定を受けたとき，このCは仮装譲受人からの物権取得者（抵当権者）となり，本条の第三者の典型的な例となる。もっとも，虚偽表示の当事者の一方と別個独立の法律関係に入ったとはいえないと評価された者は第三者とはならない（具体例については，→WINDOW 5-3を参照）。

　(3)　**第三者の「善意」**　　第三者は善意であることが明文上要求されている。「**善意**」とは，第三者たる地位を取得した（利害関係を有するに至った）時点で，虚偽表示であることを知らなかったことをいう（最判昭55・9・11民集34巻5号683頁）。上記の設例でCが善意の第三者となるには，購入時に，A・B間の売買が虚偽表示であるとは知らなかったことが必要となる。したがって，その後にCが事情を知ったとしても善意の第三者であることを妨げない。

　第三者保護の要件について，判例は，条文の文言どおりに「善意」のみで足りるとする（大判昭12・8・10新聞4181号 9 頁）。表意者が自ら虚偽の外観を作り出したという帰責性を重視し，第三者の善意については過失を問うことは必要でないとの立場である。これに対して，第三者の信頼を保護するとの観点から，第三者を保護するには善意だけでなく取引上の注意義務に反していないこと，つまり無過失であることを必要とする学説もある。

　(4)　**証明責任**　　善意の証明責任は，契約の有効性を主張する第三者の側にあるとするのが通説・判例である（最判昭41・12・22民集20巻10号2168頁）。学説では，無効主張者に証明責任ありとする見解も有力である。知って外観を作出した者は，それに拘束されるのが原則であるという根拠による。第三者は，虚偽表示による外観の存在を主張・立証すれば足り，善意の証明責任は無効を主張する真の権利者が負担するというべきであろう。もっとも，不動産登記簿の登記を信頼した場合，登記の「権利推定」（登記があれば，その登記名義人が所有者として推定されることになる）の効果から，第三者の善意（無過失）が推定されることになる。

　(5)　**「対抗することができない」の意味**　　「対抗することができない」とは，善意の第三者からは有効・無効のいずれも主張することができるが，善意の第三者に対して無効を主張することは虚偽表示の当事者のみならず，他の第三者

□ WINDOW 5-3

誰が94条2項の第三者となるか——具体例

(1) 第三者にあたる者

①目的物の譲受人（最判昭28・10・1民集7巻10号1019頁）

②仮装登記名義回復訴訟で勝訴判決確定後に敗訴被告名義の不動産を競落した第三者（最判昭48・6・21民集27巻6号712頁）

③目的物につき賃貸借契約を締結した者

④仮装譲渡された目的物を差し押さえた一般債権者（最判昭48・6・28民集27巻6号724頁）

⑤Cの預金口座にBが振込みをしたとのA銀行からの仮装の通知を受け取ったC（大判昭9・5・25民集13巻829頁）

(2) 第三者とならない者

①仮装名義人に金銭を貸し付けた者（大判大9・7・23民録26輯1171頁）

②賃借地上の建物が仮装譲渡された場合の土地賃貸人（最判昭38・11・28民集17巻11号1446頁）

③仮装譲渡された債権の債務者

④債権の仮装譲受人から債権取立てのために譲り受けた者

⑤債権の仮装譲渡における仮装譲受人の債権者

⑥抵当権が仮装放棄されたときの既存の劣後制限物権者

⑦土地の仮装譲受人がその上に建設した建物の賃借人（最判昭57・6・8判時1049号36頁）

＊ただし、(2)⑦については有力な批判がある。

も許されないことを意味する。さらに、善意の第三者が、真の権利者に対抗するために登記その他の対抗要件を備えることが必要なのかが問題となる。判例・通説は、民法94条2項の類推適用の事案で、登記の具備を不要としている。

6 適用範囲

契約や相手方のある単独行為については94条の適用があることに異論はない。これに対して、相手方のいない単独行為については適用がないとするのが通説である（この場合、93条1項本文で有効となる）。もっとも、当該法律行為により直接かつ当然に受益をする者が存在する場合には適用を肯定する見解もある。判例（最判昭42・6・22民集21巻6号1479頁）は、不動産の共有持分の仮装放棄を相手方のいない単独行為であると解しつつ、94条の類推適用を認めた。

94条は婚姻・離婚などの純粋の身分行為については適用がないとされている。しかし、相続放棄、遺産分割協議は、財産的行為の色彩を帯びているので、この限りで、第三者を保護すべきである。多数者がかかわる行為および手形行

為にも適用される。動産の場合には，占有に公信力を認める192条の即時取得の制度がある。

　不動産の場合は，登記簿上の名義人が真の権利者でなければ，相手方は，この登記を信頼していたとしても保護されない（登記に公信力が認められていない）。そこで，判例は，一定の場合に，94条2項の基礎にある表現法理を用いて不実の登記を信頼した相手方を保護している（94条2項の類推適用。→7を参照）。

7 民法94条2項の類推適用：権利外観法理・信頼保護制度

　(1) **意　義**　　売主Aから不動産甲を買い受けたB（真の権利者）が，実際には所有権をCに移転する意思がないのに，Aから直接Cへの移転登記を行い，C（仮装権利者）はそれをD（第三者）に売却したという事案において，判例（最判昭29・8・20民集8巻8号1505頁）は，94条2項を類推適用し，Cから権利を譲り受けた第三者Dを保護した。

　この事案を実質的にみると，仮装譲渡により，B（真の権利者）からCへと甲の登記が移転し，第三者DがC（仮装名義人）の登記を信頼した場合と同じようなケースである。しかし，登記簿上は，AからCへの外形（移転登記）しかなく，それに対応したAとCとの「通謀」も欠けている。本事案では，登記移転の外形に対応するA・C間の「通謀」要件が欠けており，94条1項を適用できず，それを前提とする同2項も適用できないことから，判例は，「類推」適用という手法によってDを保護したのである。

　その後，判例は，不動産取引における第三者保護を図るために，表見法理の基礎を94条2項に求め，その類推適用の場面を拡大した。それにより，不実の外観が真の権利者の「意思的」関与に基づいて作出された場合には，外観を信頼した第三者は保護されるとの一般原則が確立された（拡大傾向については，→WINDOW 5-4）。

　94条2項の類推適用の場面は，有力な見解によれば，真の権利者の関与の程度，つまり帰責性の程度に応じて，次の3つの類型に分けられており，それに対応して第三者の保護要件についても違いがある。

　(2) **意思外形対応型**　　第1類型と第2類型は，いわゆる**意思外形対応型**と呼ばれる。意思外形対応型とは，真の権利者の意思に基づき作出された不実の外観をそのまま第三者が信頼した場合である。とくに，真の権利者の帰責要件

□ WINDOW 5-4 ◂◂

表見法理としての94条2項類推適用要件

本文でみてきたように，不動産取引に関する領域での94条2項の類推適用は，動産の即時取得の制度と機能的に類似する信頼保護の制度として確立したといえるが，それは単純に権利の外観を保護するものではないことに注意することが必要である。即時取得制度（192条）は，動産の占有に公信力を認め，無権利者の占有を信頼したら，その者は権利を取得することを認める（もちろん，盗品または遺失物の回復請求など例外はある。193条・194条参照）。これに対して，94条2項の類推適用の法理は，登記を信頼しただけでその者が保護されるとする公信の原則と同じではない。94条2項が類推適用されるといっても，次のような制約が存在している。

(1) **意思的関与（帰責性）**　類推適用においては，「通謀」という要件は必要とされないが，虚偽の外観の作出について，真の権利者に何らかの意思的関与が必要となる。この点で，真の権利者の帰責性が存在することを要求しない公信の原則とは異なる。判例では，明示ないしは黙示の承認が必要とされている。この要件の基礎には，自分で外観を作った者が外観どおりの責任を負うべきであるとの考え方（自己責任）がある。

(2) **無過失判断**　表見法理においては，外観を信頼したことについて過失ある者を保護する必要はない。過失ある信頼は正当な信頼ではなく，法秩序の保護を受けるに値しないからである。こうした観点から，学説の多くは，真の権利者の外形の存在についての帰責性と衡量するための要件として，第三者の無過失を要求している。なお，判例は，94条2項の類推適用が問題となる事例のうち，重畳的に110条を類推適用する場合にのみ第三者の無過失を要求している（最判平18・2・23民集60巻2号546頁）。

として，真の権利者が不実の外形の作出について承認していたという事情が必要となる。

(a) **外形自己作出型**（第1類型）　意思外形対応型の典型は**第1類型**であり，これは，真の権利者がみずから積極的に不実の外形作出に関与して，あるいは事前に承認していた場合である。建物を新築したAがB名義で保存登記をしたところ，BがこれをCに勝手に処分し，CはBが権利者だと思って譲り受けたという事案において，94条2項が類推適用された（最判昭41・3・18民集20巻3号451頁）。

(b) **外形他人作出型**（第2類型）　**第2類型**は，当初は真の権利者の知らない間に不実の外形が作出されたが，事後的にこれを「明示又は黙示に承認」した場合である。

これに該当する事案は次のとおりである。Aは，訴外Zより，土地を買い受

けて登記をした。その前から，AはBの妾であって不動産購入にあたっては費用の援助を受けていた。Bは，Aの権利証・実印を無断で利用して，AからBへの売買を原因とする不実の登記を経由した。これに気づいたAは，登記を回復させようとしたが，その費用の捻出ができず，将来登記を回復することとし，その場は見送った。4年が経過して，その間，Aは銀行から借金する際，B名義のまま抵当権を設定した。その後CはBから本件不動産の譲渡を受けた。判例は，本事案に民法94条2項を類推適用し，Cを保護した（最判昭45・9・22民集24巻10号1424頁）。

　判例は，上記(a)と(b)の意思外形対応型のいずれにおいても本条の第三者の保護要件としては「善意」で足りるとしている。

　(3)　**意思外形非対応型**（第3類型）　　**第3類型**となるのは，真の権利者の意思に基づく外形が作出された後に，仮装権利者の行為により新たな「第2の外形」が作出され，第三者がこの第2の外形を信頼した場合である。

　この「第2の外形」については権利者の承認という事実がないことから，**意思外形非対応型**と呼ばれる。この例となるのは，不動産所有者Aが知人Bの依頼により，自己の不動産について売買予約を仮装して所有権移転請求権保全の仮登記をしたところ，BがAの委任状を偽造して本登記をしたうえで，Cに譲渡したという事案である。

　判例は，民法94条2項および110条の法意と外観尊重・取引の保護という要請を根拠として，Aは善意・無過失の第三者に対抗しえない，との判断を示した（最判昭43・10・17民集22巻10号2188頁）。判例もこの第3類型では，意思外形対応型の場合と異なって，第三者の無過失を要求している。判例は，他人の背信的な行為が介在し，それによって外形が拡大しているという事情を考慮し，真の権利者の犠牲を強いるためには，第三者の無過失要件を必要としたのである。

　さらに，判例は，真の権利者が他者による虚偽の外観（不実の登記）の作出過程を阻止するでもなく，不注意にも漫然と見過ごしていた場合において，このような不注意な行為の帰責性の程度は，権利者が，不実の所有権移転登記がされたことについて，自らこれに積極的に関与した場合やこれを知りながらあえて放置した場合と同視しうるほど重いものである，として善意・無過失の第三者を保護した（最判平18・2・23民集60巻2号546頁）。

162

第**4**節　錯　　誤

1 ——錯誤制度

[1] はじめに

　人間は思わぬところで誤解や錯覚をして失敗することがある。意思表示も人間の行動の1つであり，そこに何らかの誤解や錯覚が紛れ込むことを完全に防ぐことはできない。たとえば，値札に100万円と書くべきところ，10万円と書き間違えたとしよう。ポンドをドルと同価値であると誤解して，ある商品をお買い得だと思って買ったとしよう。あるいは，有名な画家の本物の絵だと思って高額の絵画を購入してしまったが，実際は偽物だったとしよう。

　いずれの意思表示も有効であって，こうした契約は維持されなければならないのであろうか。こうした場面で問題となるのが，95条が規定する「錯誤」である。以下では，この錯誤について説明することにしよう。

[2] 表意者を保護する必要性

　錯誤による意思表示では，表意者自身が表示と意思との不一致，ないしは意思表示の形成過程での思い違い（瑕疵）に気づいていないことから，表意者の予期していなかった効果が生じることになる。この点に，表意者がその表示と意思とが異なることを知っている心裡留保や虚偽表示の場合との違いがあり，表意者を保護する必要性が認められる。錯誤の場合，本人の意思を尊重しようとする意思主義的な要請や自己決定の尊重を重視すると，表示の拘束から表意者を解放すべきとの判断に傾くことになる。

[3] 相手方の信頼保護

　しかし，表示の相手方からみればどうか。こうした錯誤は，そもそも表意者自身のミスに由来するものだから，その危険は表意者が負担すべきであるということになる。そうだとすると，表意者よりもむしろ意思表示の有効性を信頼した相手方を保護すべきであるとする見方はたしかに説得的である。

　このような見方は表示に重点を置く表示主義的な要請の帰結であり，表示への信頼の保護へとつながる。そこでは，取引の安全や相手方の信頼保護が重視

されている。

④ 矛盾した要請の調和

　表意者の意思を尊重することと相手方の信頼を保護することは，相反する要請である。この矛盾した要請の調和点をどこに見出すのかが問題とされ，その調和という観点から，錯誤制度の適用範囲，また錯誤制度と他の法制度との役割分担（→178頁）が問題とされてきた。

⑤ 錯誤とは：民法の規定

　(1)　**定　義**　　錯誤による意思表示とは，表意者が，表示行為から推断される意思と自己の効果意思とが一致しないことを認識せずに行った意思表示をいう。

　2017年改正前95条における「錯誤」は，伝統的な理解によれば，「意思と表示の不一致」(意思の欠缺〔不存在〕)型に属するものとされ，そこでは表示に対応する意思がないことが，この型の錯誤の定義にとって重要とされていた。したがって，いわゆる動機の錯誤（=基礎事情の錯誤）については，ここでの「錯誤」に原則として含まれないものと理解されていた。もっとも，判例・学説は，動機の錯誤を，以下に述べるように，一定の場合に「錯誤」にあたるものとして扱ってきた（→図表 5 - 4 ，WINDOW 5-5）。

　(2)　**錯誤の規定**　　錯誤の規定は次のように定められている（95条 1 項）。

　「意思表示は，次に掲げる錯誤に基づくものであって，その錯誤が法律行為の目的及び取引上の社会通念に照らして重要なものであるときは，取り消すことができる」とし，そして，次の 2 種類の錯誤を規定している（→図表 5 - 5 ）。

　①**表示の錯誤**：「意思表示に対応する意思を欠く錯誤」(95条 1 項 1 号)

　②**基礎事情の錯誤**：「表意者が法律行為の基礎とした事情についてのその認識が真実に反する錯誤」(95条 1 項 2 号)

　この 2 つの錯誤類型は，意思表示の形成のどの段階に錯誤が紛れ込むかに応じて区別されており（→**図表 5 - 1 および図表 5 - 4**），それぞれ，これまでの講学上の概念である「表示の錯誤」と「動機の錯誤」の類型的区別に対応したものである。

　前者①の「**表示の錯誤**」は，効果意思（法的効力を与えられる意思）を表示する段階で生じた，意思と表示の不一致の問題である。この場合の意思表示の効力否定の根拠は，いわゆる意思ドグマ（意思が法的効力の発生根拠である）にある。つま

図表 5 - 4　意思表示と錯誤の構造

意思の形成過程	意思表示（本体）
①動機（基礎事情）　　　　　──→	②効果意思　③表示意思　④表示行為
原則　動機 ≠ 意思表示の内容	意思表示＝法律行為の内容（契約内容）
意思形成上の瑕疵 原則　動機は無顧慮 意思表示の効力に影響なし	意思の不存在（意思欠缺）型：②と③の不一致 錯誤　表意者が不一致を知らない→取消し （虚偽表示・心裡留保　表意者が不一致を認識）
例外　基礎事情の錯誤 ⇒（意思表示の効力に影響） （表意者の認識〔①〕と真実との不一致） 詐欺・強迫 ⇒（意思表示の効力に影響）	

図表 5 - 5　錯誤規定の構造

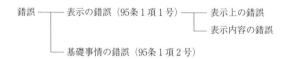

り，表示に対応する意思がないことから，「意思」に帰責できない状況が生まれ，原則として，意思表示の効力が否定される（取消権が認められている）。

　後者②の「**基礎事情の錯誤**」は，「表示の錯誤」の場合とは異なり，意思と表示とは一致しているが，その法律行為の基礎（動機）に誤解がある場合である。いわゆる効果意思の形成段階（動機）での問題であり，意思と表示の不一致という定式に依拠するだけでは，当該の意思表示の効力を否定できない。しかし，錯誤が問題になる多くの場面が動機の段階で生じており，動機が重要な役割を果たしていること，さらに，動機に錯誤があることで，表意者の自己責任を問うための「意思」形成があったと評価できない場面がみられる。こうした理由から，動機の段階での錯誤についても「錯誤」の問題として扱う必要性を認め，95条1項2号において「基礎事情の錯誤」として規定した。

　(3)　**錯誤要件の基本構造**　　以上の2つの種類の錯誤について，錯誤に基づく意思表示の取消しが認められる場合の要件構造を**図表5-6**においてあらかじめ示しておくことにする。

図表5-6　錯誤による取消しの要件とその構造（当事者の主張・立証責任の観点から）

表示の錯誤の場合

表意者の主張→意思表示の効力の否定	相手方の主張→意思表示の効力の維持
表示の錯誤であること（95条1項1号）	表意者に重過失があること（95条3項柱書）
錯誤が重要であること（95条3項・95条1項柱書）	
取消権の行使（126条）	

基礎事情の錯誤の場合

表意者の主張→意思表示の効力の否定	相手方の主張→意思表示の効力の維持
顧慮される基礎事情の錯誤の存在 （i）基礎事情の錯誤であること（95条1項2号） （ii）事情が法律行為の基礎にされていることの「表示」（95条2項）	表意者に重過失があること（95条3項柱書）
錯誤が重要であること（95条1項柱書）	
取消権の行使（126条）	

2──錯誤の要件（その1）

1 表示の錯誤

　(1)　**表示の錯誤の意味**　　表示の錯誤とは，意思表示に対応する意思を欠く錯誤（95条1項1号）のことである。錯誤のいわば基本類型である「表示の錯誤」は，①「**表示上の錯誤**」と②「**表示内容の錯誤**」とに区別されている。両者には，意思表示が有すべき内容（表示）が表意者の表示しようとした内容（意思）と一致していないという点で共通性があり，「表示の錯誤」として扱われる。表示行為に対応した意思がないことを明確に示すため，講学上，「意思不存在錯誤（意思欠缺錯誤）」と呼ばれることもある（→WINDOW 5-5）。

　(2)　**表示の錯誤の要件**　　「表示の錯誤」による意思表示としてその取消しが認められるために必要となる要件を整理しておこう（95条）。

　①　意思表示に対応する意思を欠く錯誤（表示の錯誤）であること（95条1項1号）

　②　錯誤が重要であること（95条3項・95条1項柱書〔後述〕）：錯誤の重要性

　③　取消権の行使（126条〔取消しの効果を発生させるため〕）

　なお，④表意者に重過失があること（95条3項柱書）は，錯誤の成立を阻却する要件であり，相手方がその主張・立証の責任を負担する（後述参照）。

　(3)　**表示上の錯誤**　　表示上の錯誤とは，表示行為自体に錯誤がある場合で

錯誤の法的構成と学説

　民法起草者は，当時の民法の条文をいわゆる意思欠缺構成を採用するドイツ法学説（二元説）を前提として構想していた（2004年改正前101条は「意思ノ欠缺」という文言を用いていた〔現在は「意思の不存在」〕）。わが国の錯誤規定は，本来的に，意思欠缺「錯誤」と「動機の錯誤」を区別していたとみられ，判例もまたこれを前提としてきた。2017年改正では，こうした二元的構成を承継し，いわゆる意思欠缺錯誤（表示の錯誤）型と「基礎事情の錯誤」型の２つの類型を明文化したのである。

　これまで学説は，「動機の錯誤（基礎事情の錯誤）」をどのようにして「錯誤」として扱うか，その法的構成に工夫を重ねてきた。民法改正で明文が設けられたことにより，その法的顧慮の場合のハードルは下がったが，動機の錯誤をどのような場合に錯誤とするかについては，「法律行為の基礎とした事情」や「表示されていたときに限り」の意味をめぐってなお議論の対象となりうる。学説では，判例のような二元説やそれを発展させた説（新二元説，内容化重視説）や「錯誤」概念に動機の錯誤を一体化して捉える説（一元説）などが主張されている。

ある。表意者Ａ（売主）が相手方Ｂ（意思表示の受領者：買主）に対して「自分の所有する絵画を1,000,000円（＝100万円）で売る」という申込みを行う意思で，代金を誤って一桁少なく，100,000円（＝10万円）と記載した手紙を送付した場合がこの典型例である。これは，書き間違い，言い間違いなど，表意者が使用するつもりのない表示手段を使用した場合（最判昭54・9・6民集33巻5号630頁など）や，Ａが使者を介して表示を行うときに使者が誤って10万円と伝達した場合（表示機関の錯誤）も同様である。

　(4)　**表示内容の錯誤**　　表示内容の錯誤とは，表示行為の意味について錯誤がある場合である。たとえば，ポンドとドルとが同価値であると間違えたような通貨の価値を間違えた場合や，単位の意味を誤解した場合（たとえば，Ａは1グロスが10ダース〔120本〕の意味であると誤解してＢに対して万年筆を1グロス〔＝12ダース＝144本〕注文した場合）である。表示の意味内容を誤って表示をしたことで，その表示は意思に対応していないことになり，表示上の錯誤と同様に，意思の不存在が認められるのである。

　(5)　**両者の違い**　　表示内容の錯誤では，表意者は自分の選択した表示手段をそのまま使用しているが，その表示が有すべき意味についての錯誤がある。表意者が選択した表示手段（表示）が正しく表示されている点で，表示上の錯

誤と区別されている。

②基礎事情の錯誤

(1)　**「基礎事情の錯誤」**　「基礎事情の錯誤」とは，表意者が法律行為の基礎とした事情についてのその認識が真実に反する錯誤 (95条1項2号) のことをいい，この場合の錯誤者は，「その事情が法律行為の基礎とされていることが表示されていたとき」に限り，意思表示を取り消すことができる (同条2項)。

(2)　**「基礎事情の錯誤」の要件**　こうした「基礎事情の錯誤」による意思表示として，表意者による取消しが認められるために必要となる要件を次に整理しておこう。これらの要件は，表意者が主張・立証しなければならない。

①　顧慮される基礎事情の錯誤の存在

　(i)　法律行為の基礎とした事情についての表意者の認識が真実に反していること (基礎事情の錯誤であること)(95条1項2号)

　(ii)　「その事情が法律行為の基礎とされていることが表示されていた」こと (95条2項)

②　錯誤が重要であること (95条1項柱書〔後述〕)：錯誤の重要性

③　取消権の行使 (126条〔取消しの効果を発生させるため〕)

なお，④表意者に重過失があること (95条3項柱書) は，錯誤の成立を阻却する要件であり，相手方がその主張・立証の責任を負担する (後述参照)。

基礎事情の錯誤は，2017年改正で新設されたが，その内実は，いわゆる動機の錯誤に関する改正前民法下での判例法理 (たとえば，最判平28・1・12金判1483号10頁) を承継したものである。以下では，これまでの判例法理の流れを概観し，それに照らして，基礎事情の錯誤の要件 (とくに①(ii)) の具体的な意味を確認することにしよう。

(3)　**判例の歴史的展開**　判例 (大判大3・12・15民録20輯1101頁) は，動機の錯誤 (基礎事情の錯誤) に陥った表意者を保護するために，通常は動機に属する事実であっても，それを意思表示の内容に加える意思を明示，または黙示に表示したときは，意思表示の内容を構成して要素の錯誤 (重要な錯誤) になる，とし，それ以後の判例においても「動機は，意思表示の内容として相手方に表示されていない限り，要素の錯誤とはならない」とする準則が維持された (最判昭28・5・7民集7巻5号510頁)。

　こうした準則が適用された例として，その結論は異なるが，次の２つの判例を取り上げて対比してみよう。

　判例[1]（大判大6・2・24民録23輯284頁）は，Aが甲という馬が受胎した馬であると信じて，「その馬甲を買う」と売主Bに表示したところ，受胎していない馬にすぎなかった事案である。

　判例[2]（最判昭29・11・26民集8巻11号2087頁）は，家屋乙の売買に際して，買主Cは，自己が居住する目的で「その家乙を買う」と表示したが，借家人が同居を拒絶し，Cがその家屋を利用できなくなった事案である。

　いずれのケースも，馬や家屋を対象とした特定物の売買契約であって，通常，表意者の意思と表示は一致している（表示の錯誤にはならない）ものであるが，意思表示の形成過程において表意者が事実とは異なる考えを持ち，これに動機づけられて意思表示をした場合である。

　ところで，判例[1]では，売主Bに対してAは甲という馬を指示しており，甲という馬を購入すると表示をしている。この限りで，Aには表示と意思との不一致はなく，Aの意思表示には「表示の錯誤（意思欠缺錯誤）」はない。しかし，Aが考えていたこと（受胎した馬であるという動機）と事実（受胎していない馬）との間に不一致がある。判例[2]でも買主Cは家屋乙を購入しようという意思を有しており，それを表示する限りで，意思と表示の不一致はない。

　裁判所は，それぞれの事実認定において，判例[1]では，表意者の受胎している馬であるとの動機ないし観念が表示され，意思表示の内容となったことを認定し，要素の錯誤の主張を認めたが，判例[2]では購入に際して借家人の同居の承諾を得ることの表示がなく，意思表示の内容になっていないとされた。

　これらの判例では，「動機が表示され，意思表示の内容になったこと」という定式が使われていた。

　(4)　**判例の展開**　　判例においては，近時の傾向として，動機が「表示されたかどうか」よりも，「意思表示の内容」となっているかどうかが重視されているとの指摘がある。判例[3]（最判平元・9・14家月41巻11号75頁）は，協議離婚に伴う財産分与で自己の不動産全部の分与を妻にした事案について，財産分与の合意について錯誤を肯定した。裁判所は，夫Xは，他に特段の事情がない限り，自己に課税されないことを当然の前提とし，かつ，その旨を黙示的には表示して

いたものであり，また本件財産分与に伴う課税もきわめて高額にのぼるから，X
とすれば，前示の錯誤がなければ本件財産分与契約の意思表示をしなかったも
のと認める余地が十分にある，と判示した。この判例の事実は，動機の表示が明
確とはいえないものであったが，動機の黙示的表示構成によって，当該の契約
類型において，当事者が重視し，共有したとみられる事情が法律行為の内容と
され，錯誤が認められた。

　また，判例 [4]（最判昭45・3・26民集24巻 3 号151頁）は，美術的価値の高い絵画
の売買において，その真筆を保証する旨の合意をしているかどうかを問題と
し，「合意」があったことを認めて錯誤を肯定した。そこでは，動機が契約の
内容になったかどうかが重視されていた。さらに，同様の傾向を示すものとし
て判例 [5]（最判平14・7・11判時1805号56頁）は，商品代金の立替払契約がいわゆ
る空クレジット契約であることを知らずに立替払契約をしたという事案におい
て，保証債務の前提となる主債務の態様についての保証人の錯誤を動機の「表
示」を重視せずに認めた事例である。

　(5)　**検　討**　このように，近時の判例の多くにおいては，動機が表示され
たかどうかではなく，当該の契約類型や，当事者が契約締結の際に前提として
いた事情，相手方の関与によって存在を誤認した事情に着目したうえで，それ
らを契約の内容に柔軟に取り込み「錯誤」として扱う傾向がみられる。

　(a)　「その事情が法律行為の基礎として表示されたとき」の意味　　問題と
なるのは，基礎事情の錯誤の要件②の「その事情が法律行為の基礎として表示
されたとき」の意味である。先に述べた判例法理の動向に照らしてみると，95
条 2 項の「表示されていた」という要件を満たすためには，いわゆる基礎事情
としての動機（法律行為の基礎とされた事情についての表意者の認識）が，相手方に
単に伝えられたというだけでは十分ではなく，相手方の「了解」において法律
行為の内容になることが必要であるとみることが適切であろう。換言すれば，
当事者において契約の内容として前提とされていることが必要となる（たとえ
ば，判例 [3] など）。

　したがって，基礎事情の錯誤に基づく意思表示の取消しを認めるためには，
基礎事情についての表意者の認識が「法律行為＝意思表示の内容」として組み
込まれていたとの評価が可能でなければならない。契約の場合には，契約の基

礎事情についての表意者の認識を相手方の明示ないし黙示の「了解」において当該の契約を締結していること，つまり表意者のこうした基礎事情の認識が「契約」の内容になっていることが必要とされるのである。

(b) **錯誤者の救済方法**　当事者に「合意」ないし「了解」があったとみられるときには基礎事情が「表示されたこと」になるが，問題は，こうした場合の表意者の救済方法である。それには，次の2つの解決が考えられる。

① **錯誤法による解決**　たとえば，買主が，この絵を本物であると考えて購入したが，それは実際には偽物であったとする。表意者の認識（本物であること）と現実（偽物であること）が一致していないことを捉えて，それが「表示されて」いた場合には，契約の取消しを可能とするものである（本文の判例〔2〕は，こうした構成で錯誤〔当時〕を認めている）。

② **契約法による解決**　上記の例で，この絵が本物ではなく偽物であったとすると，買主は，契約で合意された内容（本物の給付）の履行を受けていないことになる。この契約内容と現実（偽物の給付）との違いに基づいて，売主の契約不適合責任（債務不履行）を追及することができる（本物の絵の引渡し，また契約を解除し，代金の返還，損害賠償を請求できる）。

なお，①の解決は，オールオアナッシングの解決となる傾向があり，②は，過失相殺などを利用して損害賠償で調整を行うことが可能である。判例の立場では，①も②も，それぞれの要件が満たされる限りで，いずれも主張できるとされる（両者の競合関係から生じる問題については，→178頁以下を参照。さらに→WINDOW 5-6も参照）。

③ 相手方により引き起こされた錯誤

相手方の誤った表示による誤認を理由にして錯誤の取消しを認めることができるか。95条の条文には明文でこの取消しを認める規定はない。しかし，表意者が相手方の行為（不実表示）によって表意者の基礎事情についての認識が形成されて，それを基礎に表意者が意思表示をした場合は，表意者の錯誤は相手方によって引き起こされたものとみることができる。この場合には，その事情が法律行為の基礎にされていることが黙示に「表示」されていた，さらにいえば，不実表示をした相手方はこのことを「了解」していたとみることもできる。こうしたタイプの錯誤は，95条2項の基礎事情の錯誤に含めて捉えることができ

□ WINDOW 5-6　　　　　　　　　　　　　　　　　　　　　　　　　◀◀

【設例】で考えてみよう：基礎事情の錯誤の「表示」要件──契約上のリスク配分の行方

(1)　**【設例1】**：Aが，B時計店で置き時計を購入したが，友人の結婚祝いであることを告げて，そのための「のし紙」をつけてもらった。しかし，Aの友人の婚約は，その数日前に破棄されていた。

その時計を購入しようとするAの意思は存在している。もっとも，Aの本来の意図を考慮すると，自己の意思を決定する過程での「認識」が「事実」に反していたという意味で「基礎事情の錯誤」があったとみることができる。こうした錯誤を顧慮してよいであろうか。それには，そうした事情が「基礎として表示されていた」ことが必要となる。

設例では，買主Aは，その法律行為の基礎にある事情として「友人の結婚のお祝いのために」という表示をしている。すでに友人の婚姻予約は破棄されていたので，Aの認識は真実に反していることになる。しかし，Aの思い違い（錯誤）のリスクをBに負担させるのは不合理であろう。したがって，原則としてその情報を収集できる可能性のあるAに責任を負わせるべきであろう。AがリスクをBに転嫁したいのであれば，AはBにそれを一方的に告げるだけでは足りず，相手方Bと「友人が結婚しないときには返品する」旨の合意をしておくべきであろう（この合意を法的に構成するとすれば，解除条件という形になるといえよう）。

判例の準則によれば，動機が一般的に表示されたことだけでは十分ではなく，（明示または黙示に）契約の内容になったことが必要となる。したがって，設例では，単に友人の結婚式のお祝いであると告げるだけであったのであれば，基礎として「表示された」ことにはならないとみることになろう。

(2)　**【設例2】**：画商Cは，仕入れ先の画商Dの所有する絵が著名な画家の真作であると信じて，Dからこの絵を購入したが，実際には複製品であった。

設例［2］は，CもDも画商であることから，専門家の契約ルールとして，その絵の真贋をそれぞれ各自の鑑識眼によって見極める必要があるとされる場合には，本物でなかったことのリスクは買主Aが負い，契約は有効なものとして維持されるべきであろう。

逆に，売主は偽物であると思って売却したが，実際には本物であった場合はどうだろうか。一度，考えてみてほしい。

(3)　**検　討**　　こうした場面でのリスク転嫁の指標として，契約において本物に相応する対価が設定されているかどうかを問うことができる。これが肯定されれば，本物の絵の売買が予定されており，本物であることが（黙示の合意で）契約の内容となっているとみることもできよう（本文で紹介した判例［4］の事案は，いわば「保証」があった例であり，錯誤の主張が認められている）。

【設例1】のところでも述べたが，一般的な売買では，原則として買主が情報収集について責任を負い，その情報収集の失敗のリスクも負担することになる。その物の使途については買主が最も関心があり，より少ないコストでその情報を得ることができるからである。もっとも，消費者契約については情報の不均衡があり，別途の考慮が必要となる。

る（→WINDOW 5-7 も参照）。これと同視できるタイプとして，相手方が表意者に告知すべき義務を負う重要な事実を，過失により告げることを怠り，それによって表意者が錯誤に陥った場合（たとえば，事業者が過失でいわゆる不利益事実告知〔消費契約 4 条 2 項参照〕を行ったような場合）がある。なお，相手方が詐欺の故意なくして，真実に反する事実を告げ，その結果，表意者が錯誤に陥った場合は，表意者に錯誤に陥ったことについて重過失があることにはならない（95条 3 項 1 号は，この趣旨も含むものである）。

3 ── 錯誤の要件 (その 2)

1 錯誤の重要性

表示の錯誤であれ，基礎事情の錯誤（動機の錯誤）であれ，いずれの場合においても，表意者は，錯誤主張をするには，上記の要件（錯誤の要件（その 1 ））に加えて，さらに「錯誤の重要性」要件を充足しなければならない。すなわち，その錯誤が法律行為の目的および取引上の社会通念に照らして重要なものについての錯誤であること（95条 1 項柱書。→下記 2 ）が必要となる。

2 錯誤の重要性 (重要な錯誤) の判断基準

上記の「錯誤の重要性」要件を充足するには，①その錯誤が法律行為の目的（法律行為が達成しようとしたもの）にとって重要であること，②その錯誤が一般的にも重要なものであることが必要となる。これは，表意者の保護と取引の安全を調和させる要件であり，2017年改正前民法のもとでは「要素の錯誤」要件と呼ばれてきたものである。錯誤の「重要性」は，判例（大判大 7 ・10 ・ 3 民録24輯1852頁）と学説が「要素の錯誤」の要件として認めていた 2 つの要件，すなわち，①この点についての錯誤がなかったならば，表意者がその意思表示をしなかったであろうということ（主観的因果関係），②通常人が表意者の立場にあったとしても，その意思表示をしなかったであろうこと（客観的重要性）を統合したものとされている。②の客観的重要性の判断においては，当該取引の類型（契約は通常どのような内容を持つものであるのか）と，当事者の意図した契約の趣旨がともに考慮される。したがって，「錯誤の重要性」要件を充足するには，具体的には，①その点の錯誤がなければ表意者がその意思表示をしなかったであろうということ，②錯誤が法律行為の目的に照らして重要なものであること，③

錯誤が取引上の社会通念に照らして重要なものであることを主張・立証しなければならない。このような定式は抽象的なので，その内容を具体的にイメージしてもらうためにWINDOW 5-7で錯誤の重要性が認められる場合の具体例を整理しているので参照してほしい。

③ 表意者に重大な過失 (重過失) があること

　民法は，表意者に重過失がある場合，錯誤取消しの主張を封じ，その意思表示を有効にした (95条3項柱書)。このように「表意者に重大な過失があること」の要件は，錯誤の成立を阻却するものであり，それにより利益を受ける相手方が立証する責任を負担する (→図表5-6)。相手方が，「表意者に重過失があること」の主張・立証に成功すれば，表意者は錯誤による取消しができなくなる。表意者に重過失があるときは表意者を保護する必要はなく，他方で取引安全の確保のためには錯誤者に損害賠償責任を負わせるだけでは十分でないとされたのである。

　「**重大な過失 (重過失)**」とは，錯誤に陥ったことについて通常要求される注意を著しく欠いたことをいうが，その有無は，表意者の職業や資格，行為の種類や目的に応じて判断される。たとえば，株式売買を業とする者が，株式の譲渡制限を定める会社の定款を調べなかった場合は重過失にあたるとされた (大判大6・11・8民録23輯1758頁によれば，直接問い合わせれば，この定款の内容はすぐに判明したとされた事案)。

　他方で，95条3項柱書は，次の2つの場合 (→④(1)と(2)) において同規定を適用しないことを定める。

④ 適用除外

(1)　95条3項柱書の適用除外(その1)：相手方に悪意または重過失がある場合

　95条3項柱書は，相手方が悪意である場合，または重過失で錯誤があることを知らなかった場合には適用されない (95条3項1号)。表意者が重過失で誤記や言い間違いなどをした場合であっても，単純なものであれば相手方がすぐわかる場合も多く，また少なくとも気づくことはできたであろう。そのような場面においては，相手方を保護する必要はないからである。

　さらに，表意者の錯誤が相手方によって惹起されたものである場合には，表意者に重過失があったとしても，その錯誤原因を作った相手方が責任を引き受

□ WINDOW 5-7

錯誤の重要性（要素の錯誤）の具体例

95条1項柱書は，錯誤の要件として「法律行為の目的及び取引上の社会通念に照らして重要なものである」ことを規定している。以下では，錯誤の重要性が認められる場合の具体例をこれまでの要素の錯誤に関する判例を参考に整理しておこう。

(1) **法律行為の性質・種類に関する錯誤**　たとえば，使用貸借契約を締結したつもりで，実際には賃貸借契約であった場合は，賃料支払義務の発生という法律関係の内容に直接影響する重要な事項であり，要素の錯誤となる。担保契約において，他に担保があるかどうかについての錯誤は，原則として要素の錯誤とならない（最判昭32・12・19民集11巻13号2299頁など）。

(2) **人についての錯誤**　①人違い（人の同一性についての錯誤）　婚姻や縁組の場合には，これを無効とする明文規定がある（742条1号・802条1号）。財産行為においては，取引の種類によって異なった扱いがされている。たとえば，(i)信用売買，賃貸借，贈与，金銭消費貸借，雇用などで，相手方が誰であるかが重要となる場面では，要素の錯誤が認められる。買主がどのような人でどの程度の資力があるのかは代金債権確保のために関心事となるからである。(ii)消費貸借の場合，消費貸借の借主の錯誤については，それにより弁済の可能性が影響を受けることを理由に，要素の錯誤になるとする（大判昭12・4・17判決全集4巻8号3頁）。(iii)保証契約締結に際して，主たる債務者の同一性についての錯誤は，保証人にとって誰の債務を負担するかの錯誤であり，それによって代わって弁済する可能性に影響が及ぶことから，要素の錯誤となる（大判昭9・5・4民集13巻633頁など）。

②人の身分・資産についての錯誤（人の属性についての錯誤）　たとえば，保証人が主債務者の支払能力について錯誤に陥り，債権者と保証契約を締結した場合，原則として要素の錯誤とならない。もっとも，保証契約の相手方が主債務者の支払能力について誤った説明をして，それを信じて表意者が保証契約を締結していた場合には，相手方が提供した情報によって錯誤が生じた場合であり，錯誤取消しの主張を許してよいであろう（→170頁）。

(3) **物についての錯誤**　①物の同一性に関する錯誤　たとえば，家屋甲を買うつもりで，家屋乙と表示するなどの場合がこれにあたる。

②物の性状・来歴に関する錯誤　油絵を購入する際にその真偽について錯誤があった事例（最判昭45・3・26民集24巻3号151頁），和解の目的物であるジャムの種類・品質について債権者に錯誤があった事例（最判昭33・6・14民集12巻9号1492頁）などがある。

③物の数量・価格などの錯誤　その程度が取引上著しく重要なものは，要素の錯誤となる。

(4) **法律または法律状態の錯誤（和解契約の錯誤）**　勝訴判決があったのを知らないで，それ以下の額で和解したような場合において錯誤を認めた判例（大判大7・10・3民録24輯1852頁）がある。

けるべきであり，表意者に重過失があることを理由に取消しの主張を封じるのは適切でない。この場合も，先の例と同じように表意者は錯誤取消しを主張できるものと扱われるべきであろう。

　(2)　**95条3項柱書の適用除外（その2）：共通錯誤がある場合**　　相手方が表意者と同一の錯誤に陥っていた場合には，95条3項柱書は適用されず，表意者は，自己に重過失があったときでも錯誤取消しができる（95条3項2号）。いわゆる「共通錯誤」の場合である。相手方も錯誤をしていた以上，法律行為の効力を維持するメリットはなく，また同一の錯誤をしていた相手方が表意者の重過失を非難してその取消しの主張を封じることは適切ではないからである。

　(3)　**電子消費者契約の特則**　　電子消費者契約法3条は，インターネット上での電子消費者契約においては，消費者の操作ミスが生じやすいことを考慮して，事業者が一定の確認措置を講じない場合には，消費者の申込み・承諾の意思表示について重過失があっても，民法95条3項柱書を適用しない旨を定めている。

　消費者の意思確認を求める処置とは，たとえば，①送信画面において申込みの内容を明示し，その確認のボタンが申込みとなることを消費者が明確に確認できるような画面，または，②送信する前に最終的な申込み内容を訂正する機会を与える画面などを設けることである。

5　錯誤の効果の否定

　表意者が錯誤に陥っていたとしても，相手方が表意者の意思どおりの効果を承認するときは，もはや取消しを認める必要はない。表意者は自己の意欲するとおりの法律関係を形成しているからである。

4 ── 錯誤取消しの効果

1　取消権の行使と期間制限

　錯誤の効果は取消しである。錯誤による意思表示であると認められたら，その意思表示（＝法律行為）は取り消すことができる行為となる。したがって，取消しの効果を発生させるには，錯誤者（表意者）による取消権の行使，つまり取消しの意思表示が必要となる。

　錯誤者が取消権を行使すると，法律行為は遡及的に無効となる。取消権には期間制限があり，追認をすることができる時から5年間，または行為の時から

20年間行使しなければ消滅する（126条。→266頁）。

　なお，錯誤を理由に契約を取り消した場合には，錯誤者が受領した現物や価値の返還義務の範囲が問題となる（→262頁）。

② 錯誤者の損害賠償義務

　錯誤により法律行為が取り消された場合，相手方に生じた損害について錯誤者は賠償義務を負うのか。明文上の規定はないが，学説は，信義則を根拠とした契約締結上の過失（→新プリメール民法４第１章）や，不法行為責任といった法的構成のもとでこのような賠償責任を肯定する。先の電子消費者契約法での叙述（→175頁）も参照。

③ 95条４項の第三者：善意・無過失の第三者

　錯誤による取消しは，善意でかつ過失のない第三者に対抗することができない（95条４項）。95条４項の定める第三者とは，錯誤の事実を知らずに，また知らないことに落ち度がなく，錯誤による意思表示による法律関係に基づいて，新たに独立した法律上の利害関係を持つに至った者をいう。たとえば，表意者Aが錯誤によって自己の物甲を相手方Bに売却し，その後Bが甲を第三者Cに売却して引き渡していたとする。この場合において，Aが錯誤に基づく取消権を行使したとしても，その効果は，A・B間の取引が錯誤によるものであることを知らないことについて過失のないCに対しては主張することができない。95条４項は，取引の安全を考慮し錯誤取消しの遡及効を第三者との関係で制限した規定だからである。第三者が取消し前に出現するか，取消し後に出現するかによって生じる問題については，詐欺の箇所（→第５章５②）を参照。

5──錯誤と意思表示の解釈

① 先行問題としての解釈

　当事者に間違い・誤解・錯覚があったとしても，その場合のすべてにおいて意思表示に錯誤（表示の錯誤）があるとみられているわけではない。裁判官が法律行為・意思表示を解釈することによって解決できる場合も少なくない。表意者の意味した内容でその表示が効力を有する場合には，表意者の錯誤をいう必要はないからである。

　この意味で，意思表示の解釈は錯誤の先行問題となる。以下では，具体的な

場面を想定してこの問題を考えてみよう。

(1)　**合意が成立し，錯誤が認められない場合**　　たとえば，画商を営むA
が，長年の取引のある顧客Bに有名な画家の絵を売ろうと思い，その値段を
5000万円のつもりで「500万円」と誤記した手紙を送り，これにBが「了解した」
との返事をしたとしよう。Aが行った表示を客観的に理解すると，「500万円」
である。だが，Bも専門家で，契約前の交渉過程や取引慣行から，Aが考えて
いたのは5000万円の意味であると理解していたならばどうであろうか。この場
合，Aの意思表示の内容は5000万円と解釈されねばならないはずである。Bは
Aの誤った表示に信頼を寄せていないからである。

したがって，Aの誤った表示があったにもかかわらず，Aが意図した5000万
円で契約が成立する。この場合，Aのみならず，Bにも錯誤取消しの主張をす
る余地はない。このように，当事者が実際に理解した意味内容が一致していれ
ば，たとえ表示に誤りがあっても法律行為の効力には影響を及ぼさない。これ
は「誤表は害せず」の原則と呼ばれている（→124頁）。

(2)　**不合意となり，錯誤を問題にする必要がない場合**　　Aは600万円のつ
もりで「500万円」と表示したとするが，Bは400万円のつもりで「500万円」で
買うと表示したとしよう。当事者は合意が成立したと考えているが，それぞれ
「500万円」という表示に別の意味を付与している場合，たしかに表示の一般的
意味である「500万円」で一致しているが，当事者の合意があったとは認めるこ
とはできない。もしこの表示の意味で合意を認めてしまえば，「500万円」とい
う当事者のいずれもが望んでいない値段での売買が成立することになる。この
結論はとりえない。したがって，この場合は契約を不成立とすべきであって，
錯誤を持ち出す必要はないであろう。これは，当事者が合意したと信じても両
者の表示の意味内容が一致せず，どちらかの一方の意味に確定できない場合と
して，無意識の不合意と呼ばれる。

(3)　**合意が成立して錯誤が認められる場合**　　たとえば，上記の例でAは
600万円のつもりで「500万円」と表示したが，Bは文言どおりに「500万円」と
理解して「了解した」場合である。Bが「500万円」として理解することに落ち
度がなければ，Aの表示の一般的意味は「500万円」となり，Bのした理解が契
約の内容となる（規範的解釈。→125頁）。この場合，契約は「500万円」で成立す

るが，Aは600万円の意図を有している。この点に表示と意思との不一致が認められ，Aにおいて錯誤が成立する可能性がある。

② 錯誤となる場面の限定

このようにみれば，契約の解釈が先行する限りで，錯誤が認められる場面はかなり限定されていることが確認できる。上記のケースでは③の場面のみが錯誤の問題として処理される。これは「表示の錯誤」と呼ばれる類型である（→165頁）。しかも，Aの錯誤が認められたとしても，Bの信頼の保護や取引の安全がまったくないがしろになるわけではない。

この場合でも，Bの救済を図ることは十分に可能である。たとえば，Aの錯誤主張が認められ，このことによりBがCへの転売で得られたはずの「もうけ」を失った場合はどうであろうか。この場合，AがBのこうした状況を知っていたのであれば，Bはその損害をAに対して請求できると考えてもよいであろう。この限りで，Bは保護されるのである。

6 ——他の制度との関係（適用範囲）

① 問題の所在：錯誤取消しと契約不適合責任の競合

たとえば，受胎している良馬であると信じて購入したところ，実際には受胎していない単なる駄馬であった場合，あるいは130馬力のモーターを購入したところ，実際には70馬力しかなかった場合，買主にはどのような法的救済手段が与えられるのであろうか。

こうした事例では，目的物が契約に適合していないことから，契約不適合に基づく契約責任が問題となる（2017年改正前民法のもとでは改正前570条の瑕疵担保責任の問題となっていたが，改正後は566条において債務不履行責任の問題として扱われる）。他方で，目的物が契約に適合した性質を有している物だと誤信して購入した場合，基礎事情についての錯誤も問題となる。

この場合，契約不適合責任と錯誤取消しの追及が可能となるが，錯誤の場合と契約不適合責任の場合とでは，その法的効果は異なっている。そこで，両者の関係をどうみるかが問題とされる。

② 両者の差異

第1は，効果上の差異である。錯誤の場合には，その効果として，法律行為

の取消しが許されるが，契約不適合に基づく責任の場合には，追完請求権，代金減額請求権，解除，損害賠償という救済手段が原則として買主に付与される（562条・563条・564条・415条・541条・542条）。

　第2は，主張期間の差異である。錯誤に基づく取消権は，取消権の行使期間の制限により，追認をすることができる時から5年で消滅する。行為の時から20年を経過したときも同じである（126条。→266頁）。種類や品質に関する契約不適合の責任追及は，買主が契約不適合を知ってから原則として1年以内である（566条本文）。

③ 検　　討

　基礎事情の錯誤がある場合，契約責任の処理にのみ委ねるべきとする考え方には説得力がある。また，契約においては両当事者の意思を優先させるべきであるという観点から，契約不適合に基づく責任の規律が錯誤規定に優先するとみるのにも合理性がある。とはいえ，錯誤の規定が，表意者の自己決定を保障する機能を果たす点や，行使期間の差があることも無視できない。

　とりわけ，相手方が錯誤を惹起した場合など当事者間において契約上の規律を妥当させることが適切でないケースでは，錯誤規定の適用を優先することができると考えてよい。結局のところ，具体的な場面で，それぞれの規定の趣旨を考慮してその適用の可能性を判断すべきことになろう。

④ 錯誤と和解

　錯誤と和解の関係については，**WINDOW 5-7⑷**を参照。また，詐欺と錯誤との関係については後述する（→183頁）。

第5節　詐欺と強迫

1 ──意思決定自由の侵害

　これまでの意思表示の規定においては，いずれも意思と表示の不一致があるとされてきた。これに対して，詐欺と強迫による意思表示は，意思と表示とに不一致がある場合でなく，意思の形成過程（→図表5-4）に瑕疵がある場合で

あり，「瑕疵ある意思表示」と呼ばれている。詐欺・強迫により意思表示した者は契約の内容，たとえば何を買うとか売るとかを知っているが，その意思決定は自由な意思に基づくものではない。この点で，表意者の意思決定の自由が侵害されている。そこで，法秩序は詐欺・強迫による意思表示を，取り消すことができる法律行為とし，表意者に，取消権の行使によって，この意思表示から生じる効果の発生を否定する機会を与えたのである。

　事業者の欺瞞的な説明や不当な広告によって消費者の自己決定が害されるような状況がみられる。この場合，詐欺や強迫の規定を適用するには相手方の故意を立証することが必要であるが，実務ではそのような主観的要件の立証が比較的困難な場合が多い。そこで，消費者契約法4条は，健全な市場秩序の維持と消費者保護のために，詐欺・強迫の規定の要件を緩和し，故意の立証がなくても消費者が取消しできるようにした（詐欺・強迫の規定の拡張。→WINDOW 5-8および第6章）。

2──詐　　欺

① 詐欺による意思表示とは

　詐欺とは，何らかの方法による欺罔行為によって人を錯誤に陥れ，それによって意思表示をさせることをいう。詐欺による意思表示として認められるには，次の要件を満たすことが必要となる。

② 欺罔行為とは何か：要　件

　(1)　**違法な欺罔行為であること**　　欺罔行為とは，事実に関して誤った認識や判断を他人に生じさせる行為である。こうした行為は許されてはならないだろう。しかし，他方で，夜店の商人の口上などが多少嘘でも詐欺にならない，という例があげられることがある。このように，およそ取引では相手方に対してある程度の範囲で真実でないことを言い，相手方が多少の錯誤に陥っても許されるとみられることも多い。

　もっとも，取引上の駆け引きとして多少の誇張や嘘が許されるとしても，それにも限度がある。取引上要求される信義に反するようなものであり，違法と評価されるものであれば許されない。たとえば，専門家である事業者が，故意に消費者の自由な意思決定を歪めるような説明をしたり，行動をとったりする場

☐ WINDOW 5-8

詐欺・強迫規定の拡張論

　(1)　**詐欺・強迫の規定の適用は困難？**　先述した詐欺や強迫の規定を具体的な事件において活用することは，さほど容易なことではない。たとえば，消費者契約で，事業者が虚偽の事実を告げ，これによって消費者が誤認をして契約を締結した場合に，消費者が民法上の詐欺にあたるとして追及したとしよう。争いになれば，消費者は，詐欺の要件である事業者の詐欺の故意，つまり，消費者を欺罔しようとした故意と，それによって消費者に意思表示させようとする故意という，いわゆる2段の故意を証明しなければならない（→184頁）。

　ところが，この故意の証明は実務上かなり困難である。事業者は詐欺者呼ばわりされることには抵抗するだろうし，過失があったことは認めても，故意はないといえば，消費者は，その故意を立証するために事業者が意図的にそれを行っているとの証拠を集めなければならない。

　消費者が個人として訴訟を起こし，事業者の故意を立証することも容易でない。被害が少額の場合には，弁護士費用の方がかさむことになる。ほとんどの場合，消費者は泣き寝入りせざるをえなくなってしまう。

　他方で，こうした事業者の行為は，厳格にいえば詐欺の要件を充足していなくとも，それと同じレベルでの消費者の自己決定に対する不当な侵害行為であるとみることができる。そうだとすれば，この侵害行為を排除し，消費者の自己決定権を実質的に保障することが必要となる。

　(2)　**保護の必要性**　近時は，取引に不慣れな人・老人や病気のある人などがその未熟さや弱さ，窮状につけ込まれて契約を締結させられてしまう事件が増えている。とくに保護が必要な消費者でなくても，特定の状況下でこのような被害を被ることがありうるし，また被害が発生している。これらの場合は，相手方の弱い立場や特定の状況につけ込んで利益を得るものであり，不公正な取引類型として規制する必要性が指摘されている（オランダ法には，一般条項的な規定があり，「**状況の濫用**」の場面として取消しの規律を設けている）。2018年，2022年の消費者契約法の改正による取消権の対象範囲の拡充はこうした要請に応えるものである。

　また，事業者が，消費者の意思に反して住居から退去せず，あるいは勧誘している場所で長時間拘束し，消費者を困惑させて商品を購入させる場合は，強迫の要件を緩和・拡張し，定型化することで被害者救済を図ることが必要とされた。以上のような要請に基づいて，消費者契約法4条が定められた（→第6章）。

合は，違法と評価される欺罔行為となる（→WINDOW 5-9）。

　また，誇張や嘘が重要な事柄について表示されているときには，契約の中に取り込まれ，消費者が事業者の債務不履行責任を追及することも可能となる。

　(2)　**詐欺の故意**　詐欺の故意要件を満たすには，詐欺者Bにおいて故意に

□ WINDOW 5-9

沈黙による詐欺・情報提供義務違反

(1) **不作為による詐欺**　虚偽の事実を真実と称したり，また真実を告げるべきであるのにそれを隠したりすることも欺罔行為となりうる。作為＝積極的な行為でなくても，不作為＝沈黙することでも足りる。もっとも，ある重要な事柄について沈黙することが詐欺となるには，事実を告げる等の積極的な作為義務が取引上の信義則・付随義務等から導き出せることが前提となる。そして，この義務に不作為によって違反し，かつこれが違法であると評価される場合にはじめて，欺罔行為の認定ができる。

(2) **故意よる情報提供義務違反**　この問題は，最近，情報提供義務・説明義務違反の問題として議論されている。とくに，専門家と非専門家との関係や事業者と消費者との関係では，情報力の差が大きい。専門家であれば，容易に情報にアクセスでき，その収集に労力・コストがかからないが，非専門家がそれをしようとすると多大の労力・コストがかかる場合がある。また，事業者が商品・役務を販売しようとするならば，その商品・役務の内容を消費者に説明することが前提となる。

このようにみれば，専門家や事業者が一定の情報を提供する義務を負うということが当然のように思える。こうしたことから，顧客がその情報を知らないことを，事業者が知り，かつ情報を提供しなければならないことを認識しつつ，故意に情報提供を怠るなら，沈黙（不作為）による詐欺が認められてよい，というのである（もっとも，消費者契約法はこうした情報提供義務を一般的義務としては認めていないものの，事業者の努力義務としては規定した〔消費契約3条〕。これに対して，特定の分野に適用される法律では，情報提供義務を認めた規定を設けている場合もある）。この点には異論はない。

(3) **過失による情報提供義務違反：錯誤規定・消費者契約法**　事業者が故意ではなく，過失で（誤って）情報を提供する義務を負わないと考えていた場合は，いわゆる過失による情報提供義務違反の問題であり，契約締結上の過失や不法行為の法理で処理されることになる。フランス法ではこうした場合にも詐欺概念の中に含めて扱うことを認めようとする議論があるが，わが国では過失による詐欺を認めることは一般に困難である（詐欺は，そもそも欺罔者の故意をその要件とする）。しかし，事業者がこのような情報提供義務違反により顧客を錯誤に陥れている場合には，錯誤取消しが許されてよい（相手方より惹起された錯誤。→170頁）。近時，消費者契約法の改正の議論において，こうした考え方に基づいて，不利益事実の不告知が過失によって行われた場合においても消費者の取消しを認めてよいとする立場が主張されていた（現行法は重過失まで認める。→198頁）。

表意者Ａをだまして錯誤に陥れ，かつ，それに基づいてＡに意思表示をさせようという２段にわたる故意がなければならない。意思表示の直接の相手方Ｂのみならず，第三者がこれをした場合にもこの２段の故意が必要となる。この故意の存在についての証明責任は，表意者Ａが負うことになるが，実務上そ

の証明は容易ではないことが多いとされる。

　(3)　**詐欺によって意思表示がされたこと**　　欺罔行為によって錯誤に陥り，その錯誤によって意思表示をしたこと（因果関係）が必要となる。この場合の錯誤は，事実を誤認したことで意思表示を行う場合で，動機の錯誤のことを意味する。この錯誤については，これがなければ，意思表示をしなかったといえる因果関係が必要となる。これにより欺罔行為と意思表示との因果関係が肯定される。

③ 詐欺の効果：原則

　詐欺の要件が満たされると，詐欺による意思表示を取り消すことができる（96条1項）。表意者（取消権者。→259頁）Aが取り消すと，意思表示は最初からなかったことになり（121条），法律関係が遡及的に消滅する。たとえば，AとBとの契約において，Aがすでに代金を支払っていたとすると，その意思表示を取り消すことで既払い代金の返還を請求することができる（不当利得の返還）。この返還の範囲については，260頁を参照。なお，取消権は5年と20年の期間制限に服する（126条。→266頁）

④ 詐欺と錯誤の関係

　詐欺の場合，相手方の欺罔行為によって表意者が錯誤に陥り，意思表示するのであるから，錯誤の主張も肯定されることには争いがない。ここに詐欺取消しと錯誤取消しとが競合して主張される場面が生じる。これがいわゆる「二重効」の問題である。学説では，1つの行為について2つの効力規範が競合している場面として，表意者はいずれでも自分に都合の良いものを選択できるとされている。

3 ── 強　　迫

① 強迫による意思表示とは

　他人の強迫行為によって，表意者が畏怖を抱き，かつ，その畏怖によって意思表示を行うことである。

② 要　　件

　強迫として評価される行為には，第1に客観面として，強迫行為が行われ，それが違法であること，第2に主観面として，強迫者に，害悪を告知して，脅

かそうとする意図，および，畏怖によって意思表示をさせるという意図が必要である。このように，主観面においては，いわゆる2段にわたる故意が必要となる（詐欺の場合と同じ）。このことの意味は次のとおりである。

まず，①違法な強迫行為が行われ，それによって表意者が畏怖したこと，つまり強迫行為によって恐怖心が生じたことが必要となる。強迫行為には，積極的な行為だけでなく，無言の圧力といった消極的行為も含まれる。その際，畏怖の要件の充足のためには，どの程度表意者が恐がっていたらよいのかが問題となるが，表意者において完全に意思選択の自由がなくなるという必要はなく，恐がって意思表示をしたということで足りる。それによってすでに意思決定の自由が害されているからである。なお，当該の表意者が畏怖すれば足り，通常人なら恐怖を感じることがない場合でもかまわない。もっとも強引なセールスがあってそれに根負けして契約をしたような場合には，強迫行為があったとはいえないとされている（なお，このような場合の消費者保護規定として，消費契約4条3項の困惑類型を参照。→199頁）。

次に，②表意者が強迫行為によって抱いた恐怖心の結果として意思表示を行ったことが必要となる。

完全に意思が拘束されている場合，たとえば，刃物で脅されて署名させたようなときには，意思表示が存在しないことや意思能力を有しないこと（3条の2）を理由に意思表示を無効とすることも可能である。

③ 効　果

強迫による意思表示は，取消しができる行為となる（96条1項）。表意者（取消権者。→259頁）は，その意思表示を取り消すことができ，その法律関係は当初から（遡及的に）無効なものとして扱われる（遡及的無効，121条）。取消権は期間制限に服する（126条。→266頁）。強迫の場合は，その効果において，第三者との関係では，詐欺の場合よりも表意者の保護に厚くなっている（→後述5①参照）。

4──第三者による詐欺・強迫

当事者以外の第三者によって詐欺や強迫がされた場合（→図表5-7），意思表示の効果はどのようになるか。民法は，以下で説明するように詐欺の場合と強迫の場合とで異なった取扱いをしている。

1 第三者による詐欺

第三者による詐欺については，詐欺によって意思表示をしている事実を相手方が知り，または知ることができた場合に限り，表意者はこの意思表示を取り消すことができる（96条 2 項）。たとえば，表意者Aが第三者Cに欺罔されて，相手方Bと契約を締結した場合は，Bが，CがAを欺罔したという事実を知り，または，

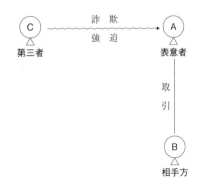

図表 5 - 7　第三者による詐欺・強迫の場面

知ることができた場合にのみ，AはBとの契約を取り消すことができる。

2 第三者による強迫

第三者による強迫の場合は，96条 2 項の反対解釈により処理される。96条は詐欺と強迫について定めた規定であるのに，明文の規定は詐欺についてのみ置かれているにすぎない。このことから，強迫については取消しの遡及効が貫徹すると考えられている。相手方が強迫の事実を知らない場合であっても取消しが認められる。

5 ── 詐欺・強迫による取消しと第三者

1 詐欺と強迫の違い

詐欺の場合も強迫の場合も，取消権が行使されると，その意思表示は当初から（遡及的に）無効なものとして扱われる（121条）。これに対して，第三者との関係では両者に違いがある。詐欺の取消しの効果は善意かつ無過失の第三者に対しては対抗できないが（96条 3 項），強迫の場合は，その取消しの効果は善意かつ無過失の第三者に対しても対抗できるとされていることである（96条 3 項の反対解釈）。

2 96条 3 項の第三者：取消し前の第三者

（1）意　義　96条 3 項は，詐欺による取消しは「善意でかつ過失がない第三者に対抗することができない」と規定する。このような第三者を保護するのは，詐欺にかかった表意者は，詐欺によることを知らないで，または知らない

図表5-8　取消し前・後の第三者

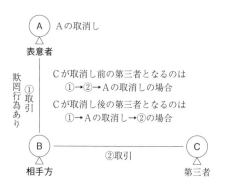

ことに落ち度がなく取引関係に入った者を犠牲にしてまで保護する必要はないとの考え方に基づいている。善意・無過失の主張・立証責任は，第三者にあると解されている。

(2)　善意かつ過失のない第三者　96条3項の善意かつ無過失の第三者とは，詐欺の事実を知らずに，また知らないことに落ち度がなく，詐欺による意思表示による法律関係に基づいて，新たに独立した法律上の利害関係を持つに至った者をいう。

96条3項は，こうした第三者に遡及効の影響が及ぶことを考慮して，取消しの遡及効を制限することで第三者を保護している。取消しの遡及効の制限という制約から，本条にいう第三者とは「取消し前」に出現した者をいい，「取消し後」に出現した者は含まれない，とされる（通説。→図表5-8）。なお，取消し後の第三者保護の問題については，WINDOW 5-10を参照。

(3)　過失の認定　96条3項は，真の権利者の犠牲において第三者を保護するとの考え方（表見法理）に基づくものであり，第三者には，外観を信じることについてそれ相応の注意が必要とされる。これは「過失（注意義務違反）」という概念の中で考慮される。たとえば，第三者の相手方が詐欺グループであることを容易に知り得たとか，新聞報道でその商品や販売方法に重大な疑義が生じていたとか，通常人ならそういった取引をしないはずであるにもかかわらず，あえてそういった取引をしていた等の事情があれば，第三者の過失を認定できるであろう。

3　第三者の具体例

第三者の具体例としては，①所有権取得者，②抵当権者等の物権取得者，③買主の地位を取得した者，④差押債権者があげられる。なお，一般債権者はこれに該当しない。

□ WINDOW 5-10

取消し後の第三者

　本文では取消し前の第三者のみを扱ったが，取消し後に現れた第三者も，取消し前の第三者と同じように保護されるのか。判例・通説によれば，Aと取消し後に現れた第三者Cとの関係では，（177条の登記の先後によって優劣が決まる）対抗問題となる（学説の批判については，→新プリメール民法2第2章）。すなわち，Aの取消しによって所有権はBからAに復帰するので，Bを基点としてB→A，B→Cという一種の二重譲渡の関係になり，その結果，先に登記をした者が勝つことになる。ここでは，その善意・悪意，過失の有無を問わず，Cが先に登記さえ具備すれば保護されることになる（その結果，Aが取り消したことを知って，Bから登記を経由したCであっても保護されることになる）。

第6節　意思表示の効力発生時期

1　到達主義の原則

　意思表示は，意思を外部に表白したときに完了するのが原則となる（97条3項参照）。たとえば，相手方のない意思表示のとき，新聞広告の場合は，これでよい。相手方のある意思表示の場合でも，面と向かって，あるいは電話でもよいが直接対話している場合（これを対話者という。525条2項・3項参照）は，表示した瞬間に相手方に到達するから，これもこの原則でよい。

　これに対して，手紙などの通信手段を使って，相手とやりとりをする場合には，表意者が外部に表明した時点と相手方が意思表示を受領する時点との間に時間的なズレが生じる。たとえば，申込みのための手紙を送付し，それが相手に読まれるという例で，この意思表示が相手方に受領されるというプロセスにおける問題点を考えてみよう。

　このプロセスは次の①～④の4つの段階に分けられる。①は意思の「**表白**」という段階であり，たとえば，手紙を書くということであり，②は，手紙を投函することであり，「**発信**」という。③は「**到達**」であり，手紙が配達されることであり，④は「**了知**」と呼ばれる段階で，相手方がこれを読んで了解することをいう。

　問題はいずれの段階で，この申込みという意思表示の効力が生じるのかであ

る。①で効力を認めると，手紙を書いただけで効力が生じることになる。発信なしに効力が生じるのでは相手方はたまらない。逆に，④の段階であれば相手方が読んだ時に効力が生じることになるが，相手方が読まない限り，申込みとはならないことになる。申込みをした者にとっては不都合である。このように考えると，実際上は②か，③のいずれかになる。前者を**発信主義**といい，後者は**到達主義**という。

　手紙を発信しただけで，それが郵便の事故などで紛失された場合でも，効力を生じるとする発信主義よりも，ともかくも相手方に到達した時に効力を生じるとする到達主義の方が，相手方の保護という観点からは適切であろう。こうした観点から，民法は到達主義を採用している（97条1項）。この場合，到達とは，意思表示が相手方の支配領域内に届いたことをいう。到達主義によれば，手紙による意思表示は，その手紙が相手方の住所の郵便受けに配達された時に効力が生じる。

② 発信主義

　特別な場合に，例外的に発信主義がとられることがある。民法上の例外としては，制限行為能力者に対する催告への確答として制限行為能力者等が追認または取消しの意思表示を「発信」すればその確答に応じた効力が発生する（20条参照）。

　重要な特別法上の例外として，いわゆるクーリング・オフ（申込みの撤回，解除）があり，消費者保護の観点から特定商取引法や割賦販売法等に定められている。このクーリング・オフは，その旨の通知書面や電磁的記録（E-mailなど）を発信したときに，その効力が発生する（特商9条2項〔訪問販売〕，割賦販売35条の3の10第2項〔個別信用購入あっせん〕など参照）。この場合に発信主義をとったのは，延着による期間徒過の危険を回避するとともに，事業者に通知の到達の有無を争わせないためである。

③ 意思表示の到達を妨げたとき（97条2項）

　相手方が「正当な理由なく」意思表示の通知が到達することを妨げた（つまり，意思表示が了知可能な状態に置かれることを妨げた）ときは，その意思表示の通知は，その通知が「通常到達すべきであった時に」到達したものとみなされる（97条2項）。

④ 表意者の死亡と行為能力制限等の影響 (97条3項)

(1) **原　則**　表意者が意思表示をしたが，その後，相手方に届く前に死亡したり，意思能力を喪失したり，当該の法律行為をする行為能力を制限された場合について，民法97条3項は，意思表示は，これらの事由によってその効力には影響が及ばないと規定する。そうしないと，相手方に不測の損害を与えるからである。また，発信の時点で表意者の意思内容が確定されているのであれば，その効力を受け継がせてもよいと考えたからでもあろう。死亡の場合は，相続人がそれを受け継ぐことになる。

(2) **申込みについての例外**　もっとも，契約の申込みについては例外があり，申込みの意思表示をした後に，当人が死亡し，または，意思能力を有しない状況にある者となり，または，その行為能力の制限を受けた場合において，①申込者がその事実が生じたら申込みは効力を有しないとの意思を表示したとき（たとえば自分が生きている間だけ，この申込みは有効とするなどと意思表示をしていたとき），または，②相手方がその事実を承諾の通知を発するまでに知ったときは，申込みは効力を有しないものとなる (526条)。

⑤ 公示による意思表示

表意者が相手方を知ることができないとか，相手方の所在が不明でどこに手紙を送ってよいかわからないとかいった場合には，到達主義の原則では意思表示の効力を生じさせることができない。こうした不便を取り除くために，民法は特別の方法を定めている (98条)。これを公示による意思表示という。

(1) **公示による意思表示の方法**　この申立てをしようとする場合，表意者は相手方が不明であるときには，自己の住所地の簡易裁判所，相手方の所在が不明であるときには，相手方の最後の住所地の簡易裁判所に対してすることができる (98条4項)。

裁判所は，公示に関する費用をまずは予納させて（同条5項），公示送達に関する民事訴訟法の規定に従って（民訴111条），裁判所の掲示場に意思表示の内容を掲示し，その掲示があったことを官報に少なくとも1回は掲載することになっている。ただし，裁判所が相当であると判断したときは，官報の掲載に代えて市役所，区役所，町役場の掲示場に掲示することができる (98条2項)。

(2) **公示による意思表示の効力発生時期**　最後に官報に掲載した日または

その掲載に代わる掲示を始めた日から2週間を経過した時に，相手方に到達したものとみなされる。ただし，表意者が相手方を知らないこと，またはその所在を知らないことについて過失があった場合は到達の効力は生じないとされる（98条3項）。

6 意思表示の受領能力

（1）**意思表示の受領能力を欠く者**　意思表示は相手方に到達することで効力を生じることはすでに述べた。到達すれば，相手方が意思表示を了知し，それに対して適切な行動をすることが可能となるからである。そこでは，相手方が意思表示の内容を理解し，自己に不利益が生じないように対応できることが前提とされている。このため，民法は，こうした知的な能力（意思表示の受領能力）を欠くおそれがある者について一定の手当を施している。

表意者は，意思表示の相手方が受領時に，①意思能力を有していなかったとき，または②未成年者や成年被後見人であったときには，その意思表示の効力を相手方に主張できない。

このような場面でも，意思能力を有していなかった者や，未成年者や成年被後見人は，受領能力を欠く者として，とくに保護されているのである（98条の2本文）。

（2）**意思表示や催告の相手方：法定代理人**　こうした保護の必要性から，これらの者を相手方とする意思表示や催告は，これらの者のためであることを示して（99条2項），その法定代理人に対して行うべきことになる。それらの法定代理人が受領を知った時は，その時点で意思表示は効力が生じる（98条の2ただし書・同条1号）。また，未成年者や成年被後見人が単独で有効にすることができる法律行為については98条の2の適用はない。

第**6**章

消費者契約法・特定商取引法

● **本章で学ぶこと**

　本章で学ぶ消費者契約法は，事業者と消費者との取引において適用される。同法は，日常生活において私人が個人として事業者と行う契約のほとんどに適用されるものである。この意味で実質的な意味の民法の一部を形成する重要な規律であり，民法との関連性も十分に理解するようにしてほしい（→WINDOW 6-1）。

第1節　消費者契約法総論

1 消費者契約法の3つの柱

　消費者契約法（2001年施行）は，次の3つの柱からなる法律である。第1の柱は，**消費者の取消権**に関する規定である（消費契約4条～7条。なお，以下の条名はとくに指示しない限り，同法を指す）。事業者の不適切な勧誘行為により，消費者が誤認または困惑により消費者契約を締結した場合に，消費者に取消しを認めている。

　第2の柱は，消費者の利益を一方的に害する条項を無効とする**不当条項規制**に関する規定である（8条～10条）。これらは，契約の効力を否定する原因として機能するものである。

　さらに，第3の柱は，消費者団体訴訟制度である（12条以下）。事業者の不適切な勧誘行為や不当条項の使用を差し止める権利を，適格消費者団体に認めている（これについてはWINDOW 6-2で扱う）。2000年に消費者契約法が制定された当時には存在しなかった制度であるが，消費者の被害の発生・拡大の抑止のために2006年改正で同法に追加されたものである。なお，消費者契約に関しては，特定商取引法（以下，特商法とする）も消費者契約法と同様に民法の特則として重要なものであり，後述するところの第4節で取り上げる。

2 消費者契約法制定の背景

　社会の複雑化に伴い，近年の消費者被害の多くが契約関係をめぐって生じている。大量生産・大量販売の経済構造のもとでは，商品やサービスに関する情報は主に事業者にあり，消費者としては事業者から広告宣伝を通じて提供される情報に依拠せざるをえない。その結果として，事業者の不適切な勧誘行為に起因するトラブルが多発している。民法には，詐欺・強迫による取消しの規定（民96条）や民法の錯誤規定（民95条）が用意されているが，それに委ねておくだけでは消費者被害を救済することは難しい（→WINDOW 5-8）。

　また，消費者取引はその多くが事業者側の用意した約款（→WINDOW 4-7）に依拠しており，消費者自身がその内容を交渉によって変更することはほとんど不可能である。契約の解釈や公序良俗（民90条），信義則（民1条2項）などの規

□ WINDOW 6-1

民法と消費者法

　2017 (平成29) 年の改正民法は, 契約法 (債権関係) の現代化の要請に応えようとするものであった。そうであれば, 市民日常生活で使われる可能性の高い消費者契約の規律こそ民法典の中に置かれるべきではないか。消費者契約法の規律が民法の外にあることは, 民法典の空洞化をもたらしかねないとの懸念も示されている。こうした考慮から, 改正議論の初期段階では, 民法典の中に消費者契約法の規律を統合していく方向性が示されたものの, 実現しなかった。しかし, そうした検討や試みは, 現代型の (消費者) 契約の規律のあり方や問題点についての関心や議論を呼び起こし, 今後の契約法の課題を明らかにしたように思われる。

定を通して救済を図ろうとする裁判例もあるが, 限界がある。

　消費者契約法は, こうした問題の原因が消費者と事業者との間に構造的に存在する情報力や交渉力の格差にあると捉えて, これらの格差を是正するために制定された (1 条参照)。同法は, 2000 (平成12) 年 5 月12日に公布され, 翌年 4 月 1 日に施行された。同法は制定から20年以上も経過したこともあり, かなりの数の裁判例の蓄積がみられ, さらに消費者被害の広がりに対応して, その抑止・救済のために制定後, 幾度も改正が行われている。近時の消費者契約法の改正としては2018年と2022年の改正が重要である。以下では, それぞれ2018年改正, 2022年改正と略記する。とりわけ, 2022年改正は市場の変化に対応して消費者にとって安心・安全な取引環境を整備することを目的として, 事業者の情報提供の努力義務の範囲を広げ, 不当勧誘行為類型・不当条項類型についても拡充が行われた。

③ 消費者契約法の適用範囲

　(1)　**適用対象 (一般法的性質)**　　特商法や訪問販売法などの各種の特別法は, それが特定の領域または形態の取引に限定して適用される。これに対して, 消費者契約法は, 消費者と事業者との間で締結される消費者契約全般に広く適用される一般法的性質を持つものとして制定された。それゆえ, 消費者契約法には, 特定の取引にのみ適用される特別法の規制対象から漏れることになる消費者被害について, その隙間を埋める受皿としての機能を果たすことが期待されている。消費者契約法においては, そうした要請に応えることができるように, 一般条項として機能することができる規定が整備される必要がある。

(2)　「消費者契約」・「事業者」・「消費者」

　①「消費者契約」とは，消費者と事業者との間で締結される契約をいう（2条3項。なお，労働契約は48条により消費者契約法の対象から除外される）。消費者契約の意味内容を理解するには，「事業者」概念と「消費者」概念，そして両者の関係についての理解が前提となるので，以下において説明しておこう。

　②「消費者」とは，事業としてまたは事業のために契約の当事者となる場合におけるものを除く個人をいう（2条1項）。契約主体の属性に関する要件となる。

　③「事業者」とは，これに対して，法人その他の団体および事業としてまたは事業のために契約の当事者となる場合における個人をいう（2条2項）。「法人その他の団体」であれば，つねに同法にいう事業者に該当する。その法人等の目的は問わない。個人であっても，事業としてまたは事業のために契約の当事者となる場合には，事業者となる。②の場合と同様に，契約主体の属性に関する要件である。

　当該契約が消費者契約である（①）ためには，契約主体に関する要件である②と③の要件が充足される必要がある。

(3)　「**適格消費者団体**」　　消費者契約法には，「適格消費者団体」の規定が置かれている（2条4項）。適格消費者団体には，同法により差止請求権が付与される。適格消費者団体とは，「不特定かつ多数の消費者の利益のためにこの法律の規定による差止請求権を行使するのに必要な適格性を有する法人である消費者団体」であって，「第13条の定めるところにより内閣総理大臣の認定を受けた者」をいう（→WINDOW 6-2）。

④ 事業者の情報提供等に関する努力規定

　事業者が勧誘時に用いた説明やパンフレットの記載が誤解を招くものであったりすることで，消費者とのトラブルが生じることが多々みられる。そこで，消費者契約法3条1項は，事業者に対して，消費者の自己決定の前提を形成する情報の提供を求める努力義務を課している。

　①契約条項を定めるにあたり，消費者の権利義務その他の消費者契約の内容が，その解釈について疑義が生じない明確なもので，消費者にとって明確かつ平易なものにするよう配慮すること（3条1項1号：明確かつ平易な定め），およ

□ WINDOW 6-2　◀◀

消費者団体訴訟制度——消費者契約法上の団体訴訟

(1)　**団体訴訟制度の概要**　　消費者団体訴訟制度は，2006年5月31日消費者契約法の改正によって創設された。団体訴訟制度は，1965年にドイツで最初に，(とくに約款の差止めを行うための制度として) 実現され，その後EU指令に基づきヨーロッパ各国で導入された。近時，EUでは，域内市場の確立と消費者の権利保護を目的として，消費者の権利の実効化策の強化が図られている。

(2)　**団体訴訟の必要性 (差止請求権)**　　団体訴訟制度は，内閣総理大臣が，一定の要件を満たした団体に，不当な行為・条項の差止めや被害回復などの請求訴訟を行う権利 (訴権) を付与して，集団的な利益のための団体による訴訟を認める制度である。

消費者契約法は，事業者と消費者の情報格差，交渉力格差から生じる消費者被害を救済するため，2000年に制定され，消費者は，同法による救済を求めることができるようになった。しかし，消費者が個人で，違反行為を行う事業者相手に訴訟をするには，情報を集め，自らの時間と費用を費やすことを覚悟しなければならない。訴訟である以上，必ず勝訴するとは限らない。そうなると，消費者に，そうした行動をつねに期待できるわけではない。情報を得ることができない消費者は，多くの場合に，泣き寝入りせざるをえない状況に置かれる。こうした個人の能力を強化・支援するために消費者団体が必要となる。

さらに，国家の市場運営という観点からもこうした状況を放置することは問題を生じさせる。民事ルールをないがしろにする事業者が放任され，誠実に法を守る事業者が不利な状態に置かれる。それが蔓延すれば，市場への信頼が損なわれ，市場の縮小が生じ，国家の関心事である経済の発展が阻害される。そこでは，競争秩序からみて違法となっている状態を「告発」し，正常な秩序へと回復させることが必要となる。こうした対応は，行政だけでは十分にすることができない。それを補完する役割を担うのが，消費者団体なのである。

消費者契約法は，適格消費者団体に不当勧誘行為および不当条項について差止請求権を付与した (12条以下)。さらに，こうした差止請求権は，景表法，特商法，食品表示法にも拡大された。このような拡大傾向は，差止請求権が事業者の市場における違法行為の除去や阻止に有効であることの証左であり，同時に，それが公益的な機能を担っていることを示している。

(3)　**消費者の被害回復制度 (集団的な金銭的被害回復)**　　もっとも，これだけでは市場において不当な収益をあげることを目的とした悪徳事業者の行動を十分に抑止できるかどうかは心許ない。さらに，事業者のこうした行動への経済的インセンティブを奪うことが必要である。このため，2014年に消費者裁判手続特例法が制定され，消費者個人の金銭的な被害を回復するための集団訴訟の提起が認められた。この間，いくつかの訴訟が提起され，消費者団体が勝訴した事例もみられたが，その利用頻度等からみて使い勝手のよい制度ではないとの指摘もあった。そこで，この制度を活性化させるために2022年に同法の改正が行われた。集団的な「被害回復」制度が，差止請求制度と相まって，消費者被害の予防・救済を総合的に実現するシステムとして十分に機能することが期待されている。

び，②勧誘に際し，一般的な説明だけでなく，消費者個々人の状況に合わせたその理解を深めるために，物品，権利，役務その他の消費者契約の目的となるものの性質に応じ，個々の消費者の年齢，心身状態，知識および経験を総合的に考慮したうえで，消費者の権利義務その他の消費者契約の内容についての必要な情報を提供すること（同2号：消費者の事情に応じた情報提供），を求めている。

　①は，解釈に疑義のある不明確な条項によるトラブル発生の防止を目的とし，「明確かつ平易」の要請に基づき，事業者が不明確な契約条項を作成したり，それを用いないことを求めている。なお，契約条項の内容が不明確な場合には，契約の解釈ルールを通じて，その内容を作成者（ここでは事業者）にとって不利な意味に解釈したり，その条項の効力を制限したり，否定する可能性があることに留意すべきである（いわゆる不明確条項解釈の準則〔「作成者の不利に」の準則〕。→127頁）。

　また，②事業者の情報提供においては個別の消費者の事情を考慮すべきであるとの趣旨を明確にするために，2018年改正および2022年改正で文言の追加が行われた。こうした考え方は，すでに金融商品取引に関する特別法（金融商品取引40条，金融商品販売3条など）などでも「適合性原則」として導入されてきたものであるが，2022年4月からの成年年齢の引下げや超高齢社会への対応として，その意義が強調されてきている。

　さらに，2022年改正による新たな事業者の努力義務として，定型約款による消費者契約の締結に際しての定型約款の表示請求に対応すること（3条3項），消費者契約の解除権の行使に必要な情報を提供すること（同項）が追加された。こうした情報は，消費者が契約を締結し，また解除するために消費者にとって不可欠なものだからである。また，いわゆる解約料に関しては，その算定根拠の概要についての説明要請に応じる努力義務も規定された（9条2項）。

　これらの規定は，いずれも法的な義務を直接発生させない，いわゆる努力規定として理解されている。すなわち，事業者がこれらに違反したとしても，それによって直ちに損害賠償責任が生じたり，消費者の取消権が認められたりすることはない。このような規定の仕方については，裁判規範として機能しない不十分なものであるとの批判もみられる。

　もっとも，事業者のこうした努力義務の違反行為に起因して契約が締結され

た場合については，民法の信義則違反（民1条2項），あるいは，不法行為（民709条）を媒介として，当該の取引行為の違法性ないし不法性を基礎づけることが可能であり，消費者には事業者の民事上の責任を追及する手段が与えられている。事業者は，これらの規定を，単なる努力義務であるにすぎないといった見方によって軽視することは許されない。

　同条2項には，消費者は，契約締結の際に，提供された情報を活用し，契約内容を理解するよう努めるものとする旨の規定（消費者側の努力規定）が置かれている。

 # 契約締結過程の規制

① 消費者の取消権

　消費者契約法は，消費者の取消権を，大きく分けて①事業者の不適切な勧誘行為により消費者が誤認をした場合，②事業者の不適切な勧誘行為により消費者が困惑をした場合，③過量契約が締結された場合の3つの場面で認めている（4条）。こうした規制は，消費者の自己決定の前提となる環境を整備することに役立つものとして位置づけられている。

② 誤認惹起行為による取消し（4条1項・2項）：3つの類型

　消費者契約法は，次の3つの誤認惹起類型において消費者の取消権を認めている。

　(1)　**不実告知型**　　第1は，**不実告知**による誤認惹起行為である（4条1項1号）。事業者が，契約締結の勧誘の際に，消費者に対して，重要事項（→後述(4)）について事実と異なることを告げ，消費者が，その内容が事実であると誤認して契約を締結した場合，消費者はこの契約の取消しをすることができる。たとえば，店頭に陳列したスイカの糖度が実際には10度であるのに，15度であると表示したり，外国産のウナギを国内産と表示していたりする場合である。

　もっとも，事業者が単に主観的な評価を告げたにすぎない場合には，不実告知とはならない。たとえば，事業者が，このスイカはとっても甘いという宣伝をしていたが，消費者が実際に食べてみるとそれほど甘いとは感じなかったよ

図表6-1　消費者契約における不当勧誘行為規制

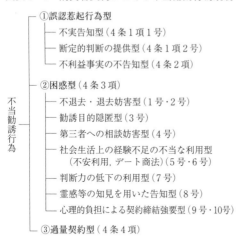

うな場合である。

　(2)　**不利益事実の不告知型**
第2の類型は，**不利益事実の不告知**による誤認行為である（4条2項）。事業者が，重要事項等について，①消費者の利益となる旨を告げ，かつ，②重要事項について消費者の不利益となる事実を故意に告げず，または重大な過失により告げなかったことで消費者が，その事実が存在しないものと誤認した場合，消費者はこの契約を取り消すことができる。故意の立証は容易ではないことから，本項の適用が困難になっていたことを考慮して，2018年改正により，「故意」に「重大な過失」の文言を追加し，事業者の主観的要件を緩和した。

　不利益事実の不告知と認められるには，単なる不告知だけでは足りず，①先行行為として重要事項等について利益となる事実を告知すること，②その重要事項について不利益な事実（先行行為によって通常存在しないと想定される不利益事実）を故意に告げなかったこと（故意の不告知行為），という要件の充足が必要である。たとえば，マンションの販売業者が，販売の際に日当たりの良い部屋であることを強調し，そのことで，消費者は日当たりが悪いという事実はないものとして契約したが，実際には，そのマンションの隣に別のマンションの建設が予定されており，当該業者が，それにより当該の部屋の日照条件が大きく変わることを知りながら，消費者に告げなかった場合がその例となる。なお，近時の裁判例の傾向では①の要件を重視せずに判断するものがみられる。

　(3)　**断定的判断の提供型**　　第3の類型は，**断定的判断の提供**による誤認惹起行為である（4条1項2号）。事業者が，契約締結の勧誘の際に，消費者契約の目的となるものに関し，将来におけるその価額その他，将来における変動が不確実な事項につき断定的判断を提供し，消費者がそれを確実であると誤認し

図表 6 - 2　消費者契約法 4 条における事業者の誤認惹起行為の要件構造

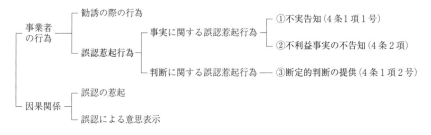

た場合，消費者はこの契約の取消しをすることができる。未公開株を絶対に値
上がりするとして販売したような場合がその例となる。

　(4)　**重要事項の範囲**　　「**重要事項**」とは，消費者契約の目的となる内容や
取引条件であって，消費者が消費者契約を締結するかどうかを判断するときに
通常影響を及ぼすべきものである。消費者契約法は，次のような事項を定めて
いる（4 条 5 項）。

　①物品，権利，役務などの質，用途，その他の内容（1 号）　　外国産の牛肉
を神戸牛として販売した場合がこれにあたる。

　②物品，権利，役務などの対価その他の取引条件（2 号）　　無料であるとし
て契約を申し込ませたが，実際には有料の契約であった場合である。

　③消費者の生命，身体，財産その他の重要な利益についての損害または危険
を回避するために通常必要であると判断される事情（3 号）　　事業者が消費者
宅を訪問し，実際にはシロアリがいないのに，その巣があって放っておくと家
が倒壊する危険があると告げて駆除契約を締結した場合において，事業者のシ
ロアリがいるという説明がこうした「事情」にあたる。

③ 困惑による取消し

　消費者契約法は，事業者が，次の困惑類型に該当する行為を行い，それによ
り消費者が困惑し契約を締結した場合において消費者の取消権を認めている（4
条 3 項）。

　(1)　**不退去による困惑（不退去型）**　　事業者が消費者の個人宅を訪れて帰ら
ないので，消費者が事業者に対して，「お帰り下さい」と言った（「退去すべき旨
の意思表示を」した）のに，事業者が退去しない場合（1 号）。

(2) **退去妨害による困惑** (退去妨害型)　消費者がキャッチセールスなどで営業所に連れ込まれ，消費者がそこから帰りたいといっても，退去させない場合 (2号)。

(3) **勧誘目的を告げずに，退去困難な場所へ同行し勧誘する行為**　勧誘をすることを告げずに，消費者が任意に退去することが困難な場所へ同行して勧誘する場合 (3号)。

(4) **第三者への相談の連絡を妨害する行為**　勧誘場所において，消費者が第三者に相談の連絡をしようとすることを威迫による言動を交えて妨げる行為をする場合 (4号)。

(5) **社会生活上の経験不足の不当な利用型** (その1)：**不安をあおる告知**
消費者が，社会生活上の経験が乏しいことから，①社会生活上の重要な事項 (進学，就職，生計等) や，②身体の特徴・状況に関する重要な事項 (容姿，体型等) についての願望の実現に過大な不安を抱いていることを，事業者が知りながら，不安をあおり，願望の実現のためには契約の目的となるものが必要だと告知する場合 (5号)。たとえば，就職活動に不安を抱いている学生の不安をあおり，就職セミナーに勧誘して，受講契約を締結させた場合である。

(6) **社会生活上の経験不足の不当な利用型** (その2)：**恋愛感情等の不当な利用** (いわゆるデート商法)　消費者が，社会生活上の経験が乏しいことから，勧誘者に対して恋愛感情等の行為の感情を抱いて，かつ勧誘者も同様の感情を抱いていると誤信している場合に，事業者がそれを知り，それに乗じて契約しなければ関係が破綻する旨を告げた場合 (6号)。たとえば，恋愛感情を抱いた消費者に「自分の店の指輪を購入してくれないと，別れる」と言って，それを購入させたような場合である。

(7) **判断力低下の不当な利用型**　加齢や心身の故障により判断力が著しく低下したことから，生計や健康等に関し現在の生活の維持に過大な不安を抱いている消費者に対して，事業者が，それを知りながら，消費者の不安をあおり，裏付けとなる合理的な根拠その他の正当な理由もなく，契約しなければ現在の生活の維持が困難になると告げた場合 (7号)。たとえば，この健康食品を継続して食べないと，重大な病気にかかると告げて購入させた場合である。

(8) **霊感等による知見を用いた告知型** (いわゆる霊感商法)　事業者が，霊感

その他の合理的に実証することが困難な特別な能力による知見として，そのままでは重大な不利益を与える事態が生じることを示し消費者の不安をあおり，契約により確実に重大な不利益を回避できる旨を告げた場合(8号)。たとえば，「悪霊に取り憑かれている。除霊し，幸せになるためには，このネックレスを購入しなければならない」と告げて購入させた場合である。

(9) **心理的負担による契約締結強要型(その1)：契約締結前の債務内容実施**　消費者が契約をする前に，事業者が，契約上負担することになる義務の内容の全部もしくは一部を実施し，または目的物の現状を変更し，その実施または変更前の原状の回復を著しく困難にした場合(9号)。たとえば，注文を受ける前にベランダの長さに合わせてさお竹を切って代金を請求した場合である。

(10) **心理的負担による契約締結強要型(その2)：契約締結を目指した活動による損失補償の請求**　事業者が，消費者が契約をする前に，消費者からの特別の求めなどもないのに，契約締結を目指した事業活動(調査，情報の提供，物品の調達等)を実施したうえで，その実施の損失の補償を請求する旨を告げた場合(10号)。事業者が契約交渉をファミレス等で行い，その「飲食代金を支払え」と告げて契約をさせた場合がこれにあたる。

以上の(9)と(10)は，消費者の心理的負担を事業者が利用する点で共通性がある。

4 過量契約(同種契約)の取消し

高齢者の判断能力の低下等につけ込んで複数回にわたって大量に物品を購入させたり，長期間にわたる契約を締結させたりする被害事案が多発した。いわゆる次々販売と呼ばれる悪徳商法への対策として，2016年改正で日常生活の必要を超えた量の商品の購入契約を規制するために新たに設けられた過量契約と同種契約という2つの類型において，消費者の取消権が認められた(4条4項参照)。

(1) **過量契約**　事業者が，消費者契約(以下，契約とする)の目的となるものの分量，回数または期間(以下では「分量」とのみ記する)について通常の「分量」を著しく超えるもの(**過量契約**)であることを知っていた場合には，消費者は当該の契約を取り消すことができる(4条4項前段)。たとえば，一人暮らしの高齢者に対して通常では必要のない布団や健康食品などを多数購入させる場合である。

(2)　**同種契約**　　同様に，消費者が同種の契約をすでに締結している場合において，事業者が，以前の契約の「分量」と，当該の契約の「分量」とを合算した「分量」が通常の分量を著しく超えるもの（**同種契約**）であることを知っていたときは，消費者は契約を取り消すことができる（同項後段）。これは，累積型の過量契約で事業者が以前の契約を知っていることが要件となる。

⑤ 取消権行使の効果

(1)　**原則（遡及的無効）**　　消費者契約法による取消しの効果については，民法121条の規定により，契約時にさかのぼってはじめから無効となる。

(2)　**消費者の返還義務**　　消費者が，消費者契約法4条1項から4項までの規定に基づき当該消費者契約を取り消した場合において，給付を受けた当時その契約が取り消すことができるものであることを知らなかったときは，当該消費者契約によって「現に利益を受けている限度」において，すでに受けていた給付の返還の義務を負う（6条の2）。6条の2は，消費者保護の観点から，消費者の返還義務の範囲を現存利益に制限しており，民法121条の2第1項の特則となる（→262頁）。なお，事業者の返還義務については本条の適用はなく，原則規定である民法121条の2第1項が適用される。

(3)　**第三者との関係**　　この取消しの効果は，善意かつ過失がない第三者に対抗することはできない（4条6項）。

(4)　**取消権の行使期間**　　消費者契約法に基づく取消権は，追認をすることができる時から1年間行わないときは，時効によって消滅する。当該消費者契約の締結の時から5年を経過したときも，同様である（7条）。この期間は，民法126条の規定（追認をすることができる時から5年，行為時から20年）に比べると，かなり短期の期間である。なお，消費者契約法の規定は，民法の意思表示に関する規定の適用を妨げるものではない（11条1項）。

⑥ **事業者の代理人・媒介受託者による不適切な勧誘行為があった場合**

消費者契約では，事業者自身ではなく，事業者の代理人や事業者から媒介受託を受けた者から消費者が不適切な勧誘行為を受ける場合も少なくない。このような場合に，事業者に責任があることを明確にするために，消費者契約法5条が設けられた。それによれば，媒介受託者（5条1号）や代理人（同条2号）が，不当な勧誘行為（4条1項〜4項に定める行為）を行った場合には，事業者本人が

行った場合と同様に，消費者に，その勧誘行為によって締結した契約の取消しを認めている。また，受託者の受託者，代理人の副代理人が行った場合でも同様である。

第3節　不当条項の内容規制

1　はじめに

　消費者契約法の第2の柱は不当条項規制である。この規制は，大きく一般的規制（10条）と個別的規制（8条・8条の2および9条）の2つに分けることができる。不当条項規制が，こうした二段階構造を採用している理由は，個別的な（限定）列挙による規制だけでは，将来，出現する可能性のある不当条項を網羅することができず，そこから漏れる不当条項に適切に対処することができないからである。

2　一般的規制：消費者契約法10条の意義

　10条の根本的な意義は，明文で裁判官に，消費者契約における条項について，その不当性を判断するための一般的かつ積極的な審査権能を付与した点にある。

　消費者契約法の目的は，事業者と消費者間での力の不均衡がみられる場面で，形式的な契約自由の保障ではなく，「実質的な」契約自由を実現することにある。このために，裁判官に対して契約内容を積極的に審査することを命じている。裁判官には，裁判という場での事後的な審査によって，消費者利益（場合によって市場の利益にもつながる）保護の観点から，契約条項の合理性を検証し，必要な場合にはその効力を奪うことが許されている（積極的な契約自由）。こうした裁判を通じた審査プロセスを経由することによって，消費者契約において一定の合理的な契約条項ないし契約類型が形成されることが期待されている。

3　法規定に反した契約条項の効力：契約条項の無効

　消費者契約法の規定は，原則として契約全体を有効なものとして維持しつつ，各規定に反した特定の契約条項の効力のみを「無効」にするとの考え方に

基づいている。この意味で一部無効となる。なお、契約全体を無効にする必要があるときには、公序良俗の規定（民90条）での判断が必要となる。

④ 10条の一般条項としての意義

(1)　**条文の内容**　消費者契約法10条は、①法令中の公の秩序に関しない規定（任意規定）によって形成される権利義務関係に比べて、当該の契約条項が消費者の権利を制限し、またはその義務を加重する消費者契約の条項であって、②信義則（民1条2項に規定する基本原則）に反して消費者の利益を一方的に害するものは、無効となると規定する。「法令」には、民法や商法その他の法令・準則が含まれる。

(2)　**前段要件**　①は前段要件と呼ばれるものであり、任意規定の範囲が問題となる。そこでは、明文の任意規定のみならず、明文の規定ではないもの、判例法や、契約類型における目的やリスク分配、契約類型に即して信義則や慣行から導かれる一定のルールなど（これらを「任意法」と呼ぶことにする）が考慮される（更新料条項の効力に関する最判平23・7・15民集65巻5号2269頁は、「任意規定には、明文の規定のみならず、一般的な法理等も含まれる」とする）。また、賃貸借契約において、借主が修繕費や経年劣化による通常損耗について費用を負担すると定める契約条項は、民法601条や606条・621条の任意規定の内容から逸脱するものとなる。

さらに、10条前段の要件の「任意法」に法文に明確な規定がない場合の準則も該当する。2016年改正では、10条前段に、任意法からの逸脱条項となるものの例示規定として、「消費者の不作為をもって当該消費者が新たな消費者契約の申込み又はその承諾の意思表示をしたものとみなす条項」という文言を付加した。この種の条項は、消費者に不測の（知らないうちに契約上の拘束を受けることになるという）不利益を被らせるおそれがあるからである。

(3)　**後段要件**　②は後段要件と呼ばれており、任意法からの逸脱の程度を考慮しつつ、その条項の不当性審査が行われる。たとえば、事業者が、上記の「任意法」から逸脱するかたちで、消費者を不利に扱う場合には、それが正当化できるかどうかが問題となる。逸脱の程度が大きい場合には、「信義則に反している」──当事者間の契約上の公平性（たとえば、給付の均衡）が害されている──との推定を働かせることができるであろう。

(4)　**一般条項規制から個別条項規制へ**　　たとえば，解除権を一方的に放棄させるような条項は，個別の条項規制に明文はないものの，従前からそのような条項が用いられた場合には，裁判所において10条違反とされるであろうと考えられてきた。2016年改正は，このことを明確化するために新たな個別規定を置いた（8条の2）。司法判断においても，一般条項の枠組みにおいて消費者取引のための新たなルールの形成が求められている。こうした個別規定がなくても，裁判所が，一般条項を用いて消費者の利益を保護するため，新たなビジネスモデルにおいて用いられる不当条項に柔軟に対処することが期待されているのである。

⑤ 個別条項規制

(1)　**免除・責任制限条項**（8条）　　免除・責任制限条項には，以下の3つの種類がある。

(a)　**事業者の債務不履行責任を制限する条項**　　事業者の債務不履行による損害賠償責任を制限する条項のうち，①損害賠償責任を全部免除する条項および当該事業者にその責任の「有無」を決定する権限を付与する条項（8条1項1号。決定権限付与条項という），②事業者の故意・重過失による債務不履行による損害賠償責任の一部を免除する条項および当該事業者にその「限度」を決定する権限を付与する条項は無効となる（同項2号）。たとえば，スポーツクラブへの入会契約書に「本クラブの利用に際しては，どのような事情があろうとも，一切の損害賠償責任を負いません」とする条項が書かれていたとすると，この条項は，8条1項1号の全部免除条項に該当することになり，無効となる。

(b)　**事業者の不法行為責任を制限する条項**　　事業者の債務の履行に際してされた事業者の不法行為による損害賠償責任を制限する条項のうち，①全部免除条項および当該事業者にその責任の「有無」を決定する権限を付与する条項（同項3号），②故意・重過失による責任の一部を免除する条項およびその責任の「限度」を決定する権限を付与する条項（同項4号）は無効となる。事業者が契約条項において故意・重過失による不法行為責任からも免れることを定めたとしても，当該の条項は無効となる。

(c)　**免除の範囲を明示しない条項の無効**（8条3項）　　消費者契約法は，事業者に故意・重過失がある場合には責任制限・免除条項の効力を認めていない

（8条1項2号・4号参照）。これに対して，軽過失がある場合の責任制限・免除条項，たとえば，「軽過失の場合は1万円を上限として賠償します」という条項の有効性は原則として認められている。問題となるのは，「法令に反しない限り，1万円を上限として賠償に応じます」とするような条項である。このような条項は，結果的に故意・重過失がある場合にも，この限度額でしか請求できないように消費者に思わせ，事実上，事業者の責任を制限する効力を有している。そこで，2022年改正は，軽過失の場合に当該条項を有効とする制限解釈を認めない趣旨を明確にし，事業者による不明確な条項の利用を阻止するために，免除条項が軽過失による行為にのみ適用されることを明確にしていない条項全体を無効にすることにした。つまり，「法令に反しない限りで」という条項が使われた場合，それが軽過失の場合の責任制限を指しているという理解で，条項の有効性を認める制限解釈も許されないことになる。上記の例では，特約の効力として，軽過失の場合も1万円を上限とすることは認められないことになり，民法の通常の損害賠償のルール（416条）が適用される。

　(d)　事業者の契約不適合責任（担保責任）を制限する条項　　8条1項1号および2号（先述(a)）に掲げる免除条項のうち，有償契約である場合において，いわゆる契約不適合（引き渡された目的物が種類または品質に関して契約に適合しないこと。これまで瑕疵とよばれていた）によって生じた損害（ここでは，代金減額に対応する損害）を賠償する事業者の責任を免除し，また当該事業者についての責任の有無や限度を決定する権限を付与する条項は，原則として無効となる（同項柱書参照）。なお，請負の契約不適合の場合についても同様の規定がある。

　もっとも，①事業者が履行の追完をする責任（たとえば，代物給付または修補責任）や損害賠償責任，代金（報酬）減額責任を負う場合（同項1号）や，②第三者によってそうした責任が引き受けられている場合（同項柱書）は，免除特約は有効となる（同項1号および2号）。なお，②の場合の免除が有効になるには，消費者契約と同時またはそれ以前に第三者がその責任を引き受ける契約が締結されていることが必要となる（同項2号）。

　これに対して，民法では，売主は原則として特約で担保責任（562条）を免れることが許されている（売主が悪意の場合は別。572条参照）。消費者契約法は，これを修正し，事業者の免除特約の効力を制限したのである。

(2)　**消費者の解除権を放棄させる条項**　　事業者が債務を履行しない場合に，消費者に契約からの解放を許さないとする解除権の放棄条項は，消費者にとって一方的に不利なものであることは明白であり，10条においても無効とされるべきである。2016年改正では，当事者の予測可能性を高めるという観点から，この種の規定が無効であることを8条の2において明文化した。

(3)　**事業者に対し消費者が後見，保佐，補助開始の審判を受けたことのみを理由とする解除権を付与する条項**(8条の3)　　たとえば，賃借人が成年被後見人の宣告や申立てを受けた場合に，事業者が賃貸借契約を解除することができるとする契約条項が用いられていることがある。しかし，そうした解除条項は，成年被後見人の社会生活の基盤を脅かし，成年被後見人等がそれ以外の人と等しく生活をすることができる社会をつくるという成年後見制度の理念に反するものだからである。

(4)　**損害賠償額の予定・違約金条項**（9条）　　損害賠償額の予定・違約金条項には以下の2つの種類がある。

(a)　消費者契約の解除に伴う損害賠償額を予定し，または違約金を定める条項　　損害賠償の予定額と違約金を合算した額が，当該条項で設定された解除の事由・時期等の区分に応じ，同種の契約の解除に伴い事業者に生ずべき平均的な損害を超える場合には，その超える部分について無効となる（9条1号）。

大学への入学金や授業料(いわゆる学納金)の返還が問題となった事件で，最高裁判所は，当該学生が大学に入学することが高い蓋然性をもって予測される時期よりも前の時期における解除の場合において授業料を返還しない旨の特約（不返還特約）は，9条1号の「損害賠償額を予定し，または違約金を定める条項」に該当する条項であるとして，**「平均的な損害」**を超える部分を無効とした。

この場合の平均的な損害の算定をどのように判断するかについて，判例は，4月1日を基準日として，3月31日までに解除されていれば損害がないと判断し，その基準日以後の解除については，納付済みの授業料等全額を平均的な損害とみなした（最判平18・11・27民集60巻9号3597頁。さらに，最判平18・11・27民集60巻9号3437頁なども同じ）。2022年改正により，損害賠償額の予定および違約金の算定根拠について，事業者は，その算定の根拠の概要について消費者に説明する努力義務を負うことが規定された（9条2項）。こうした説明を受けることに

よって，消費者が負担している平均的損害額についての立証責任を緩和することが意図されている。

(b) 金銭債務の支払遅延に伴う損害賠償額を予定し，または違約金を定める条項　金銭債務の支払い遅延の場合には，損害賠償額および違約金は，14.6％を乗じた額を超える部分は無効となる（9条2号）。本条は，金銭債務の支払い遅延の場合に適用される。たとえば，代金の支払いが遅れた場合に，20％の損害賠償を請求するような場合である。

第4節　特定商取引法

① 特商法の概要

特商法（正式名称は，「特定商取引に関する法律」）が規律の対象とする「特定商取引」とは，①訪問販売，②通信販売，③電話勧誘販売，④連鎖販売取引（マルチ商法），⑤特定継続的役務提供（エステティックサロンなど），⑥業務提供誘引販売取引（モニター・内職商法），⑦訪問購入，の全部で7種類の取引である（特商1条）。さらに，ネガティブ・オプション（送りつけ商法）についても規定がある（→214頁）。

特商法は，消費者契約法と並んで，事業者と消費者との契約において消費者保護の機能を果たす重要な法律である。同法では「消費者」という言葉は使われていないものの，①から③までの類型について，購入者等が「営業のために若しくは営業として」締結する取引について適用除外が設けられており，同法は実質的には消費者を保護するものということができる。以下の説明では，単純化のため，購入者等に代えて「消費者」という用語を使う。

特商法は，民事的規制のほか，行政的規制，刑事的規制を設けており，消費者保護を実効化するために大きな役割を果たしている。

② 訪問販売

(1) 意義　本法が適用される「訪問販売」となるには，事業者が行う店舗外取引であることが必要である。販売員が家庭や職場を訪問して取り引きする場合が典型である。もっとも，店舗に誘い込む形態でのキャッチセールスや

□ WINDOW 6-3

特定商取引法上の消費者の取消権

　特商法は、2004年改正法で、事業者の不当な勧誘行為による誤認惹起があった場合の消費者の取消権を規定した（特商9条の3・24条の2・40条の3・49条の2・58条の2参照）。これらの規定は、2000年に成立した消費者契約法上の消費者の取消権（→197頁）を特商法の類型に応じて具体化したものである。さらに、インターネット取引における定期購入における消費者被害の拡大をきっかけに、通信販売取引においても「特定申込み」の場合に取消権が導入された（15条の4第1項・2項参照）。この点については本文も参照。なお、訪問購入には取消権は規定されていない。

　特商法は、事業者が「重要事項（商品の内容、価格など）」について事実と異なる説明（不実告知）や、事実を隠すような行為（不利益事実の不告知）をすることを禁止している（6条・7条・8条・70条以下）。同法は、事業者にこれらの禁止行為の違反があった場合において、消費者がその説明どおりだと誤認したときは、追認できる時から1年間、契約を取り消すことができると定めている（9条の3第4項）。

アポイントメントセールス等も、訪問販売に含まれる。

　(2)　**規制内容**　　訪問販売においては、事業者は自己の名称、代表者・販売担当者の氏名、商品名・数量等を消費者に明示し、これらの法定の事項を記載した書面（法定書面）を消費者に交付しなければならない。また、不実告知など事業者の不当な勧誘行為の禁止も規定される（特商6条1項）。さらに、損害賠償の制限、消費者の取消権（→WINDOW 6-3）等が定められている。さらに再勧誘の禁止、および過量販売規制としての解除権（同9条の2）も規定されている。

　(3)　**クーリング・オフ**　　消費者は、法定書面が交付された後8日以内であれば、契約の申込みを撤回し、または契約を解除することができる（特商9条1項）。特商法上の消費者の権利として重要なものであり、これをクーリング・オフという。不意打ち等で購入決定をした消費者に、頭を冷やす時間を確保するという趣旨で設けられたものである。書面の法定事項の記載に不備があればクーリング・オフ期間は進行しない。それは、クーリング・オフ期間の延長という民事効を持つことになる。

　クーリング・オフの行使は、書面または電磁的記録（電子的方式、電磁的方式その他、たとえばE-mailなど）の通知によって行うことができ（同9条1項）、その通知の発信時に効力を有する（同条2項）。クーリング・オフの規定に反する特約は認められない（同条8項）。

クーリング・オフの制度の広がり──スマホの契約も？

クーリング・オフの制度は，特商法のほか，割賦販売法 (35条の3の10〜12)，特定商品等の預託等取引契約に関する法律 (8条)，宅地建物取引業法 (37条の2)，ゴルフ場等に係る会員契約の適正化に関する法律 (12条)，有価証券に係る投資顧問業の規制等に関する法律 (17条)，保険業法 (309条) 等でも規定されている。

2016 (平成28) 年の電気通信事業法の改正では，クーリング・オフの制度とは同一ではないが，類似するものとして，光回線サービスや主な携帯電話サービス等を対象に「初期契約解除制度」が設けられた。消費者は店頭販売による契約でも8日以内なら解約金なしに解除することできるが，他方で携帯電話等の端末の費用や解除までの利用料金，工事費用などを負担しなければならない。なお，事業者が請求できる額には上限がある。

また，総務大臣の認定を受けた移動通信サービスについては，初期契約解除制度ではなく，「確認処置」が適用される。これによれば，電波のつながり具合が不十分な場合と，事業者による説明等が不十分な場合において，消費者の申し出により，携帯電話等の端末も含めて電気通信サービスが違約金なしで契約解除できる。この場合，消費者は端末代金などの費用を負担する必要はない。消費者からの申し出が可能な期間は最低8日とされるが，その期間は事業者が定めるものとされている。

図表6-3　特定商取引法上の取引類型とクーリング・オフ

取引類型 (根拠条文)	クーリング・オフの有無と行使期間	
①訪問販売 (9条)	○	8日間*
②通信販売 (15条の3)	×	→返品制度**
③電話勧誘販売 (24条)	○	8日間
④連鎖販売取引 (40条)	○	20日間
⑤特定継続的役務提供 (48条)	○	8日間
⑥業務提供誘引販売取引 (58条)	○	20日間
⑦訪問購入 (58条の14)	○	8日間

＊　クーリング・オフの期間の起算日は，法定書面を受領した日である。法定書面に不備があれば，期間は経過しない。
＊＊　事業者が返品特約を明示していない場合，返品制度が適用され，商品の引渡しから8日間以内に解除が可能となる。

　2021年改正では，事業者は，法定書面等の交付に代えて購入者等の承諾を得て当該書面に記載すべき事項を電磁的方法により提供できるものとされた (同4条2項)。その提供方法については政令によって定められる。

　なお，クーリング・オフは，通信販売を除く6つの取引類型において認められている (この点について，→図表6-3)。

③ 通信販売

（1）　**意　義**　　通信販売とは，一般的にいえば，事業者による宣伝，たとえば，新聞，雑誌，テレビ，インターネット上のホームページ（インターネット・オークションサイトを含む）などの広告や，ダイレクトメール，ちらしなどを見て，郵便，電話，ファクシミリ，インターネットなどで購入の申込みを行う形の取引方法のことである（電話勧誘販売に該当する場合は除く）。商品・指定権利の販売，役務の提供を行う事業者の行為が対象となる。

（2）　**通信販売における広告・表示規制**　　通信販売における規制として，特商法は，事業者の広告・表示について，次の2つの場面に分けて規制している。

（a）　**一般的な表示規制**　　事業者には，その広告において，①価格・対価，②支払時期・方法，③引渡時期，④申込みの期間・内容，⑤申込みの撤回・契約の解除に関する事項，⑥事業者の名称・住所・電話番号等を表示することが義務づけられている（特商11条，省令8条）。さらに消費者に誤認を生じさせる「虚偽広告」や「誇大広告」も禁止されている（同12条）。また承諾をしていない者に対する電子メールやファクシミリによる広告についても規制がある（同12条の3・12条の5）。

とくに⑤の撤回や解除等について事業者は，広告等に記載することが求められており，それをしなかった場合には，後述の法定返品制度（同15条の3）が適用される。

（b）　**「特定申込み」に関する広告・表示規制**　　2021年特商法改正で導入された規制である。「特定申込み」とは，事業者の提供する様式での書面やパソコン等の映像面の表示に依拠して消費者が申込みをすることであり，その申込みを受ける事業者には，消費者への情報提供を確実にし，消費者の誤認を防止することが求められた。具体的には，事業者の広告において商品の分量，申込期間，返品権等の表示が義務づけられ（同12条の6第1項），これらに関して誤認を生じさせる表示も禁止された（同条2項）。

（3）　**法定返品制度**　　事業者が申込みの撤回・契約の解除に関する事項（返品の可否および条件など）について広告等に記載しなかった場合には，消費者は，商品の引渡しを受けてから8日以内であれば，契約を解除して返品することができる（特商15条の3第1項）。これを法定返品権というが，この場合は，クー

リング・オフの場合とは異なり，返品費用は事業者ではなく，消費者が負担しなければならない（同条2項）。通信販売に，クーリング・オフの規定がない理由は，訪問販売の場合とは異なって消費者に十分に考える時間があることとされたからである。特約が表示されている場合，消費者は，その条件に従って返品することができる。特約において返品等ができないと定められている場合には，不当条項にあたらない限り，原則として有効なものとなる。これに対して，事業者が契約に適合しない商品を引き渡したような場合には，消費者は，事業者の債務不履行責任を追及することができる。

(4) **特定申込みの場合の取消権**　上記の広告・表示の規制や返品制度だけでは，通信販売における消費者保護として十分でない場合がある。近時，消費者がパソコンや携帯端末の映像面に示される広告・表示について誤認をして，意図しない契約を締結させられていたなどの被害が生じていた。民法の詐欺や錯誤の規定，消費者契約法の不当勧誘規制に関する規定を適用することも考えられるが，2021年特商法改正はこの問題に対して次の規制を行った。特商法は，事業者が上記(2)の表示義務に関する規定（特商12条の6）に違反して表示をした場合，または一定の表示をしなかった場合において，消費者がそのことにより誤認して，「特定申込み」の意思表示をしたときには，消費者は契約を取り消すことができる（同15条の4第1項・第2項参照）とした。

④ 電話勧誘販売

電話勧誘販売とは，事業者から電話をかけて契約の締結を勧誘すること，また販売目的を告げないで相手方に電話をかけさせて勧誘することをいう（特商2条3項・16条～25条）。

電話勧誘販売の規制は，訪問販売の場合とほぼ同じものとなっている。たとえば，二度と電話をしないでほしいということを明言したような場合には，勧誘の継続をやめ，また事業者が再度電話をすること（再勧誘）が禁止される（同17条）。これらの禁止行為に違反した事業者は，業務改善指示（同22条）や業務停止命令（同23条）等の行政処分のほか，罰則の対象となる。

⑤ 連鎖販売取引

連鎖販売取引とは，組織に加入した各会員が新規の会員を入会させることにより，経済的な利益を受ける権利を得て，勧誘された会員も同様の権利を受け

ることにより，連鎖的に拡大し階層組織を形成する取引形態である。特商法の定義によれば，連鎖販売取引は，商品販売や役務提供をする事業であり，「特定利益」を得られるものとして勧誘し，「特定負担」をさせる取引とされている（特商33条以下参照）。たとえば，組織の会員が「この会に入会すると売値の3割引で商品を買えるので（この購入が「特定負担」となる），他人を誘ってその人に売れば儲かります」とか「他の人を勧誘して入会させると1万円の紹介料がもらえます」（儲けや紹介料が「特定利益」となる）などと言って人々を勧誘し，取引を行う場合がこれにあたる。

　一般に，このような取引（これを，マルチ商法〔multi-level marketing〕という）の勧誘を受けた者は，往々にして，高い利益を容易に収益できると信じ込みやすいが，現実はそう甘いものではない。利益を得るためには，まずは取引料の支払いや商品購入が求められ，その資金として借金を強いられることも多い。また，販路は家族や親戚，友人に限られることがほとんどであり，それを一回りすると，商品が売れなくなり，また新規の加入者を得ることができなくなる。組織が破綻すれば，借金が残り，それに関係した家族や友人にも経済的損害が及び，家族・友人関係といった私的な生活関係も同時に破壊されることになる。

　特商法は，こうした危険性を考慮し，厳しい規制を置いた（同33条以下）。クーリング・オフの期間は，通常の場合よりも長期（20日間）である。また，広告の中に「利益が得られる」と記載したときには，その具体的根拠（計算方法）を明示しなければならない（同35条3号）。たとえば，月々100万円が儲かると広告する場合は，その収入の裏付け，計算方式まで明示する必要がある。近時は，インターネット上でもマルチ商法の誘いがみられ，投資のための情報商材の販売などによって社会的経験の十分でない若年者層の被害が拡大する傾向が指摘されている。

⑥ 特定継続的役務提供

　エステティックサロン，外国語会話教室，学習塾，家庭教師派遣に，パソコン教室，結婚相手紹介サービス，美容医療が特定継続的役務提供として規制されている（特商41条以下参照）。クーリング・オフや中途解約権（継続的な契約関係を途中で解約をすることができる権利）が認められている（同49条）。損害賠償・違約金の制限として，事業者が要求する解約手数料の上限（取引形態によって異な

るが，最高額5万円）が定められている。

7 業務提供誘引販売取引

「仕事を提供するので収入を得ることができる」という口実で消費者を誘引し，仕事に必要であるとして，商品等を売って金銭負担を負わせる取引方法であり，被害が拡大したことから規制された。いわゆる内職・モニター商法にかかる取引のことである（特商51条以下）。

8 訪問購入

事業者が個人の自宅等を訪問して，物品の購入を行う取引のことを訪問購入という。高齢者の一人暮らしを狙って，金製品や装飾品を無理に安い価格で買い取る被害が多発したことから設けられた（特商58条の4）。ただし，自動車，家具，書籍等の購入は除かれる（政令16条の2）。個人宅で取引を行うことから生じる危険性は訪問販売と同様であり，クーリング・オフなどの権利が置かれている。特徴的な規制として，不招請勧誘の禁止がはじめて導入された（特商58条の6第1項）。

9 ネガティブ・オプション

事業者が「不要なら送り返してください」といった文面の手紙とともに商品を送りつける取引（いわゆる送りつけ商法）をネガティブ・オプションと呼んでいる。迷惑な取引方法の一種である。この場合，一方的な送付によって契約が成立することはないし，商品を受領した者はそうした申込みを承諾する義務もない。こうした送りつけ商法は，法的にも許容されるべきものではない。2021年改正で，ネガティブ・オプションは実質的に禁止されることになった。それによれば，売買契約に基づかないで商品を送りつけた業者は，その商品の返還を請求できない（特商59条1項）。また，売買契約の成立を偽って商品を送りつけたような場合も，同様に返還を請求することはできない（同59条の2）。このことの帰結として，送付された商品の受領者は，商品を業者に返還する必要がないことになり，直ちに処分することができることになった。

第7章
代　理

●本章で学ぶこと

　契約などの法律行為を他人（代理人）にしてもらうことができるしく
み——これが代理制度である。自らに関係する法律行為をすべて自らでしな
ければならないとすれば，世の中大変面倒である。事業主あるいは会社の社
長は，契約のたびにいちいち出向いていかなければならない。従業員が事業
主や会社の名で契約できるからこそ，大きな事業を展開できるのである（私
的自治の拡張）。また，判断能力の不十分な制限行為能力者のための法律行
為においても，代理制度が役に立つ（私的自治の補充）。

　本章では，このような代理制度について学ぶ。代理では，代理される者
（本人），代理人，そして，法律行為の相手方というように，登場人物が3者
もいることから，それぞれの関係を理解する必要がある（代理の三面関係）。
また，代理人と称する者に実は代理権がなかったという場合などの，代理に
おける病理現象（広義の無権代理）に対して，民法が用意している対処法に
ついても理解を深めなければならない。とくに，代理人に本当は代理権がな
いのにあると信じた法律行為の相手方を保護するための制度（表見代理制
度）は重要である。

第1節 代理の意義と機能

1 ── 代理の三面関係

1 民法における代理

代理による不動産取引を例にとると（→図表7-1），ある土地の所有者Aが，不動産取引に詳しく，その地域で人脈のあるBにその土地の売却を委託するとともに（委任契約），売買契約を結ぶ代理権を与える（代理権授与行為）。Bは，購入を希望するCを探し出して，Cとの間でAの代理人として，A所有地の売買契約を結ぶ（代理行為）。このとき，Aを売主，Cを買主とする売買契約が成立する。

このように，民法における代理とは，法律行為の代理のことをいい，とくに，契約の代理をいう。事実行為については，代行という（運転の代行など）。

2 代理の三面関係

代理においては，代理される者，つまり，代理行為の効果が帰属する者を**本人**，本人を代理して法律行為をする者を**代理人**，代理人との間で法律行為をする者を**相手方**（表見代理〔→235頁〕の規定においては第三者）という（**代理の三面関係**）。

(1) **代理関係**　本人の意思または法律の定めにより，他人に本人の名で法律行為をする権限が与えられたとき，その者が代理人となる。代理人の権限を**代理権**，任意代理権を与える法律行為を**代理権授与行為**（授権行為），本人と代理人の関係を**代理関係**という（→220頁）。

(2) **代理行為**　代理人は相手方との間で，「本人のためにすることを示して」法律行為を行う（99条）。「本人のためにすることを示して」とは，本人の利益のためという意味ではなく，法律行為の当事者となる本人の名（＝法律効果の帰属先）を明らかにすることである。これを**顕名**といい，顕名をして行われた法律行為を**代理行為**という（→230頁）。

(3) **効果帰属**　代理行為の効果は，代理人ではなく，本人（および相手方）に帰属する（99条。→233頁）。前述の不動産取引の例でいえば（→図表7-1），売買契約の法律効果が帰属するのは，本人A（および相手方C）である。したがっ

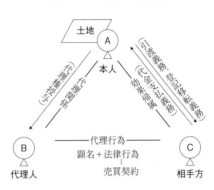

て，売買契約上の義務（引渡義務，登
記義務など。相手方Cは代金支払義務）
を履行しなければならないのは，本
人A（および相手方C）であって，代
理人Bではない。

図表7-1　代理の三面関係

2──代理の意義

1 私的自治の拡張と任意代理

　手広く商売をするときに，事業主
がいちいち出向いて契約しなければ
ならないとすると，不便なこときわまりない。取引活動を拡張するには代理制
度が不可欠である。また，専門的な知識が必要な場合には，専門家に委託する
ことも多いが，その際に代理権を与えておくと便宜である。社会的分業があた
りまえの世の中で，代理制度は**私的自治の拡張**として必要である。このような
場面で，本人が自分の意思で代理人を選ぶとき，そのような代理を**任意代理**と
いう。

2 私的自治の補充と法定代理

　社会には，事理弁識能力や利害得失の計算能力が十分でないために，取引を
する際に弱者の立場に追い込まれやすい者がいる。民法は，このような者を制
限行為能力者とし，その保護を図るために，親権者・成年後見人等の保護機関
が法律の規定によって定められている（→52頁。**私的自治の補充**）。保護機関には
法律の規定により代理権が与えられ（→220頁），そのような場面での代理を**法
定代理**という。

3 代理の認められる範囲

　代理制度は私的自治を拡張・補充するためのものであり，それは意思表示
（したがって，法律行為）に限られる（99条）。自動車の代行運転などの事実行為や
その際の事故などの不法行為について，代理は問題とならない。自動車の所有
者は代理により賠償責任を負うのではない（709条，自賠3条参照）。また，婚姻・
認知など，本人の意思が尊重されなければならない身分行為（家族法上の行為）
は，代理に親しまない。

4 無権代理と有権代理

(1) **広義の無権代理**　**無権代理**（広義の無権代理）とは，代理行為をした者が代理権を有していないときをいう（これに対して，有権代理とは，代理行為をした者が代理権を有するときをいうが，これは無権代理と対比するときに用いる表現である）。

図表7-1の例において，BがAから代理権を与えられていないにもかかわらず，Aの代理人であると称して，Cとの間でAの土地の売買契約を結んだ場合に，Aとしては売主としての責任をとる筋合いはないと考えるのが，最初の直感であろう。そのとおりに，無権代理行為は無効である（113条1項）。しかし，無効というだけにとどまらない法的な意味がある（以下に略述するが，詳細は，→234頁）。

(2) **追認・表見代理・無権代理人の責任**　(a) 追　認　無権代理行為であっても，本人が**追認**をすれば，有権代理となる（113条1項）。

(b) **表見代理**　たとえば，代理行為をしたBが，Aから代理権は与えられていないが，実印などの土地の売却に必要なものを別の理由で持っていたような場合には，Bに代理権ありとCが信じることもある（→WINDOW 7-4）。本人と無権代理人との間に何らかの関係があったために，相手方が無権代理人に代理権があるものと正当に信頼したときには，本人が責任を負うべきものとする法制度がある（**表見代理**。109条・110条・112条）。有権代理と同様に取り扱われる。

(c) **無権代理人の責任**　相手方は，追認や表見代理によって本人に向かうのではなく，無権代理人に対して法定の責任を追及することもできる（**無権代理人の責任**。117条）。

以上のように，代理行為において本人の名が示された（顕名が行われた）ならば，それは，たとえ無権代理によるものであっても，代理法の領域に属する。代理には，有権代理および広義の無権代理があることになる（→図表7-2）。

(3) **狭義の無権代理**　広義の無権代理のうちで，本人が責任を負うときが表見代理であり，その他の場合が**狭義の無権代理**（無権代理人の責任）である（表見代理と無権代理人の責任の関係につき，→WINDOW 7-6）。

図表7-2　有権代理と無権代理

3——代理の種類と代理に類似するもの

⊡ 任意代理と法定代理

　代理のうち，本人がその意思で（＝代理権授与行為）代理人を選任するものを，**任意代理**といい，法律により代理人またはその選任方法が定められているものを，**法定代理**という（→220頁）。

② 能働代理と受働代理

　代理人が相手方に対して意思表示をするものを能働代理といい（99条1項），代理人が相手方から意思表示を受けるものを受働代理という（2項）。両者をあわせて法律行為または契約の代理となる。

③ 代理に類似するもの

　(1)　**使　者**　　使者には，本人の完成した意思表示を相手方に伝達する伝達機関としての使者（たとえば，書面を相手方に届ける），および，本人の効果意思を表示する表示機関としての使者（たとえば，口上で伝える）がある。代理における意思表示は代理人自身の意思表示であるから，使者は代理人ではない。代理法は適用されない。それゆえ，使者が口上を誤ったとしても，表見代理規定（110条）の適用はなく，錯誤（95条）が問題となるにすぎない（表示上の錯誤。→165頁）。

　(2)　**問　屋**　　商法にいう「問屋<ruby>問屋<rt>といや</rt></ruby>」とは，自己の名で他人のために（＝他人の計算〔損得勘定〕において），物品の販売または買入れをすることを業とする者をいう（商551条。証券会社など）。他人のために販売・買入れをしたとしても，自己の名でするのであるから，契約当事者は問屋である（商552条1項）。この点で，代理とは異なる。

このような場合を，代理と類似するがそれと区別する意味で，間接代理という。民法にいう代理を直接代理という。なお，世にいう問屋は卸売商を意味する独立の商人であり，商法上の問屋ではない。また，自動車販売などにおける代理店なども，独立の商人であり，代理人ではない。

第2節　本人と代理人の関係（代理関係）

1 ── 代理権（代理関係）の発生原因

①代理権の効力と代理関係

　代理行為とは本人のためにすることを示してする法律行為をいうが（代理行為＝顕名＋法律行為），代理行為の効果が本人に帰属するには本人のためにすることを示す（顕名）のみでは足りない。代理行為の効果が本人に帰属するためには，代理行為をした者に**代理権**がなければならない。代理権は，代理行為の効果が本人に帰属するための効果帰属要件である。

　代理権を有する者（代理人）と代理行為の効果が帰属する者（本人）の法律関係が代理関係である。代理権ないし代理関係は，法律の定め（法定代理の場合）または代理権授与行為（任意代理の場合）によって生じる。

②法定代理権の発生原因

　(1)　**法定代理人の選任**　　法定代理人の選任は，①法律による直接の指定（818条・819条〔親権者〕），②本人以外の私人による協議・指定（819条〔離婚・認知のときの親権者〕・839条〔遺言による未成年後見人の指定〕），あるいは，③家庭裁判所の選任（840条〔未成年後見人〕・843条〔成年後見人〕・876条の2〔保佐人〕・876条の7〔補助人〕・25条1項〔不在者の管理人〕・952条1項〔相続財産の清算人〕）による。

　(2)　**代理権の付与**　　法定代理人に対する代理権の付与は，法律の定めによる。法律が直接に本人の保護機関に対して法定代理権を与えている場合（824条〔親権者〕・859条1項〔成年後見人・未成年後見人〕），または，家庭裁判所の審判により本人の保護機関に代理権を付与する場合（876条の4第1項〔保佐人〕・876条の9第1項〔補助人〕）などがある。

③ 任意代理権の発生原因

(1)　**代理権授与行為**　　任意代理における代理権の発生原因は，代理権授与行為（授権行為）にある。伝統的学説によれば，代理権授与行為は，代理人となる者に対する代理権の授与の意思表示を内容とする法律行為（単独行為）である。

(2)　**委任と代理**　　代理権授与行為によって代理権が発生するが，何の目的もなく代理権を与えることはない。たとえば，AがBに不動産の売却を委託した場合には，不動産の売却という事務を処理する手段として，AはBに代理権を与えるのである（→**図表7-1**）。

(a)　**委任関係**　　不動産の売却を委託する契約は，法律行為をすることを委託する**委任契約**（643条）である。委任契約から生じる委任関係（委任者・受任者の関係）においては，受任者は，委任の本旨に従い，善良な管理者の注意をもって（善管注意義務），委任事務を処理する義務がある（644条）。委任が終了した後は，遅滞なくその経過および結果を委任者に報告し（てん末報告義務。645条），受け取った金銭や書類等を委任者に引き渡さなければならない（受取物引渡義務。646条）。

(b)　**代理関係**　　このような委任関係に対して，代理関係は，代理権授与行為によって生じ，代理人のした行為の効果が本人に帰属するという法律関係（本人・代理人の関係）である。

(c)　**委任と代理の区別**　　このように，委任と代理は区別される。委任以外の事務処理契約（雇用・請負・組合など。→次述）においても，任意代理権が発生する場合もある。民法典にいう「委任による代理」（104条・111条2項）は，委任以外の事務処理契約による代理もあるから，任意代理を意味する（104条条文見出し）。

(3)　**事務処理契約と代理**　　委任以外で，代理権授与行為が行われる事務処理契約には，雇用（623条）・請負（632条）・組合（667条）などがある。

(a)　**雇用と代理**　　雇用契約（労働契約）は，労働者が労働に従事し，使用者がこれに対してその報酬を与えるものである（623条）。このとき，労働者（従業員）は，使用者から代理権を与えられていることがある。商法26条は，物品の販売等を目的とする店舗の使用人は，店舗にある物品の販売等をする権限を有するものとみなしている。

222

(b) 組合と代理　　民法上の組合は，組合契約（共同事業契約。667条1項）によって設定される共同関係である。そこでの代理行為（組合代理）については，670条の2第1項・第2項後段が組合員（または業務執行者）の過半数の同意が必要であるとしているので，共同関係を設定する組合契約と別個の代理権授与行為が予定されている。

(4) **代理権授与行為を区別する意義**　　委任などの事務処理契約と代理を区別することにより，事務処理契約上において生じた無効・取消し，または，善管注意義務違反による債務不履行などの内部の問題が，第三者との代理行為の効力に影響しないものとして処理することができる。代理権のある者が代理行為をしている限り，本人は，自己への代理行為の効果帰属を拒絶できないのである。

4 任意代理権の授与と委任状

代理権授与行為は，特定の方式による必要はない（要式行為ではない）が，重要な取引においてはふつう，代理人に**委任状**が交付される。

(1) **委任状**　　委任状の記載は，代理人の氏名，（相手方を特定するときには）相手方の氏名，委任事項，本人の署名または記名捺印からなる。委任状はその名にもかかわらず，委任契約の存在を証明する文書ではなく，代理権の存在を証明する文書（代理権授与証書）である。委任事項も，委任契約の内容を示すものではなく，代理人の権限（＝代理権の範囲）を示す。

相手方は，委任状によって，代理人が当該行為について代理権のあることを確認することができる（白紙委任状につき，→238頁）。

(2) **印鑑登録証明書**　　委任状に印鑑登録証明書（→WINDOW 7-1）が添付されていると，相手方は，委任状に捺印されている印影を印鑑登録証明書の印影と照合し，本人の意思によって作成されたことを確認する。

5 代理権の消滅

代理権は，以下の事由によって消滅する（111条）。

(1) **本人の死亡**（1項1号）　　代理人は，本人の相続人の代理人にはならない。代理権の授与は本人の直接の信認に基づく。商法506条は，営業の継続性を考慮し，この例外を規定する。

(2) **代理人の死亡**（1項2号）　　代理人の相続人は，代理人の地位を相続し

□ **WINDOW 7-1**　◀◀

印鑑について──印鑑登録制度

　ハンコには実印と認印（三文判）があるのはご存じであろうが，その区別はハンコの材質の豪華さにあるわけではない。

　ハンコは正式には印章といい，印章によって押されたハンの形を印影といい，印影が本人のものとして届出されたものを印鑑という（世間ではこれを実印という）。市町村に届出されているものが登録印鑑である。個人の印鑑登録は住民登録のある市町村の役所で行い，市町村長が印鑑登録証明をする。

　その手続は，まず，印鑑登録申請書に登録する印章（ハンコ）を添えて申請する。これにより，印鑑登録証（印鑑登録カード）が発行される。この印鑑登録証を役所に持っていけば（ハンコを持っていかずに）印鑑登録証明書の交付を受けられる（マイナンバーカードでも可能）。印鑑登録と同時に印鑑登録証明書が欲しければ，身分証となるものが必要である。

　印鑑登録証明書は，印鑑登録原票に登録されている印影の写しを市町村長が証明したものである（間接証明方式。契約書の印影を直接に証明するものではない）。偽造防止のためコピーすると複写あるいは無効という文字が浮かび上がるものもある。ちなみに，印鑑を朱肉で押すのは，写し取りなどによる偽造を困難にするためである。

ない。代理人が誰であるかは，本人にとり重要である。

　(3)　**代理人が破産手続開始決定または後見開始の審判を受けたこと**（1項2号）　　自己の財産の管理権を失った者に，他人の財産の管理を委ねられない。

　(4)　**委任の終了による委任による代理権の消滅**（2項）　　「委任による代理権」は任意代理権を意味するから（104条条文見出し。→221頁），111条2項は，代理権授与行為の原因関係である委任・雇用・請負・組合などの事務処理契約の終了による任意代理権の消滅をいうものである。

2──代理権の範囲

① 任意代理権の範囲

　任意代理権の範囲は代理権授与行為によって定められる。

　(1)　**代理権授与行為の解釈**　　代理権の範囲は代理権授与行為によって決まるから，それは代理権授与行為という法律行為の解釈の問題となる（→123頁）。委任状（代理権授与証書）があれば，その委任事項欄が解釈の対象となる。

　(2)　**権限の定めのない代理人の権限**　　代理権授与行為の解釈によっても代

理権の範囲を確定できないときは，そのような代理人（「権限の定めのない代理人」）は最小限度の権限として，保存行為（＝財産の現状を維持する行為），物または権利の性質を変えない範囲での利用行為（＝収益を図る行為）・改良行為（＝財産の価値を増加させる行為）のみをすることができる（103条）。これらの行為を合わせて**管理行為**という（売却など権利変動をもたらす処分行為に対する概念である）。

② 法定代理権の範囲

　法定代理の場合の代理権の範囲は，法律の定めによる。

　たとえば，本人の保護機関である親権者・後見人に対して法律が直接に法定代理権を付与する場合，親権者・後見人は本人の財産に関する法律行為について本人を「代表」する（824条本文・859条1項）。ここでいう「代表」とは包括的な代理をいい，親権者・後見人の代理権は原則として法律行為のすべてに及ぶ（例外として，824条ただし書・826条・859条2項・860条本文）。

　家庭裁判所の審判により本人の保護機関である保佐人・補助人に代理権が付与される場合，特定の法律行為について代理権が付与される（876条の4第1項〔保佐人〕・876条の9第1項〔補助人〕。不在者の財産の管理人〔953条で相続財産の清算人にも準用〕については，→70頁）。特定の法律行為について代理権が付与される点で，保佐・補助における代理は任意代理に類似する。

3──代理権の一般的制限

　代理権の範囲内で行われた代理行為の効果は，本人に帰属するのが原則である。しかしながら民法典は例外的に，代理人がその権限内で行った代理行為であっても，本人の利益が害されるおそれのある一定の場合について，当該代理行為は代理権を有しない者がした行為（無権代理行為）とみなして，本人にその効果が帰属しないものとした。①自己契約・双方代理（108条1項本文），②利益相反行為（同条2項本文），③相手方が悪意・有過失のときの代理権の濫用（107条）がこれにあたる。

① 自己契約および双方代理

　(1) 意　義　　**自己契約**とは，同一の法律行為について，相手方の代理人としてした行為をいう（108条1項本文の前者。A代理人BとBとの契約）。**双方代理**とは，同一の法律行為について，当事者双方の代理人としてした行為をいう

(108条 1 項本文の後者。A代理人BとC代理人Bとの契約)。

(2) **代理権の制限**　代理行為が代理人の権限内の行為であったとしても，自己契約・双方代理にあたる場合には，その行為の性質上，本人を害するおそれがあることから，無権代理行為とみなされる (108条 1 項本文)。代理権の範囲内の行為であるがゆえに，本来は本人に効果が帰属するところを (＝有権代理)，自己契約・双方代理を理由として代理権が制限されて，無権代理となり，当該行為の効果は本人に帰属しない (113条 1 項) とするものである。

無権代理とみなされる結果，表見代理を除く広義の無権代理に関する規定が適用され，本人，相手方および代理行為をした者にはそれに応じた法的地位が生じる (本人の追認権・追認拒絶権〔113条〕，相手方の催告権〔114条〕・取消権〔115条〕および無権代理人の責任〔117条〕。→218頁，234頁)。

(3) **自己契約・双方代理が許される場合**　当該代理行為が自己契約・双方代理による代理にあたるとしても，本人の利益を害するおそれのないことが明らかなときは，それを無権代理とみなす必要はない。

(a) **債務の履行**　「債務の履行」については，自己契約・双方代理にあたる場合であっても，無権代理行為とはみなされない(108条 1 項ただし書の前者)。なぜなら，債務の履行においてはその行為の性質上，当事者のなすべきことがあらかじめ決まっていて，新たな利益変動がないので，本人の利益を害するおそれのないことが明らかであるからである。

たとえば，売買契約における所有権移転登記の申請は「債務の履行」にあたる (最判昭43・3・8民集22巻 3 号540頁)。この場合，1 人の司法書士が当事者双方の代理人となってもかまわないし，実際にはそうであることが多い。

(b) **本人のあらかじめの許諾**　「本人があらかじめ許諾した行為については」，それが自己契約・双方代理によるものであったとしても，無権代理とはみなされない (108条 1 項ただし書の後者)。自己契約・双方代理を理由とする代理権の一般的制限は，本人の利益保護を目的とするものであるからである。なお，事後の許諾は，無権代理行為の追認 (113条 1 項) である。

(c) **108条 1 項ただし書の拡大・縮小解釈**　債務の履行に限らず，その行為の性質上，本人の利益を害するおそれのないことが明らかな行為についても，無権代理とはみなされないと解すべきである (108条 1 項ただし書の拡大解

釈)。たとえば，本人を受贈者とする贈与契約 (549条) が自己契約によってされた場合がこれにあたる。ただし，負担付贈与 (553条) はこの限りではない。

これに対して，代物弁済 (482条) のように，債務の履行であっても，その行為の性質上，利益変動の要素が含まれる行為は，108条 1 項ただし書にいう「債務の履行」にあたらない (108条 1 項ただし書の縮小解釈)。

② 利益相反行為

(1) **意 義**　**利益相反行為**とは，代理人と本人との利益が相反する行為をいう (108条 2 項本文)。利益相反行為にあたるか否かは，行為の外形に照らして外形的・客観的に判断され，代理人の動機・目的は考慮されない (最判昭42・4・18民集21巻 3 号671頁〔親権者と子の利益相反行為の事案〕)。利益相反行為の典型には，直接取引と間接取引がある。

(a) **直接取引**　代理人がその配偶者との間で代理行為をする場合のように，形式的には自己契約・双方代理にあたらないが，実質的には自己契約・双方代理にあたることが外形より判断されるときである。

(b) **間接取引**　本人を代理人の保証人とする保証契約を代理人が締結する場合のように，利益の相反することが行為の性質から客観的に判断されるときである (一般法人84条 1 項 3 号・会社356条 1 項 3 号参照。→108頁)。

(2) **代理権の制限**　利益相反行為は，自己契約・双方代理にあたらなくても，無権代理行為とみなされる (108条 2 項本文。→前頁(2))。ただし，本人があらかじめ許諾した行為については，この限りでない (同項ただし書。→前頁(3)(b))。

(3) **法定代理・法人代表と利益相反行為**　法定代理・法人代表については，利益相反行為に関して，次のような特則が設けられている。

(a) **制限行為能力者の法定代理における特則**　制限行為能力者の法定代理においては，利益相反行為について，家庭裁判所により選任された特別代理人 (826条・860条)・臨時保佐人 (876条の 2 第 3 項本文)・臨時補助人 (876条の 7 第 3 項本文) または後見監督人 (851条 4 号)・保佐監督人 (876条の 3 第 2 項)・補助監督人 (876条の 8 第 2 項) が法定代理人となる。このとき，108条 2 項ただし書 (本人のあらかじめの許諾) の適用はなく，本人による追認も認められない。

(b) **法人代表における特則**　法人代表者を含む理事・取締役については，利益相反取引規制がある (→108頁)。法人の承認を受けた取引には，108条の規

定が適用されない（一般法人84条2項，会社356条2項）。

　承認がない場合，108条2項本文により，無権代理行為となり，法人に効果は帰属しない（113条1項）。通説・判例（最大判昭43・12・25民集22巻13号3511頁）であった相対的無効説（会社は，当該取締役に対しては当然に無効を主張することができるが，相手方に対してはその悪意を主張・立証してはじめて無効を主張することができる）は，2017年改正による108条2項の新設に伴い，修正されるべきである。

③ 代理権の濫用

　(1)　意　義　　**代理権の濫用**とは，代理人が自己または第三者の利益を図る目的で代理権の範囲内の行為をすることをいう（107条）。たとえば，任意代理人が受領する代金を着服する意図をもって本人の名で売買契約をした場合などがこれにあたる（代理権の濫用の事例につき，→WINDOW 7-2）。

　なお，法定代理においては，親権者の代理行為について，それが利益相反行為にあたらない限り，親権者の広範な裁量に委ねられ，代理する権限を授与した法の趣旨に著しく反すると認められる特段の事情が存しない限り，代理権の濫用とはいえないとする最高裁判決がある（最判平4・12・10民集46巻9号2727頁）。

　(2)　相手方が悪意または有過失のときの代理権の制限　　代理権の濫用の場合であっても，それは代理権の範囲内であるから，代理行為は原則として有効である。もっとも，相手方が，自己または第三者の利益を図る目的を知り，または，知ることができたときは（＝悪意または有過失），無権代理とみなされる（107条。→225頁(2)）。代理権濫用の意図について悪意または有過失である相手方は，有権代理であることに正当な信頼をよせているとはいえず，保護に値しない。

4 ── 復　代　理

① 復代理の意義

　復代理とは，代理人が自己の名義でさらに代理人（＝復代理人）を選任し（＝復任），自己の代理権の範囲内での代理行為を可能にすることをいう。代理人が，代理人を選任する権限がある場合に，本人を代理して代理人を選任したときの代理人は，復代理人ではない。

228

□ **WINDOW 7-2** ◀◀

代理権の濫用の事例

かつての判例における事案によって，代理権の濫用の事例を以下に紹介する。なお，かつての判例は，代理権の濫用について，相手方が代理人の濫用の意図を知り，または，知ることができた場合に限り（＝悪意または有過失），2017年改正前93条ただし書（現93条1項ただし書）の規定を類推して，本人は責任を負わないとするものであった（最判昭38・9・5民集17巻8号909頁，最判昭42・4・20民集21巻3号697頁，最判昭53・2・16金判547号3頁）。

(1) **法人代表者の背任的行為**　原告X会社の代表取締役Aは退任したにもかかわらず，その登記がされていなかった（退任登記の効力につき，→243頁）。AがX会社所有の建物をY会社に売却したので，X会社はY会社に対して所有権の確認・登記の抹消を求めて提訴した。原審はX会社の請求を棄却した。

前掲・最高裁昭和38年判決は，原審が，登記簿上X会社の代表権限があるのを利用したAの背任的な権限濫用の行為があったのか否か，また，Y会社がその事情を知っていたか否かを判断しなかったとして，原判決を破棄し，原審に差し戻した。

前掲・最高裁昭和53年判決は，農業協同組合の代表者が，自己の借金返済に困って，農協を振出人とする約束手形を振り出したものである。

(2) **売買目的物の取り込み**　食品等の販売を業とする被告Y会社の従業員Aは，主任として商品の仕入れ・販売の権限を有していた。Aは，他に転売してひそかにその利益を着服する意図のもとに，Y会社の名で原告X会社から原料品を買い入れ，X会社から引き取った原料を直接，訴外B会社の店に搬入し，Bに転売した。

前掲・最高裁昭和42年判決は，X会社の支配人がAの権限濫用を知っていたので，Y会社には売買による代金支払義務がないとした原審の判断を是認した。また，使用者責任（715条）についても，X会社が権限濫用について悪意であるから，715条にいう「事業の執行について」にあたらないとして，Y会社の責任を否定した（→**WINDOW 3-7**）。

② 復代理人の地位

復代理人は本人の代理人であって，代理人の代理人ではない。復代理人はその代理権の範囲内で直接に本人を代表する（106条1項。106条1項にいう「代表」は代理の意味である）。復代理人の代理行為は，代理人を介することなく，本人に直接その効果が帰属する。また，復代理人は，本人および第三者（相手方）に対して，代理人と同一の権利・義務を有する（106条2項。委任につき，644条の2第2項）。

③ 任意代理における復任

(1) **自己執行原則**　任意代理人は，本人の信認を受けて選任され，また，辞任も容易であるから，原則として，復代理人を選任することができず，代理

業務を自ら執行しなければならない（自己執行原則）。任意代理人（「委任による代理人」）は，本人の許諾を得たとき，またはやむをえない事由があるときにのみ，復代理人を選任することができる（104条。委任につき，644条の2第1項参照）。やむをえない事由とは，本人の許諾を得ることができない事情，または，辞任することができない事情をいう。

(2) **復代理人の行為に対する責任**　(a) 債務不履行責任　復代理人の行為に対する任意代理人の責任は，債務不履行の一般原則による。任意代理人が委任契約に基づく受任者であった場合，委任の本旨に従い，善良な管理者の注意をもって委任事務を処理する義務を負う（644条。→221頁）。こうした義務を履行しないときは，債務不履行責任として損害賠償責任を負う（415条1項本文）。ただし，不履行が，委任契約の内容および取引通念から，債務者（受任者）の責めに帰することができない事由による（帰責事由がない）ときは，損害賠償責任を負わない（同項ただし書）。

(b) 帰責事由がないとき　代理人が自分ではなく復代理人のした行為であるというだけでは，帰責事由がないとはいえない。また，復代理人の選任および監督について注意を尽くしたとしても，それだけでは帰責事由がないとはいえない。復代理人の「選任及び監督」についてのみ責任を負うとする規定（改正前105条1項）は2017年改正により削除された。

帰責事由がないというためには，不可抗力事由の存在などが必要である。

4 法定代理における復任

法定代理人は，本人の信認により選任されることが必要でなく，また，辞任も容易ではない。したがって，自己の名義で，つねに復代理人を選任することができる（105条前段）。しかし，復代理人の行為について，上記の任意代理の場合と同様に，自己の債務不履行として損害賠償責任を負う。ただし，やむをえない事由があって復任したときは，法定代理人の責任が軽減され，復代理人の選任および監督についての責任のみを負う（同条後段）。

第3節 代理人と相手方との関係（代理行為）

1 ——代理行為と顕名

1 代理行為の意義

代理行為とは，本人以外の者が「本人のためにすることを示して」(=顕名)した法律行為をいい，それが「その権限の範囲内において」(=代理権の範囲内で)行われたときは，「本人に対して直接にその効力を生ずる」(=本人への直接的効果帰属。99条)。

(1) **代理行為の成立要件としての顕名**　代理行為が成立するためには，本人が代理行為の行われたことまでを知る必要はないが，法律行為の効果の帰属先が本人であることが示されていなければならない。これが代理行為の成立要件としての顕名であり，99条にいう「本人のためにすることを示して」とはこのことをいう（代理行為＝顕名＋法律行為）。「本人のため」とあるが，本人の利益になるかどうかは関係がない。

(2) **代理行為の効果帰属要件としての代理権**　顕名が行われたとしても，代理行為をした者に代理権がなければ，無権代理となる（代理行為の効果は本人に帰属しない。→218頁, 234頁）。代理権は，代理行為の効果帰属要件である（代理行為＋代理権→本人への直接的効果帰属）。

2 顕　　名

(1) **顕名の原則**　顕名とは，代理行為の効果の帰属先が本人であるとする表示をいう（99条。→上述 1 (1)）。民法典は，顕名を代理行為の成立要件とする**顕名**主義をとっている。顕名は，能働代理の場合には代理行為を行う者が（99条 1 項），受働代理の場合には相手方が行う（同条 2 項）。

(2) **顕名の認定**　(a) **明示による顕名**　通常の取引では明示的に顕名が行われるであろう。たとえば，契約書にA代理人B，A親権者BまたはA会社代表取締役Bなどと記される。

(b) **署名代理**　代理人がいきなり本人の名を記して代理行為をした場合には，その有効性が問題となる。たとえば，代理人が手形に本人の名で，あるい

は，親権者が契約書に未成年の子の名で，署名したような場合である。このように，代理人であることを示さずに直接本人の名で代理行為をした場合であっても，代理人に代理行為として行ったという意思があるときには，法律効果の帰属先が本人であることが示されている以上，顕名があったものと解することができる（署名代理）。

　署名代理において代理人が権限外の行為をし，相手方がその行為を本人自身の行為と信じたときは，110条の権限外の行為の表見代理規定（→240頁）の類推適用がある（最判昭39・9・15民集18巻7号1435頁，最判昭44・12・19民集23巻12号2539頁，最判昭51・6・25民集30巻6号665頁）。代理人の代理権を信じたものではないが，その信頼が取引上保護に値する点においては代理人の代理権を信じた場合と異なるところはないとされている。

　(c)　黙示による顕名　　顕名は，明示による場合に限らず，黙示による場合であってもよい。たとえば，会社の営業所の中での従業員の契約は，会社のための契約であることが示されているということができる。

　(d)　相手方が悪意・有過失のとき　　さらに，黙示による顕名が認められない場合であっても，そのときの事情から（偶然の事情も含めて），「相手方が，代理人が本人のためにすることを知り，又は知ることができたときには」（＝相手方の悪意・有過失），代理行為の効果が本人に帰属する（100条ただし書）。

　(e)　顕名のないときの効果　　以上によったとしても，顕名を認定できない場合，つまり，代理人が本人のためにすることを示さないでした法律行為は，自己のためにしたものとみなされる（100条本文）。自己の行為とみなされる結果，錯誤取消し（95条1項2号）を主張することもできない。

　(3)　**顕名主義に対する例外**　　商行為の代理については，顕名主義がとられていない（非顕名主義）。商行為の代理人が顕名をしなかった場合であっても，代理行為の効果は本人に帰属する（商504条本文）。商行為においては，相手方が本人を知っていることが多く，また，本人が誰であるかはそれほど重要でないので，非顕名主義により取引の簡易・迅速を期するのが便宜だからである。

　ただし，相手方が，代理人が本人のためにすることを知らなかったときは，そのことを証明して，代理人を法律行為の当事者として履行の請求をすることもできる（同条ただし書）。相手方保護のためであるから（したがって，過失のある

相手方は代理人に履行請求できない），このとき，本人に履行請求するか，あるいは，代理人に履行請求するかを相手方が選択できる（最大判昭43・4・24民集22巻4号1043頁）。

2──代理行為の有効要件

① 代理行為の瑕疵

(1) **能働代理の場合**　代理人が相手方に対してした意思表示において（能働代理），瑕疵が問題となる場合，その事実の有無は，行為者である代理人について決する（101条1項）。能働代理における代理行為の瑕疵は，意思の不存在（心裡留保〔93条〕，虚偽表示〔94条〕），錯誤（95条），詐欺・強迫（96条）のみならず，ある事情を知っていたこともしくは知らなかったことに過失があったこと（悪意または有過失）をも含み，意思表示の効力に影響を及ぼす表意者の主観的事情を意味する。

たとえば，代理人が相手方から詐欺・強迫を受けていたとすれば，契約を取り消すことができる。もっとも，代理人が取消権を行使できるかどうかは代理権の範囲で決まる。なお，代理人が相手方に対して詐欺を行った場合は，代理人の意思表示の問題ではないから，101条1項の問題ではない。代理人によって本人自身が詐欺をしたとみて，96条1項を直接適用すれば足りる（次の101条2項の問題でもない）。

(2) **受働代理の場合**　相手方が代理人に対してした意思表示においては（受働代理），悪意または有過失という主観的事情が問題となり，その事実の有無は代理人について決する（101条2項）。たとえば，相手方の心裡留保による意思表示に関する悪意・有過失は（93条1項ただし書），代理人について決する。

(3) **代理行為の瑕疵の主張制限**　特定の法律行為をすることを委託された代理人（任意代理人）がその行為をしたときは，本人は，自ら知っていた事情，または，過失によって知らなかった事情（本人の悪意・有過失）について，代理人が知らなかったこと（代理人の善意）を主張することができない（101条3項）。

たとえば，意思表示の無効・取消しが善意（または善意・無過失）の第三者に対抗することはできない場合に（93条2項・94条2項・95条4項・96条3項），第三者が代理行為によって法律関係に入ってきたときには，本人である第三者は，

自らが悪意または有過失であるとすれば，代理人が善意であっても，それを主張することができない。

② 代理人の能力

（1）**原　則**　　制限行為能力者が代理行為を行ったとしても，それを行為能力の制限を理由として取り消す（→54頁）ことはできない（102条本文）。法律行為をする以上，代理人に意思能力は必要であるが，行為能力までは必要でないとされている。

この場合，①代理行為の効果は本人に帰属し，代理人である制限行為能力者が不利益を受けることはないからである。また，②本人は，制限行為能力者をあえて選任したのであり，それから生じる不利益を甘受すべきだからである。

（2）**例　外**　　ただし，制限行為能力者が他の制限行為能力者の法定代理人としてした代理行為については，代理人の行為能力の制限を理由として取り消すことができる（102条ただし書。13条1項10号参照）。たとえば，後見開始の審判を受け，成年被後見人となった（→63頁）親権者が未成年の子を代理するような場合である。

この場合，①取消可能としなければ，制限行為能力者である本人につき，制限行為能力者の保護という目的を十分に達成できないからである。また，②制限行為能力者である法定代理人は，本人が選任したわけではないからである。

3 ── 代理行為の効果

代理行為の効果は，すべて本人に対して直接に帰属する（99条参照）。

「すべて」とは，法律行為の効果（たとえば，売買契約における引渡請求権・代金債権の発生）だけでなく，詐欺・強迫による取消権（96条1項）や契約の解除権（541条・542条）など法律行為の当事者としての地位もまた，本人に帰属することを意味する。

「直接に」とは，本人に効果帰属させるために，代理人が代理行為以外の，権利移転のための行為など，特別なことをする必要がないことを意味する。間接代理（→220頁）では権利移転のための行為が必要である。

第4節　広義の無権代理

1 ——無権代理行為の無効

　無権代理（広義の無権代理）とは，代理行為をした者が代理権を有していなかったことをいう（→218頁）。無権代理においては，顕名が行われたので代理行為は成立しているが，代理行為をした者（**無権代理人**）に代理権がないので本人に代理行為の効果が帰属しない（113条1項。→230頁）。代理権がないということの中には，まったく代理権が授与されていないという場合のほかに，授与された代理権の範囲外の行為をした場合も含まれる。

2 ——無権代理行為の無効の意義

① 無権代理行為の本人への効果不帰属

　無権代理行為は，原則として無効である（113条1項・118条）。無権代理の無効は，代理行為の効果が本人に帰属しないことを意味する（無権代理行為の本人への効果不帰属）。

② 無権代理行為の追認・追認拒絶

　(1)　**本人の追認権・追認拒絶権**　　本人への効果不帰属は，法律効果が生じないという通常の意味の無効（119条参照。→253頁）とは異なり，本人は無権代理行為を追認することが可能である（浮動的無効。113条）。

　(a)　追認権　　本人が無権代理行為を**追認**すれば，有権代理として扱われ，代理行為の効果は本人に帰属する（追認権。113条1項）。追認があれば本人に効果帰属することが確定し，もはや追認拒絶できない。

　(b)　追認拒絶権　　本人は追認を拒絶して，無権代理行為の自己への効果不帰属を確定させることができる（追認拒絶権。113条2項参照）。**追認拒絶**は，相手方に対してしなければ相手方に対抗することができないが，相手方が追認拒絶の事実を知ったときは，相手方に対抗できる（113条2項）。追認拒絶があれば本人に効果帰属しないことが確定し，もはや追認できない。

　(2)　**相手方の催告権・取消権**　　本人が追認または追認拒絶をするまでは，

無権代理行為が本人に効果帰属するかどうかが確定せず，相手方は不安定な地位に置かれる。そこで，民法は相手方に催告権 (114条) および取消権 (115条) を与えた。

　(a)　催告権　　**催告権**とは，本人に対し，相当の期間を定めて，その期間内に追認するかどうかを確答すべき旨の催告をすることができる権利をいう (114条前段)。期間内に確答がないときは追認拒絶とみなされる (同条後段)。

　(b)　取消権　　**取消権**とは，代理権を有しない者がした行為を，本人が追認しない間に，相手方が取り消すことができる権利をいう (115条本文。ただし，相手方が行為時に無権代理であることを知っていたときは，取り消すことができない〔同条ただし書〕)。取消しにより，代理行為の効果が本人に帰属しないことが確定する。この取消しは120条以下にいう取消しとは異なり，意思表示の撤回 (→259頁) である。無権代理の問題 (追認・表見代理・無権代理人の責任) ではなくなる。

③ 表見代理および無権代理人の責任

　無権代理行為を本人が追認しないときは，代理行為の効果は本人にも，無権代理人にも帰属しない。そこで，民法は，代理行為の有効性に対する相手方の正当な信頼を保護し，もって代理制度の信用維持を図るために，**表見代理** (109条・110条・112条。→次述)，および，**無権代理人の責任** (117条。→245頁) の制度を設けている。

第5節　表見代理

1──表見代理の3基本型と重畳型

① 表見代理制度

　無権代理人が本人の代理人としてした契約は，追認のない限り，本人にその効果が帰属しない (113条1項)。しかし，無権代理人に代理権があることに相手方が正当な信頼をよせていた場合は，本人に効果が帰属する (有権代理として扱われる)。これが，**表見代理**制度である。民法典は，表見代理について，3つ

の基本型（109条1項・110条・112条1項）と2つの重畳型（109条2項・112条2項）を定めている。

② 表見代理の3基本型

(1) **代理権授与の表示による表見代理**　109条1項は，相手方に対して，他人に代理権を与えていないにもかかわらず，代理権を与えた旨を表示した場合について定める（**代理権授与の表示による表見代理**〔授権表示による表見代理〕。→238頁）。

(2) **権限外の行為の表見代理**　110条は，代理人がその権限外の行為をした場合について定める（**権限外の行為の表見代理**〔権限踰越の表見代理，越権代理〕。→240頁）。権限外の行為とは，基本権限（判例によれば，基本代理権）の範囲外の行為すべてをいう。そこには，たとえば金銭消費貸借（587条）をする代理権を与えられた者が代理権の範囲以上の金銭を借りる場合のように，量的に越権である場合だけでなく，土地の抵当権設定の代理権を与えられた者が売却行為をする場合のように，行為の性質が異なる場合も含まれる。

(3) **代理権消滅後の表見代理**　112条1項は，代理権を有していた者が，代理権がすでに消滅しているにもかかわらず，代理行為をした場合について定める（**代理権消滅後の表見代理**〔滅権代理〕。→242頁）。

③ 重畳型の表見代理

重畳型の表見代理は，110条（権限外の行為の表見代理）の基本型の上に，109条1項（代理権授与の表示による表見代理）または112条1項（代理権消滅後の表見代理）の基本型が重ねられて，組み合わされたものである（→244頁）。

(1) **109条2項の重畳型**　109条2項は，代理権授与の表示による表見代理における無権代理人が，表示された代理権の範囲外の行為をした場合について定める（**代理権授与の表示の範囲外の表見代理**）。110条の「権限外」にいう権限（基本権限）に109条1項の代理権授与表示を含ませるものである。

(2) **112条2項の重畳型**　112条2項は，代理権の消滅した無権代理人が，かつて有していた代理権の範囲外の行為をした場合について定める（**代理権消滅後の権限外の行為の表見代理**）。110条の「権限外」にいう権限（基本権限）に，112条1項の消滅した代理権を含ませるものである。

④ 表見代理の効果

　上のような表見代理が成立すれば，本人は代理権を有しない者がした行為について責任を負う（109条・110条・112条）。本人は，無権代理であることを理由として，代理行為の効果が自己に効果帰属することを拒絶できず，代理行為の効果は本人に帰属する。このとき，無権代理であったにもかかわらず，表見代理の成立によって，有権代理として処理されている。

⑤ 表見代理制度の基礎

　(1)　**表見法理**　　表見代理制度の基礎には，いわゆる表見法理（権利外観法理）がある（→WINDOW 5-4参照）。それは，①本人の意思に基づく関与によって（本人の意思的関与ないし帰責性），②無権代理人に代理権があるかのような外観が生じ（権利の外観），その結果，③相手方がそれに正当な信頼をよせている場合（相手方の正当な信頼＝善意・無過失〔代理権ありと信じ，それにつき過失のないこと〕）は，本人はその外観に対して責任を負わなければならないとするものである。

　(2)　**表見代理における本人の意思的関与**　　本人の意思的関与・帰責性は，109条では，他人に代理権を与えていないにもかかわらず，代理権を与えた旨を表示したことにあり，110条では，権限外の行為をする者に基本となる権限を与えたことにあり，112条では，代理権が消滅したにもかかわらず，相手方に通知をするなど事後の処置をしなかったことにある。

　(3)　**相手方の善意・無過失と証明責任**　　条文の体裁から判断すると（法律要件分類説），109条1項では，相手方の悪意または有過失について本人に証明責任がある。112条1項では，相手方の善意について相手方に，相手方の有過失については本人に証明責任がある。110条（および109条2項・112条2項）では，相手方の善意・無過失（代理権ありと「信ずべき正当な理由」）について相手方に証明責任がある（→242頁）。相手方からすれば，本人の意思的関与・帰責性の度合いが小さくなるに従って，109条1項・112条1項・110条（および109条2項・112条2項）の順に証明責任の負担が加重されている。

2——代理権授与の表示による表見代理

① 109条1項の表見代理の要件・効果

（1）**積極的要件および効果**　その積極的要件は，①本人が無権代理人に代理権を与えた旨を表示したこと（代理権授与の表示〔授権表示〕），および，②その代理権の範囲内で無権代理人が第三者（相手方）との間で無権代理行為をしたことである（109条1項本文。代理権の範囲外であれば，2項の表見代理となる）。109条1項の表見代理が成立すれば，本人は責任を負う（同条1項本文。→237頁）。

（2）**消極的要件**　ただし，第三者（相手方）が，無権代理であることを知り，または過失によって知らなかったときは（＝悪意・有過失），本人はそのことを証明して，表見代理責任を免れることができる（109条1項ただし書）。相手方が悪意または有過失のときは，代理権授与の表示があったとしても，そこから生じる代理権の外観に対して，相手方が正当な信頼をよせているとはいえないからである。

② 代理権授与の表示

「代理権を与えた旨を表示」する方法は，口頭でも，書面でも，広告等でもよい。よく議論されてきたのは，**白紙委任状**と**名板貸し**（→WINDOW 7-3）の場合である。

③ 白紙委任状の提示・交付

白紙委任状は，代理人欄や委任事項欄（＝代理権の範囲。→222頁）が空欄（＝白地）のものである。白紙委任状は，その交付者が，交付を受けた者によって適正に使用されると信じて，委任状作成の手間ひまを省いたものである。

白紙委任状は本来，本人Aから交付された代理人Bが，権限の範囲内で白地を補充し，完成したものを予定された相手方Cに提示すべきものである。それにもかかわらず，代理人Bが，予定されていない相手方Dに提示し，あるいは，他の者Eに交付すると問題が生じる。

（1）**Bが予定されていない者Dに提示した場合**　この場合，Bに代理権はない。しかし，Dに対して委任状による代理権授与の表示があったものとされ，BがDとの間でした法律行為について，本人Aに109条1項の表見代理責任が成立する可能性がある（最判昭42・11・10民集21巻9号2417頁参照）。Bが，代

☐ WINDOW 7-3 　　　　　　　　　　　　　　　　　　　◀◀

名板貸しと109条１項の類推適用

　名板貸しとは，本人（名板貸人）がその名義（氏名・商号）の使用を他人（名板借人）に許諾することをいう。名板借人が本人（名板貸人）の名義で相手方と取引をした場合に，相手方が当該取引を本人（名板貸人）との取引であると誤信したときが問題となる。このとき，本人の名を示したうえでの代理行為が認められないので，109条１項の代理権授与表示による表見代理とは，法的性質が異なるようにもみえる。しかし，法律行為の当事者として責任を負うのが本人であると表示され，その表示を相手方が信頼するという点で，類似する。

　したがって，名板貸しの場合に109条１項を類推適用して，名義貸人の責任を肯定することができる。商法14条にも同趣旨の規定があり，そこでは自己の商号を他人に許諾した商人の責任が定められている。

　判例（最判昭35・10・21民集14巻12号2661頁）は，2017年改正前109条（現109条１項），商法旧23条（現14条）等の法理に照らし，「他人のする取引が自己の取引なるかの如く見える外形を作り出した者は，この外形を信頼して取引した第三者に対し」，責任を負うべきだとした。そして，東京地方裁判所の職員らでつくる互助組織が「東京地方裁判所厚生部」という名称で取引をし，裁判所もこれを承認していた場合に，商品納入業者に対する裁判所（国）の責任を認めた。

理人欄だけでなく，委任事項欄についても白紙委任状を濫用したときには，重畳型の109条２項（代理権授与表示の範囲外の表見代理。→244頁）の問題となる。

　(2)　**代理人Bが白紙委任状を他の者Eに交付した場合**　　(a)　譲渡非予定型　不動産取引などにおいて白紙委任状が添付される場合，それはふつう代理人から他の者への譲渡を予定しないものである。したがって，Bから白紙委任状の交付を受けたEが代理人欄に自分の名を補充したとしても，EはAの代理人ではもちろんない。Aの表見代理責任についても，本人の意思的関与・帰責性の程度は小さいものと考えられ，109条の代理権授与表示があったとはいえないであろう（最判昭39・5・23民集18巻４号621頁参照）。

　(b)　譲渡予定型　　代理人欄空欄の白紙委任状を正当に取得した者であれば，それを誰が使っても構わないとされている場合がある。たとえば，ゴルフ会員権（ゴルフ場経営会社に対するゴルフ場の利用権〔債権〕）を譲渡するときに，ゴルフ会員権を証する文書（債権証書）とともに白紙委任状を交付することがある。こうすれば，ゴルフ場経営会社に対する名義の書換え請求をせずに，次々にゴルフ会員権を譲渡し，最終的にゴルフ会員権を譲り受けた者Eが白紙委任

状の代理人欄に自分の名前を書いて，最初の権利者Aの代理人として，名義の
書換え請求をすることができる。

3 ── 権限外の行為の表見代理

① 110条の表見代理の要件・効果

　その要件は，(i)「代理人がその権限外の行為をした」こと，および，(ii)第三
者（相手方）が代理人の権限があると「信ずべき正当な理由がある」ことであ
る。その効果については，109条1項が準用され，本人が責任を負う（→237頁）。

② 表見法理と110条の表見代理の要件

　表見代理制度の基礎にある表見法理（①本人の意思的関与・帰責性，②権利の外
観，③相手方の正当な信頼〔＝善意・無過失〕。→237頁）に照らし合わせると，上記
(i)の要件は，本人の意思的関与・帰責性（①）にあたる。たとえば，本人Aが
Bに甲契約（A所有地に抵当権を設定する契約）の代理権を与えた場合に，Bが乙
契約（売買契約）を相手方Cと締結したとき，Bが権限外の行為をすることがで
きたのは，AがBに基本となる代理権を与えていたからである（→次述③）。

　上記(ii)の要件にいう権限ありと「信ずべき正当な理由」は，相手方の正当な
信頼（③）にあたるので，これを第三者（相手方）の善意・無過失（権限ありと信じ，
それについて過失のないこと）と読み替えるのが通説である（→次述④）。

③ 「権限外の行為をした」こと

　(1)　**基本代理権の存在**　　通説・判例は，110条にいう「権限外の行為」の
「権限」は，私法上の法律行為の代理権でなければならないとする（→WINDOW
7-4）。事実行為の代行を委託しただけであれば，本人に責任は生じない。ここ
では，「権限外の行為をした」ことという要件は，**基本代理権の存在**と読み替
えられている。有力説は，基本代理権という厳格な要件は必要なく，対外的な
行為の委託であれば，事実行為の代行を含む基本権限でよいとする。

　人は，何らかの法律行為の代理権を与えることによってはじめて，法律行為
の世界に入ったことを意識する。したがって，本人に表見代理責任を負わせる
ための基本となる権限は，事実行為の代行権限では足りず，法律行為の代理権
が必要であるとすべきであろう。

　(2)　**本人の意思的関与**　　基本代理権の存在は，表見法理における本人の意

□ WINDOW 7-4 ◀◀

110条にいう「権限外の行為」の「権限」に関する判例

(1) 金銭借入れの勧誘行為　被告Ｙは，勧誘外交員を使用して一般人を勧誘し金銭の借入れをしていた金融会社の勧誘員であったが，病気のため，長男の訴外Ａに勧誘行為をさせていた。Ａは原告Ｘを勧誘するとともに，Ｙを金銭借入れの保証人とする保証契約をＸとの間で締結した。

　最判昭35・2・19民集14巻2号250頁は，110条によってＹの保証契約上の責任を肯定するためには，Ａがなんらかの法律行為をなす権限を有していなければならないが，勧誘行為は事実行為であって法律行為ではないから，Ａに基本代理権がなかったとした。

(2) 印鑑登録証明書下付申請行為　原告Ｘは自らの印章を訴外Ａに交付し，印鑑登録証明書下付申請行為の代行を委託した。Ａはそれを利用して，印鑑登録証明書（→WINDOW 7-1）を手に入れるとともに印鑑を偽造し，Ｘ所有の不動産について，被告Ｙとの間で抵当権設定契約を締結した。

　最判昭39・4・2民集18巻4号497頁は，110条の表見代理の成立に必要な基本代理権は私法上の行為の代理権であることを要すると判示し，印鑑登録証明書下付申請行為は公法上の行為であるから，抵当権設定契約について表見代理の問題は生じないとした。

(3) 登記申請行為　訴外Ａは，実兄の被告Ｙから土地の贈与を受けていたが，その所有権移転登記の申請行為のために必要であるとして，実印・印鑑登録証明書・権利登記済証の交付を受けた。Ａは，それを利用して，Ｙを連帯保証人とする連帯保証契約を原告Ｘとの間で締結した。

　最判昭46・6・3民集25巻4号455頁は，登記申請行為は公法上の行為であり，単なる公法上の行為の代理権は110条の基本代理権にあたらないが，それが，贈与契約上の義務の履行のためなど，特定の私法上の取引行為の一環として行われたときは，私法上の行為の代理権を与えたのと異ならないと判示した。

思的関与あるいは帰責性を意味し，本人が110条の表見代理責任を負うことを根拠づける要件である。この要件はまた，基本代理権さえ与えていなければ本人は責任を負わないという意味で，本人を保護するための要件ともなっている。したがって，自らの意思に基づいて代理人を選任する任意代理にのみ110条の適用があり，法定代理には110条の適用がない。

　法定代理について，判例（最判昭44・12・18民集23巻12号2476頁）は，夫が妻の不動産を妻の代理人として勝手に処分した場合において，夫婦の財産的独立を考慮すると，日常の家事に関する債務の夫婦の連帯責任（761条）の基礎にある夫婦相互の法定代理権を基本代理権として110条を適用することはできないとする。もっとも，761条の解釈に110条の趣旨を類推適用して，その取引が相手方

において「当該夫婦の日常の家事に関する法律行為の範囲内に属すると信ずるにつき正当の理由のあるときにかぎり」，第三者の保護を図るとする。

④ 信ずべき正当な理由の証明責任

条文の体裁から判断すると（法律要件分類説），信ずべき正当な理由（善意・無過失）の証明責任は，表見代理をいう第三者（相手方）にある（→237頁）。

もっとも，無権代理人が本人から（支店長代理など）代理権のありそうな肩書きを与えられていた場合（最判昭49・10・24民集28巻7号1512頁）や，無権代理人が本人の実印・印鑑登録証明書（→WINDOW 7-1）・委任状・権利証（権利登記済証，オンライン化後は登記識別情報）などを有していたような場合（実印につき，最判昭35・10・18民集14巻12号2764頁）には，特段の事情のない限り，相手方に信ずべき正当な理由のあることを事実上推定することが可能である。

これに対して，本人が責任を免れるためには，事実上の推定における推認過程を妨げる事実として，権限の有無について疑念を生じさせる特段の事情を証明しなければならない。たとえば，①無権代理人が本人の妻であること（最判昭36・1・17民集15巻1号1頁），子であること（最判昭39・12・11民集18巻10号2160頁），②本人を無権代理人（または，その者を代表者とする会社等の経済的一体性を有する者）の保証人とするような契約であること，あるいは，③相手方が金融機関であることなどの事情（最判昭45・12・15民集24巻13号2081頁，最判昭51・6・25民集30巻6号665頁〔署名代理の事案。→230頁〕）である。これらの事実があるときは（①実印を持ち出しやすい立場にあるから，②利益相反行為であるから，あるいは，③専門的な事業者であるから），信ずべき正当な理由を推認することが妨げられる。このとき，相手方は本人に問い合わせるなどの調査をすべきだとされている（調査確認義務）。調査を怠れば，過失ありとされ，信ずべき正当な理由なしと判断される（最判昭42・11・30民集21巻9号2497頁）。

4──代理権消滅後の表見代理

① 112条1項の表見代理の要件・効果

その積極的要件は，①本人が無権代理人にかつて代理権を与えていたこと（消滅した代理権），②その代理権の範囲内で無権代理人が第三者（相手方）との間で無権代理行為をしたこと（代理権の範囲外であれば，代理権消滅後の権限外の行

為の表見代理〔112条 2 項〕となる），および，③第三者（相手方）が代理権消滅につ
いて善意であることである（同条 1 項本文）。112条 1 項の表見代理が成立すれ
ば，本人は責任を負う（→237頁）。

　たとえば，事業主が従業員に対し商品の仕入れ等の代理権を与えていたが，
その者が退職（代理権も消滅）したにもかかわらず，その後も事業主の代理人と
して取引先と契約したような場合に，112条 1 項の表見代理成立の可能性があ
る。

　ただし，消極的要件として，第三者（相手方）が代理権消滅について（善意）
有過失のときは，本人は責任を免れる（同項ただし書）。

② 法人代表者の退任と112条 1 項

　(1)　**112条 1 項の不適用**　　法人の代表者が退任した場合に，退任した代表
者が第三者と取引をしたときにも，112条 1 項が適用されるようにみえる。し
かし，たとえば一般社団法人の代表理事の退任について退任登記があれば，
もっぱら登記の効力に関する一般法人法299条 1 項（→次述(2)）のみが適用され，
112条 1 項が適用ないし類推適用される余地はない（最判昭49・3・22民集28巻 2 号
368頁〔株式会社の代表取締役の事案。会社908条 1 項〕，最判平 6・4・19民集48巻 3 号
922頁〔社会福祉法人の理事の事案。社福29条 2 項〕）。したがって，退任登記があれ
ば，退任した代表理事が第三者と取引をしたとしても，112条 1 項の表見代理
は成立しない。

　(2)　**退任登記の効力**　　このように，一般法人法299条 1 項（会社908条 1 項参
照）は，112条 1 項の表見代理を排除するためのものであり，法律の規定によ
り登記すべき事項（たとえば，代表者の退任）は，登記をすれば，善意の第三者
にも対抗することができる（同項前段）。登記後であっても，「正当な事由」に
よって登記のあることを知らなかった第三者には対抗することができないが
（同項後段），「正当な事由」とは交通・通信の途絶，登記簿の滅失などの客観的
な障害があり，登記簿を閲覧することが不可能ないし著しく困難であるような
特段の事情をいい（前掲・最高裁昭和49年判決），第三者がそれを立証するのは容
易でない。

　(3)　**表見代表理事**　　法人代表者としての退任登記をしていたとしても，理
事長その他代表権を有するものと認められる名称を付していた場合には，当該

□ WINDOW 7-5 ◀◀

重畳型の表見代理の事例

(1) **代理権授与表示の範囲外の表見代理（109条2項）の事例**　最判昭45・7・28民集24巻7号1203頁の事案は，おおよそ次のようなものであり，109条2項の事例にあたるであろう。

被告Yは，訴外AにY所有の山林を売却し，その登記手続のために，権利登記済証・印鑑登録証明書（→WINDOW 7-1）・白紙委任状（→238頁）などの書類をAに交付した。白紙委任状は，記名押印，目的物件および登記一切の権限を与える趣旨の委任事項の記載があり，受任者・年月日の欄が白地であった。Aは，Yから何ら代理権を授与されていないにもかかわらず，上記書類を示してYの代理人のように装い，契約の相手方をYと誤信した訴外Cとの間で，Cの山林との交換契約を締結した。

最高裁は，Aが上記書類を示してYの代理人として交換契約を締結した以上，Yは，Cに対しAに山林売却の代理権を与えた旨を表示したものというべきであり，また，Xにおいて Aに交換契約について代理権があると信じ，そう信ずべき正当の理由があれば，2017年改正前109条（現109条1項）・110条によって交換契約について責任を負うべきであると判示した。

(2) **代理権消滅後の権限外の表見代理（112条2項）の事例**　最判昭32・11・29民集11巻12号1994頁の事案はおおよそ次のとおりである。

石炭業者である被告Y会社は，事業のために必要な車両の購入資金を得るために，第三者との間に石炭の売買契約を締結する範囲において，代理権を訴外Aに与えた。Aは訴外Bから30万円の融資を受けるとともに，Bとの間で石炭売買契約を締結したので，Aの代理権は消滅した。Aは，代理権が消滅したにもかかわらず，その存続を装って，原告X会社との間で，Y会社の代理人と称して，従前の代理権の範囲を超え，石炭の売買契約を締結した。

最高裁判決は，これを110条と2017年改正前112条（現112条1項）の競合する場合にあたるとしたので，その事案は112条2項の事例といえるであろう。

理事（＝表見代表理事）がした行為について，法人は善意の第三者に対してその責任を負う（一般法人82条・197条。会社354条参照）。この責任も表見代理と同じく，表見法理（権利外観法理。→237頁）に基づくものである。

5 ── 重畳型の表見代理

① 109条2項・112条2項の表見代理の構造

109条2項・112条2項の表見代理（代理権授与表示の範囲外の表見代理，代理権消滅後の権限外の行為の表見代理）は，110条の表見代理と，109条1項・112条1項の表見代理の重畳型である（事例につき，→WINDOW 7-5）。それらは，代理権

授与の表示 (109条1項)・消滅した代理権 (112条1項) を，権限外の行為の表見代理 (110条) における，いわば基本権限とするものである (→240頁)。

② 109条2項・112条2項の表見代理の要件

その要件は，①本人が無権代理人に代理権を与えた旨を表示したこと (＝代理権授与の表示) (109条2項) または本人が無権代理人にかつて代理権を与えていたこと (＝消滅した代理権) (112条2項)，②代理権授与表示の範囲外で無権代理人が第三者 (相手方) との間で無権代理行為をしたこと (109条2項) または消滅した代理権の範囲外で無権代理行為をしたこと (112条2項)，および，③第三者 (相手方) に代理権ありと「信ずべき正当の理由」があること (＝相手方の善意・無過失) である (109条2項・112条2項)。

本人の意思的関与・帰責性の度合いはそれほど大きくないので，相手方 (第三者) が代理権の存在について「信ずべき正当な理由」を主張・立証できたときに，本人は責任を負う (→237頁)。

第6節 無権代理人の責任

1 ── 狭義の無権代理としての無権代理人の責任

狭義の無権代理とは，広義の無権代理のうちの無権代理人の責任 (117条1項) をいう (→218頁, 235頁)。

① 代理行為があったときの相手方の主張

(1) **代理行為が有効であること** 代理行為があったときに，相手方の主張 (→図表7-2) はまず，当然のことながら，有権代理であるとして，本人に対して，契約上の債務の履行を請求することであろう。

(2) **表見代理の成立** この相手方の主張に対して，本人が，無権代理行為であったとして，契約上の債務の履行を拒絶したとしよう。相手方は，代理行為をした者から交付された委任状 (代理権授与証書) などによりその者の代理権を証明しようとするであろうが，証明困難であれば，表見代理の成立を主張して，本人の責任を追及することになる (109条・110条・112条)。

☐ WINDOW 7-6 ◀◀

無権代理人の責任と表見代理制度の関係

　かつての通説は，表見代理が成立しない場合にのみ，無権代理人の責任が成立すると
していた。そうすると，無権代理人が，117条の無権代理人の責任を追及された場合に，
表見代理の成立を主張して，本人に無権代理の効果を帰属させることにより，責任を免
れることができるようにもみえる。

　たしかに，表見代理の成立が認められ，代理行為の法律効果が本人に及ぶことが裁判
上確定された場合には，無権代理人の責任を認める余地がない。しかし，表見代理制度
が相手方保護のための規定であることを考慮すると，無権代理人が表見代理を主張して
免責を受けるのはその趣旨に反する（最判昭62・7・7民集41巻5号1133頁参照）。

　表見代理と無権代理人の責任はそれぞれ独立の制度であり，無権代理人の責任の要件
と表見代理の要件がともに存在する場合においても，表見代理の主張をするか否かは相
手方の自由である。相手方は，表見代理の主張をしないで，直ちに無権代理人に対して
117条1項の責任を問うこともできる（最判昭33・6・17民集12巻10号1532頁）。

　広義の無権代理から表見代理の部分を差し引いた領域が狭義の無権代理であるという
説明は（→218頁），以上の考え方からするとやや不正確ではある。

---

　(3)　**無権代理人の責任の追及**　　しかし，表見代理の要件充足も難しそうで
あれば，117条1項により，相手方は代理行為をした者に責任を追及するほか
ない（無権代理人の責任。表見代理との関係につき，→WINDOW 7-6）。

② 無権代理人の責任を追及された者の抗弁

　(1)　**代理権の存在または追認を得たこと**　　こうした相手方の主張に対し
て，代理行為をした者が，代理行為の効果が本人に帰属するから，無権代理人
の責任を負わないというためには，抗弁として①自己に代理権のあることを証
明しなければならない（117条1項）。あるいは，②本人の追認を得なければな
らない（113条1項・117条1項。追認の遡及効につき，→WINDOW 7-7）。この場合，
本人が追認しなければならない法律上の義務はない。代理行為をした者が，自
己の代理権を証明することができず，かつ，本人の追認を得ることができな
かったときは，相手方に対して**無権代理人の責任**を負う（117条1項）。

　(2)　**無権代理人の責任の免責**　　無権代理人の責任を免れるためには（117条
2項），無権代理についての，①相手方の悪意を証明するか（1号），②相手方
の有過失を証明するか（2号本文。ただし，無権代理人が自己に代理権のないことに
ついて悪意のときは，この方法をとりえない〔同号ただし書〕），または，③自己が行

□ WINDOW 7-7

追認の遡及効と第三者

　(1)　**追認の遡及効とその制限**　　無権代理行為が追認されると，原則としてその契約の時にさかのぼって代理行為は有効となる（追認の遡及効。116条本文）。ただし，第三者の権利を害することはできない（ただし書）。これは，追認の遡及効によって権利を失うような第三者がいる場合，その第三者との関係で遡及効を制限するものである。

　(2)　**起草者の想定事例**　　起草者は次のような事例を想定していた。無権代理人Bが本人Aの代理人としてA所有地をCに売却し，これを知らずにAは第三者Dにその土地を売却したが，のちにBの無権代理行為を知り，これを追認したような場合である。追認によりCへの売却がはじめから有効だったものとすると，土地の所有権をCが取得し，Dは取得できない。このとき，116条ただし書は追認の遡及効を制限し，Dとの関係では遡及しないものとしたのである。したがって，無権代理行為が追認されても，Dが所有権を取得したという結果が維持されることになる。

　しかし現在では，このような事例で追認の遡及効は問題にならないと考えられている。なぜなら，そこではAからCとDへの二重譲渡があったのと同じであるとされ，177条により，登記の先後により決するからである。

　(3)　**116条ただし書の適用事例**　　116条ただし書が適用される事例は，たとえば，無権代理人が本人の債権を取り立てて弁済を受けたが，その後，本人の債権者が執行裁判所でその債権を差し押さえ，転付命令を受けた場合に（転付命令により，差押債権者〔本人の債権者〕が債務者〔本人〕の債権を取得し，その券面額で，債務者の差押債権者に対する債務が弁済されたものとみなされる〔民執160条〕），本人が先の無権代理人による弁済受領を追認したようなときである。追認によって先の弁済が有効になるとすれば，裁判所の関与した差押・転付命令が空振りに終わる。そこで，116条ただし書を適用して，第三者である差押債権者（本人の債権者）を保護するのである。

為能力の制限を受けていたことを証明しなければならない（3号）。

2 ── 無権代理人の責任

① 責任の意義

　117条の**無権代理人の責任**は，「相手方の保護と取引の安全並びに代理制度の信用保持のために，法律が特別に認めた無過失責任」である（最判昭62・7・7民集41巻5号1133頁）。相手方が悪意または有過失であるなど，保護するに値しない場合，無権代理人は責任を免れる（117条2項。→上述）。

② 責任の内容

　無権代理人の責任の内容は，相手方の選択に従って「履行または損害賠償」責任となる（117条1項）。

(1) **履行責任**　　履行責任とは，有権代理であれば本人との間で成立すべき契約から生じる債務を履行する責任をいう。たとえば，無権代理行為が相手方を売主とする売買契約であった場合に，相手方が履行責任を選択したときは，無権代理人に対して，売買目的物の引渡しと引換えに，売買代金を請求することができる。

(2) **損害賠償責任**　　損害賠償責任は，無権代理行為により生じた相手方の損害を賠償すべき不法行為責任であり，不法行為法の準則に従う。もっとも，故意・過失を要件とする709条の一般的不法行為とは異なり，法定（「法律が特別に認めた」）の無過失責任である。

3——無権代理と相続

1 無権代理人が本人を相続した場合（無権代理人相続型）

(1) **単独相続型**　　無権代理人が本人を単独で相続した場合には（単独相続型），判例によれば，本人と代理人の資格が同一人に帰して，本人が自ら法律行為をしたのと同様の法律上の地位が生じ，無権代理であるとの主張は許されない（最判昭40・6・18民集19巻4号986頁。資格融合説）。

　これに対して，自らした無権代理行為について本人の資格において追認を拒絶するのは信義則（1条2項）に反するから，無権代理行為は相続とともに当然有効になるとする最高裁判決がある（最判昭37・4・20民集16巻4号955頁〔本人相続型の事案での傍論〕。信義則説）。

　なお，本人が生前にすでに追認拒絶をしていた後で，無権代理人が本人を相続した場合には，本人の追認拒絶により無権代理行為の無効がすでに確定しているから，無権代理人である相続人は無権代理行為の無効を主張することができる（最判平10・7・17民集52巻5号1296頁）。

(2) **共同相続型**　　無権代理人が本人を他の相続人とともに共同相続した場合には（共同相続型），共同相続人全員が共同して追認しない限り，無権代理行為が当然に有効となるものではない（最判平5・1・21民集47巻1号265頁）。追認権は共同相続人に，その性質上不可分的に帰属するから，無権代理人の相続分に相当する部分においても，当然に有効となるものではない。もっとも，他の共同相続人全員が追認をしている場合に，無権代理人が追認を拒絶することは信

□ WINDOW 7-8

無権代理と相続における資格併存説・信義則説

(1) **資格併存説** 無権代理と相続の問題における資格併存説は，相続の結果，相続人のところで本人の資格と無権代理人の資格が併存することをいうものである。これは，無権代理人が本人を相続しようと，本人が無権代理人を相続しようと，あるいは，無権代理人と本人の双方を相続しようと，相続人のところで，本人の資格 (追認権・追認拒絶権) と無権代理人の資格 (無権代理人の責任＝履行または損害賠償責任) が併存することを意味する。

これとは対照的に，資格融合説は，相続によって本人と無権代理人の法的な資格が融合し，無権代理行為が当然有効になるとするものである。

(2) **信義則説** しかしながら，いくら本人の資格と無権代理人の資格が相続人のところで併存するとはいっても，当の相続人が無権代理行為を行った張本人である場合には (＝無権代理人相続型のとき)，その者が自分のしたことを棚に上げて，本人から相続した本人の資格で追認を拒絶できるとすれば，それは前後矛盾する態度である。自己が先にとった態度と矛盾する法的主張を行うのは信義誠実の原則 (信義則。1条2項) に反し，矛盾行為の禁止・禁反言の原則 (信義則の一態様。→34頁) にふれる。

したがって，本人を相続した無権代理人は，本人の資格で追認拒絶権を有しているにもかかわらず，信義則によって追認を拒絶することができない。その結果，無権代理行為は，それが無権代理によるものであっても，本人に効果帰属する (資格併存説かつ信義則説)。

義則上許されない (資格併存説かつ信義則説。→WINDOW 7-8)。

② 本人が無権代理人を相続した場合 (本人相続型)

本人が無権代理人を相続した場合には，相続人たる本人が，被相続人の行った無権代理行為の追認を拒絶しても，信義則に反しないから，被相続人の無権代理行為は本人の相続により当然有効となるものではない (前掲・最高裁昭和37年判定。資格併存説)。

本人は本人の資格で無権代理行為の追認を拒絶できるが，無権代理人から相続した無権代理人の資格で相手方に対し無権代理人の責任を負う。このとき，無権代理人の責任のうち履行責任については，それを履行する必要がない。本人の資格で追認を拒絶すれば，無権代理人の資格での履行が不能になると考えるべきだからである。

無権代理の事案ではないが，そうした考え方を採用した判例がある (最判昭49・9・4民集28巻6号1169頁)。真の権利者が他人物売買 (561条) の売主を相続した場合について，権利者は，相続によって売主の義務ないし地位を承継して

も，相続前と同様に権利の移転につき諾否の自由を保有しており，売主の履行
義務を拒否することができるとする（資格併存説）。

③ 本人と無権代理人の双方を相続した場合（双方相続型）

　判例は，無権代理人を相続した者が，その後本人を相続した場合，無権代理
行為が当然有効になるとする（最大判昭63・3・1判時1312号92頁。資格融合説）。無
権代理人が本人を単独相続した場合（無権代理人相続型かつ単独相続型）と同一視
されている。しかし，相続人は，自ら無権代理行為をしたわけではないので，
本人の資格に基づいて追認拒絶をしたとしても，信義則に反しないとも考えら
れる（資格併存説かつ信義則説）。

第**8**章
無効と取消し

●**本章で学ぶこと**

　私的自治の原則のもとでは，法律行為が行われた場合，当事者の効果意思に対応した法律効果の発生が認められるのが原則である。しかし，すでにみてきたように，法律行為が成立しても，一定の理由から，その法律行為が当初から無効とされ，または後に取り消されて効力を失うことがある。

　たとえば，友人仲間で賭けマージャンをしたが，負けた者が支払いをしないので，勝った者が裁判所に訴えたとしよう。裁判所はこの請求を認めない。なぜなら，賭博契約は公序良俗に反し無効（90条）だからである。一方，未成年者が単独で，自己の所有する不動産を売却する契約を結んだ場合，この契約は，一応有効ではあるが取り消すことができ（5条），取り消されれば，最初から無効であったものとみなされる（121条）。

　本章では，あらためて，このような無効と取消しをめぐる問題の全体像を学ぶこととしよう。

第1節　無効と取消しの意義と両者の違い

1 無効・取消しとその原因

　民法は，法律行為において意図された法律効果の発生を阻止するため，つまり法律行為の効力を否定するための法技術として，**無効**と**取消し**を予定している。どのような場合に，法律行為が無効とされ，あるいは取り消すことができるものとされるかは，まず，民法またはその特別法の規定から導かれる（→**図表4-3**，130頁）。これら民法等で予定されている具体的な無効原因や取消原因については，すでに本書の随所で学んできたが，あらためて**図表8-1**で整理しておこう。

2 法的評価としての無効・取消し

　ある行為が無効であるか，取り消すことができるものにすぎないかは，論理必然的に導かれるものではない。無効も取消しも，法律効果の発生を阻止するための法技術ないし法律行為の法的評価にほかならず，何を無効とし，何を取消原因とするかは，立法政策の問題なのである。無効原因と取消原因がともに存する場合には，当事者は，いずれを選択して主張してもよい（→WINDOW 8-1）。

3 無効と取消しの違い

　無効と取消しの一般的な違いとしては，①無効の場合には，特定の者の意思表示を待つまでもなく当該法律行為ははじめから効力を生じないが，取消しの場合には，当該法律行為は一応有効であり，特定の者（取消権者）の意思表示（取消権の行使）によってはじめて効力を失うこと，②無効の場合には，放っておいても有効になることはないが，取消しの場合には，一定期間の経過により取消権が消滅し（126条）有効に確定することがあること，③無効の場合には，追認をして有効にすることはできないが（119条参照），取消しの場合には，追認をすれば有効になること（122条）等があげられる。しかし，後にみるように，無効にも種々の態様のものが存在するのであり，上記の差は，すべての場合に等しく妥当するわけではないことに注意しなければならない。

図表8-1　民法で予定されている無効と取消し

［無効となる場合］
- 表意者に意思能力がない場合（3条の2）
- 公序良俗に反する場合（90条）
- 強行法規に反する場合（91条参照）
- 心裡留保において，相手方が表意者の真意ではないことを知り，または知ることができた場合（93条1項ただし書）
- 虚偽表示の場合（94条1項）
- 無権代理の場合（113条1項）（ただし，効果不帰属）

［取り消すことができる場合］
- 制限行為能力者がその制限に反して法律行為をした場合（5条2項・9条・13条4項・17条4項）
- 錯誤により意思表示をした場合（95条1項本文）
- 詐欺または強迫によって意思表示をした場合（96条1項）

※消費者契約法には，不当条項の無効（8条〜10条）と，事業者の不当勧誘により契約をした消費者の取消権（4条：誤認・困惑による取消し，過量契約の取消し）の規定がある。

第2節　無　　効

1——無効の意義

1　無効とは

　法律行為が無効であるということは，当該法律行為によって予定された効果が発生しないことを意味する。たとえば，締結された売買契約が無効とされる場合には，買主は売主に対して目的物の引渡しを請求することができないし，売主は買主に対して代金の支払いを請求することができない。もし，当該法律行為に基づいて，金銭の支払いや物の引渡し等の給付がすでにされていた場合には，それは法律上の原因を欠き，その給付を受けた当事者は，それを返還しなければならない（121条の2）。

2　無効の場合の返還義務の範囲

　(1)　**原則としての原状回復義務**　　無効な行為に基づく債務の履行として給付を受けた者は，原則として，無効原因を知っていたか否か（善意か悪意か）を問わず，相手方を原状に復させる義務（原状回復義務）（→WINDOW 8-5も参照）を負う（121条の2第1項）。この原状回復義務には，給付を受けた物の現物返還義務のほか，現物返還が不可能な場合において目的物の返還に代わる価額の償還

☐ WINDOW 8-1　　　　　　　　　　　　　　　　　　　　　　◀◀

無効と取消しの二重効

　無効・取消しの概念をどのように捉えるかは，「無効な行為の取消し」が認められるか
という問題にもかかわる。たとえば，未成年者Aが，法定代理人の同意を得ず，しかも
意思能力を欠く状態で法律行為をした場合，Aは，意思無能力を理由に無効を主張する
ことも，行為能力の制限を理由に取消権を行使することもできるのだろうか。取消しは，
一応有効である法律行為の効力を遡及的に消滅させるものであるから（121条），無効な
行為の取消しは論理的に成り立ちえないのではないかという疑問が生じるかもしれな
い。しかし，無効と取消しはいずれも，法律行為の効果の発生を阻止する法技術にすぎ
ないと捉えると，無効原因が存する法律行為について，その取消しを認めることは論理
的に不可能ではないし，むしろ，先の例で，制限行為能力者の保護という法の趣旨にか
んがみれば，Aに無効と取消しの選択的主張を認めることが実質的にも妥当である。こ
のような理由から，今日の通説は，無効と取消しの選択的主張（二重効）を肯定している。

義務も含まれている。なお，原状回復義務を負うことは解除の場合と基本的に
同様であるが（545条1項），解除の効果に関する規定（同条2項・3項）と異なり，
利息や果実の返還については，121条の2には規定されておらず，この点は解
釈に委ねられている。

　(2)　**例外としての現存利益の返還**　　上記の原則に対しては，例外がある。

　第1に，無効な無償行為に基づく債務の履行として給付を受けた者は，その
給付を受けた当時に無効であることを知らなかったとき（善意）は，現存利益
の返還で足りる（121条の2第2項）。つまり，無償行為における善意の給付受領
者は，利得が消滅したことを主張立証することによって，消滅した分の利得の
返還を免れることができるのである（利得消滅の抗弁）。無償行為における善意
の給付受領者を保護する趣旨に基づく。これに対し，有償行為の場合は，この
利得消滅の抗弁は認められない。有償行為の場合，給付受領者は，反対給付を
することなしに受領した給付を自己の物として保持することはできないのであ
り，自らは相手方に反対給付の返還を求めつつ，相手方から受領した給付につ
いては利得の消滅を理由に返還を免れることは適切ではないと考えられたから
である。

　第2に，法律行為をした時に意思無能力であり，または制限行為能力者で
あった者も，現存利益の返還で足りる（同条3項）。制限行為能力者等を保護す
る趣旨に基づく。

□ WINDOW 8-2

不法原因給付

　本文で述べたように，無効な行為に基づいて給付をした者は，給付の返還を請求することができるのが原則である。しかし，例外として，不法な原因に基づいて給付をした者は（この給付を「不法原因給付」という），不法の原因が受益者についてのみ存した場合でない限り，その返還を請求することができない（708条）。ここに「不法な原因」とは，公序良俗に反し（90条），返還請求者側の不法性が強い場合を意味すると解されている。

　たとえば，4人で賭け麻雀をしてAに50万円分の負けが生じたとしても，そもそもこのような賭博契約は公序良俗に反して無効であるから，負けたAは，法的には50万円の支払義務を負わない（90条）。しかし，Aが50万円を支払うと，もはやAは，当該契約は公序良俗に反して無効だということを理由に50万円の返還を請求することはできないのである（708条）。この規定の根拠は，自ら不法な行為をした者が，自己の損失を取り戻すために，その行為の不法性を理由として無効を主張し，法の救済を求めることは許されるべきではないということ（クリーンハンズの原則）にある。

　これらの規定からも，現行民法においては，無効または取消しの場合の返還の範囲は，不当利得の一般的規定（703条・704条）によるのではないことが理解できよう。

　(3)　**不法原因給付の場合**　なお，法律行為が無効な場合のうちでも，その給付が**不法原因給付**にあたる場合には，例外として，給付者は受領者に対してその返還を請求することができない（708条。→WINDOW 8-2）。

2──絶対的無効と相対的無効

　法律行為が無効である場合には，その無効を，誰からでも，誰に対してでも主張できるのが原則である。これを，**絶対的無効**という。公序良俗に反する法律行為の無効（90条），強行法規に反する法律行為の無効（91条）は，原則としてこれに該当するといえよう（ただし，暴利行為などは例外と解される）。これに対して，一定の場合には，無効を規定した法の趣旨や具体的な法の規定により，無効を主張できる者（主張権者）や，無効を主張できる相手が制限される場合もある。これは，絶対的無効と区別して，**相対的無効**といわれる。

① 主張権者が制限される場合

　意思無能力を理由とする無効（3条の2）については，同条の趣旨は表意者の保護にあると解されるので，無効の主張権者は，原則として表意者（およびそ

の代理人，承継人）だけだと解すべきである。

② 無効主張の相手が制限される場合

民法は，虚偽表示を無効としながら（94条1項），虚偽の権利の外観を信頼した者の保護のため，善意の第三者に対してはこの無効を対抗できない（主張できない）旨を規定している（同条2項）。心裡留保について，その意思表示が表意者の真意ではないことを相手方が知り，または知ることができたためその意思表示が無効とされる場合においても（93条1項ただし書），その無効は善意の第三者に対しては対抗できない（同条2項）。

3——全部無効と一部無効

法律行為の一部に無効原因が存する場合には，それによって当該法律行為全体が無効となるのか（**全部無効**），それとも一部のみが無効であるにとどまるのか（**一部無効**）が問題となる。

民法その他の法律が明文の規定によって一部無効を認めている場合には，これによる。たとえば，金銭消費貸借において利息制限法による利率の制限（元本の額に応じ，20%～15%が上限）を超過した利息の約定は，その超過部分のみ無効である（利息制限1条）。ただし，さらに高い109.5%を超える利息での貸金業者による貸付けの場合は，貸金業法42条により契約全体が無効とされる。この他，民法で一部無効を定めているものとして，133条2項・278条1項・360条1項・580条1項・604条1項等がある。

このような明文の規定がない場合にも，無効原因の存する当該一部のみを無効とすることが法律行為および法の趣旨に反しない場合には，その限度で一部無効が認められるべきであろう。

4——無効な行為の追認

① 遡及的追認は原則としてできない

無効な法律行為は，後の**追認**によってはじめから有効であったものとすることができないのが原則である（119条本文）。しかし，例外として，無権代理行為の場合には，本人の追認があれば契約の時にさかのぼって効力を生ずるとされている（116条）。無権代理行為における無効（113条1項）は，本人に効果を帰

属させる要件が欠けているにすぎず（**帰属無効**），本人が追認するなら遡及的に効力を認めても支障がないからである。

②新たな行為としての効力

　このように，無効な行為の遡及的追認は，原則として認められないが，当事者が無効なことを知って追認したときには，新たな行為をしたものとして取り扱われる（119条ただし書）。たとえば，虚偽表示による売買を，両当事者が後に追認した場合などがこれに該当する。

　もっとも，追認に新たな行為としての効力が認められるためには，追認の時に無効原因が除去されていなければならない。したがって，たとえば，マージャン賭博の契約は公序良俗に反して無効であるが，当事者がその無効であることを知ったうえで追認しても，新たな行為としての効力は生じない。強行法規に反する行為の場合も同様である。

5 ── 無効行為の転換

　ある法律行為が，当初予定されていた行為としては無効だが，他の法律行為としての有効要件は満たしている場合に，後者の法律行為としての効力を認めることを，**無効行為の転換**という。

　民法に明文で，無効行為を有効な行為に転換する規定を置いているものがある。たとえば，方式を欠くため秘密証書遺言として無効な遺言でも，自筆証書遺言として有効になりうる（971条）。しかし，このような明文の規定がない場合にも，当事者の意思および無効とした法の趣旨に反しない限りで，転換が認められる。判例には，妻以外の女性との間に生まれた子（非嫡出子）を妻との間の子（嫡出子）として届け出た場合に，これに認知届としての効力を認めたもの（最判昭53・2・24民集32巻 1 号110頁）がある（さらに，→WINDOW 8-3 も参照）。

6 ── 無効の主張期間

　無効については，取消しと異なり，期間制限に関する規定がない。しかし，無効の主張といえども，具体的な事情により，信義則によって主張が制限されることがある点は，今日一般に承認されている（最判昭51・4・23民集30巻 3 号306頁参照）。

☐ WINDOW 8-3 ◀◀

他人の子を嫡出子とした届出・虚偽の認知届と養子縁組の成否

　本文でみたように，非嫡出子を嫡出子として届け出た場合には，判例もこれに認知の効力を認めている。それでは，他人の子を嫡出子として届け出た場合には，これに養子縁組としての効力が認められないだろうか。判例は，夫の妹の婚外子を嫡出子として届け出た妻が，夫の死亡後に，嫡出親子関係不存在確認を求めたという事件において，たとえ養子とする意図で他人の子を嫡出子として届けても，それによって養子縁組が成立することはないとする（最判昭25・12・28民集4巻13号701頁）。同様に，判例は，虚偽の認知届をもって有効に養子縁組が成立したと解することはできないとする（最判昭54・11・2判時955号56頁）。

第3節　取 消 し

1——取消しとは

　法律行為の効果の発生を阻止する手段として，民法が無効とならんで予定しているのが，取消しである。しかし，**取り消すことができる法律行為**は，取消しがされるまでは有効として取り扱われる点で無効と異なる。民法には，「取消し」という語を用いた規定が多く存在するが，これらすべてが同じ内容を持つわけではない。

1 狭義の取消しと特殊な取消し

　(1)　**狭義の取消し**　　民法総則に規定されているところの，制限行為能力者の行った法律行為の取消し（5条2項・9条・13条4項・17条4項），錯誤による意思表示の取消し（95条），詐欺または強迫による意思表示の取消し（96条）は，いったん発生し一応有効とされている当該法律行為の効力を，特定の人（取消権者）の一方的意思表示によって遡及的に無効とするものである（121条）。民法120条以下には，「取消し」に関する一連の規定が置かれているが，これが直接適用されるのは，これらの場合である（この他，消費者契約法4条による取消しについても，取消期間や返還義務の範囲などのように同法に特別の規定があるものを除き，基本的に民法121条以下が適用される〔消費契約11条1項〕。特定商取引法の規定に

□ WINDOW 8-4　◀◀

詐欺または強迫による婚姻の取消し

　民法747条は，詐欺または強迫によって婚姻した者の取消権に関する規定を置いている。しかしこれは，96条に基づく取消しとは異なり，「その婚姻の取消しを家庭裁判所に請求することができる」権利とされ（747条1項），取消権の行使期間も，詐欺を発見しまたは強迫を免れた時から「3箇月」に限定され（同条2項），その効果についても特別の定めがある（748条）。これは，身分行為の特殊性に配慮したものである（808条も参照）。

よる取消しも同様）。狭義で取消しというときには，これらの場合を指す。

　(2)　**特殊な取消し**　　債権編や親族編・相続編に規定されている「取消し」（424条・743条〜749条・754条・764条・803条〜808条・812条等）は，それぞれ取消権者，取消しの方法および効果などの点で特殊性を有し，狭義の取消しと区別される（→WINDOW 8-4も参照）。

②撤　　回

　民法は，意思表示をした者がその意思表示の効力を将来に向かって消滅させる行為について，**撤回**という概念を用いている。契約申込みの撤回（523条・525条），懸賞広告の撤回（529条の2〜530条），遺言の撤回（1022条以下）等がこれにあたる。すでに行われた意思表示によって当事者間に権利義務関係が生じたときには，原則としてその意思表示を撤回することはできない（407条2項・540条2項・919条1項）。

　①でみたように，民法が「取消し」という語を用いている場合でも，その示す内容はさまざまであるが，以下ではこのうち，狭義の取消しについて説明を加える。

2──取消権者

　取り消すことのできる行為の取消権者については，120条1項・2項がこれを規定する。

①行為能力の制限による取消しの場合（120条1項）

　(1)　**「制限行為能力者」**　　行為能力の制限によって取り消すことができる行為の場合，取消権者としては，まず，制限行為能力者本人（未成年者・成年被後見人・被保佐人・被補助人）があげられる。制限行為能力者は，能力を取得・

回復する前であっても，単独で取り消すことができる（ただし，意思能力は必要）。本人が法定代理人や保佐人・補助人などの同意を得ずに取消しをしても，「取り消すことのできる取消し」となるのではない。取消しは，現在の状態を法律行為をする前の状態にもどすにすぎず，制限行為能力者にとって積極的に不利益にはならないからである。

　なお，制限行為能力者が「他の制限行為能力者」の法定代理人としてした行為は，当該「他の制限行為能力者」も取り消すことができる（120条1項括弧書）。

　(2)　**制限行為能力者の「代理人」**　　未成年者の親権者（824条）や後見人（838条1号・859条），成年被後見人の後見人（838条2号・859条）は，それぞれ未成年者または成年被後見人の法定代理人として，取消権を有する。任意代理人にも，当該行為を取り消すことが代理権の範囲内にある場合に限り，取消権が認められる。

　(3)　**制限行為能力者の「承継人」**　　相続人などのように包括的に制限行為能力者の法的地位を承継した包括承継人は，120条1項の「承継人」に該当し取消権が認められる。契約上の地位を譲り受けた特定承継人も同様である。これに対し，制限行為能力者から目的物を転得したにすぎない者は，これに含まれない。取消権は契約上の地位と不可分だからである。

　(4)　**「同意をすることができる者」**　　保佐人は，民法13条が定める範囲の被保佐人の行為について同意権を有する（13条1項・2項）。補助人も，被補助人の特定の法律行為について，補助人の同意を得なければならない旨の審判があった場合はその限りで同意権がある（17条1項）。被保佐人・被補助人が，これらの同意を要する行為を，同意または同意に代わる許可（13条3項・17条3項参照）を得ないでした場合には，保佐人・補助人は，これを取り消すことができる（120条1項・13条4項・17条4項）。なお，未成年者の法定代理人も，同意権を有するが（5条1項），(2)で触れたように，法定代理人は「代理人」としての取消権を有するから，取消権者に「同意をすることができる者」を加えることについてとくに意味があるのは，保佐人と補助人である。

2 錯誤，詐欺または強迫による取消しの場合（120条2項）

　(1)　**「瑕疵ある意思表示をした者」**　　瑕疵ある意思表示をした本人（錯誤，詐欺または強迫により意思表示をした者）は，当該錯誤，詐欺または強迫による意

思表示を取り消すことができる。

　(2)　**瑕疵ある意思表示をした者の「代理人」**　瑕疵ある意思表示をした者の代理人も，取消権者である。ここには，法定代理人と任意代理人の両方が含まれる。ただし，代理人が取消権を行使するためには，当該行為を取り消すことが代理権の範囲内に含まれていることが必要である。

　(3)　**瑕疵ある意思表示をした者の「承継人」**　瑕疵ある意思表示をした者の承継人も，取消権者に含まれる。たとえば，瑕疵ある意思表示をした本人が，取消権を行使しないまま死亡した場合の相続人は，これに該当する。判例は，AがBの詐欺によってBに対する債務を負担した場合におけるAの保証人Cは，利害関係は有するが承継人には該当しないので，取消権は認められないとする（大判昭20・5・21民集24巻9頁）。

3 ── 取消しの方法

　取消しは，法律行為を遡及的に無効とする意思表示であり，一方的にその意思表示をすればその効果が生ずる（**単独行為**）。

　取り消すことのできる行為の相手方が確定している場合には，取消しは，相手方に対する意思表示によって行う（123条）。たとえば，Aが，第三者Cの詐欺によってBと契約をした場合でも，取消しは，あくまでもその取り消される契約の相手方であるBに対する意思表示によって行わなければならない。また，Aが，自己の不動産をBに売却し，BがさらにこれをCに転売した後に，Aが取消権を行使して当該不動産をCから取り戻そうとする場合にも，取消しの意思表示は，法律行為の直接の相手方であるBに対して行い，そのうえで，Cに対して取消しの効果を主張すべきだとされている（大判昭6・6・22民集10巻440頁）。

　なお，取消しの意思表示は，特別の方式による必要はなく，裁判外で行使してもよい。

4 ── 取消しの効果

① 取消しの遡及効

　法律行為が取り消されると，その行為ははじめから無効であったものとみな

される(121条本文)。当該法律行為からいったん生じた債務は遡及的に消滅し,履行する必要がなくなる。当該法律行為に基づいて給付がすでに行われていた場合には,給付受領者はこれを返還しなければならない。

2 返還義務の範囲

　取消しが行われた場合における給付受領者の返還義務の範囲は,基本的には,当初から無効であった場合と同様,121条の2の規律による(→253頁も参照)。

　(1)　**原則としての原状回復義務**　すでに債務の履行として給付を受けていた者は,その利益が現存するか否かにかかわらず,原則として,相手方を原状に復させる義務(原状回復義務)を負う(121条の2第1項)。たとえば,金銭を受領した者がそれを費消したとしても,原則として返還義務を免れない。また,物の引渡しを受けた者が,それを第三者に譲渡し,あるいは滅失・損傷させたとしても,価額の償還義務を負う(→WINDOW 8-5も参照)。

　(2)　**民法の規定する2つの例外**　この原状回復義務の原則に対して,民法は,2つの例外を設けている。1つは,無償行為の場合であり,無効な無償行為に基づく債務の履行として給付を受けた者は,その給付を受けた時に,取り消すことができるものであることを知らなかったとき(善意)は,その行為によって「現に利益を受けている限度」(**現存利益**)において返還の義務を負うにとどまる(121条の2第2項)。また,行為の時に意思無能力または制限行為能力者であった者についても,現存利益の返還で足りる(これらの場合に利得消滅の抗弁を認めた規定の趣旨については,→254頁参照。さらに,WINDOW 8-6も参照)。

　(3)　**消費者契約法の特則**　消費者契約法にも,返還の範囲に関する特則が設けられている。つまり,同法4条に基づき消費者が取消権を行使した場合において,給付を受けた当時に取り消すことができることを知らなかった(善意の)消費者は,現存利益について返還義務を負うにとどまるものとされている(消費契約6条の2)。消費者の利益を保護する趣旨に基づく。

3 第三者との関係

　取消しによる法律行為の遡及的無効は,とくに制限規定がない場合には,第三者に対しても主張できる。たとえば,未成年者Aが法定代理人の同意を得ることなく,その所有する不動産をBに売却し,BがさらにこれをCに売却した

□ WINDOW 8-5　◀◀

詐欺・強迫による被害者の原状回復義務について

　本文記載のとおり，121条の2第1項によれば，法律行為が無効である場合（取消しにより無効になった場合も含む），各当事者は相手方を原状に復させる義務（原状回復義務）を負うとされている。しかし，相手方の詐欺・強迫等の不適切な方法による取引の被害者もつねに原状回復義務を負う（給付されたものを返還できない場合は価額償還義務を負う）とすると，相手方による給付の押しつけ（相手方の違法な収益の確保）を許すことになり，被害者の保護を適切に図ることができないのではないかという疑問も生じる。民法上も，暴利行為（90条の公序良俗違反として無効）の場合は，不法原因給付についての特則（708条）が適用され，相手方は被害者に対して利得の返還を請求することができない。一方，消費者契約法6条の2は，消費者が同法の4条1～4項に定める事業者の不当勧誘による取消権（誤認・困惑による取消し，過量契約取消し）を行使した場合には，善意の受益者である消費者の返還義務の範囲は現存利益で足りるとする特則を設けている。民法96条の定める詐欺・強迫の場合については，このような明確な規定が存在するわけではないが，708条の柔軟な解釈や，原状回復の内容（利得の捉え方）の解釈を通して，清算の場面における被害者保護が解釈上求められよう。

□ WINDOW 8-6　◀◀

「現に利益を受けている限度」（現存利益）とは

　121条の2では，無効・取消しの効果として原状回復義務の原則を定めながら，例外的に，無償行為における善意の給付受領者と意思無能力・制限行為能力の場合について，「現に利益を受けている限度」において返還することで足りるとする（現存利益の返還義務）。消費者契約法4条に基づく取消しにおいて消費者が善意で給付を受領した場合も同様である。

　現存利益の返還とは，受けた利益が，原形のまま，または形を変えて残っている場合に，その残っているものだけを返還すればよいという意味である。取得した金銭で購入した物が残っている場合には利益は現存するし，さらに，取得した金銭が借金の返済や必要な生活費の支払いに充てられたときにも，それによって他の財産の減少を免れたのであるから，なお利益が現存すると解される（大判昭7・10・26民集11巻1920頁）。

　一方，判例には，1999年成年後見制度改正前の旧制度のもとでの事案であるが，浪費を理由として準禁治産宣告を受けていた者が，取得した金銭等を賭博で浪費してしまった場合について，現存利益がないとしたものがある（最判昭50・6・27金判485号20頁）。利得が減少ないし消滅したことは，返還義務者の方で主張立証しなければならない。

　場合において，Aが行為能力の制限を理由にA・B間の契約を取り消したときには，Aは，当該不動産の所有権が自己に帰属することを，Cに対しても主張することができるのである。これに対し，錯誤による取消し，詐欺による取消

264

しについては，取引安全の観点からこれを制限する規定が設けられており，取消しを善意・無過失の第三者に対抗することはできない（95条4項・96条3項。→176頁，185頁。消費者契約法4条による取消しも，善意・無過失の第三者に対抗できない。消費契約4条6項）。

5 ── 取り消すことができる行為の追認

1 追認とは

　取り消すことができる行為の追認とは，取り消すことができる行為を有効に確定する一方的意思表示（単独行為）であって（122条），取消権の放棄を意味する。追認は，取消しの場合と同様，相手方に対する意思表示によってこれを行う（123条）。

2 追認の要件

　追認をするには，次の要件が満たされていなければならない。

　(1)　**追認権者**　追認をすることができる者（追認権者）は，120条によって取消権者とされている者である（122条）。

　(2)　**取消原因となった状況の消滅**　追認は，取消しの原因となっていた状況が消滅した後にしなければ，その効力を生じない（124条1項）。したがって，制限行為能力者本人による追認の場合は，原則として（同条2項の例外は後述），本人が行為能力の制限を脱した後であること（未成年者は成年になり，成年被後見人・被保佐人・被補助人については，後見開始・保佐開始・補助開始の審判が取り消された後であること）が必要である。錯誤による意思表示，詐欺による意思表示を追認する場合は，その錯誤の事実または騙された事実を知った後，強迫による意思表示を追認する場合は，強迫状態を免れた後に行うことを要する。

　もっとも，未成年者（ただし，意思能力がある場合）や被保佐人・被補助人については，もともと同意権者の同意を得ていれば完全に有効な行為をすることができたのであるから，行為能力の制限の状態が消滅しない間でも，それぞれ法定代理人，保佐人，補助人の同意を得れば有効な追認をすることができる（124条2項2号）。これに対し，成年被後見人は，後見人の同意を得ても追認をすることはできない（同号括弧書）。成年被後見人は，そもそも「事理を弁識する能力を欠く常況にある」（7条）ことから，日常生活に関する行為以外については，

ある法律行為について事前に後見人の同意を得ていたとしても，確定的に有効な法律行為をすることはできないからである。

以上の制限行為能力者の追認に関する制限は，法定代理人，または制限行為能力者の保佐人もしくは補助人が追認をする場合には適用されない（124条2項1号）。

（3）**取り消すことができることの認識**　追認は，当該法律行為について取消権を有することを知って行われることを要する（同条1項）。追認は取消権の放棄を意味するものだからである。

③ 追認の方法と効果

（1）**方　法**　追認の方法は，取消しと同様であり，相手方が確定している場合には，**相手方に対する意思表示**によって行う（123条）。

（2）**効　果**　追認が行われると，その法律行為は，以後，取り消すことができなくなる（122条）。取り消すことができる行為は，追認前から一応有効であるが，追認により，その**有効が確定的なものになる**のである。

6 ── 法定追認

① 法定追認の意義

取り消すことができる法律行為について，追認の意思表示がされたのではない場合でも，社会的に追認があったのと同様に評価されるような一定の事実が生じたときには，法律上，追認があったものとして取り扱われる（125条）。相手方の信頼を保護し，法律関係を安定させるためである。これを**法定追認**という。

② 法定追認の要件

法定追認が生ずるためには，次の要件が必要である。

（1）**追認権者による一定の行為**　法定追認が生ずるためには，取り消すことができる行為について，①「**全部または一部の履行**」，②「**履行の請求**」，③「**更改**」（513条以下参照），④「**担保の供与**」，⑤「取り消すことができる行為によって取得した**権利の全部または一部の譲渡**」，⑥「**強制執行**」のうち，いずれかの事実が生じたことが必要である（125条1号〜6号）。

このうち，①の「履行」には，取消権者自らが履行した場合はもちろん，相

手方の履行を取消権者が受けた場合も含まれる（大判昭 8・4・28民集12巻1040頁）。また、④の「担保の供与」にも、取消権者が担保を提供した場合のみならず、取消権者が担保の提供を受けた場合も含まれる。相手方の履行を受け、または担保の提供を受ける行為は、取消権者の意思に基づく関与であり、取り消すことのできる行為の有効性を認めたうえで行ったものと評価されうるからである（相手方が一方的に振込みをした場合等は該当しないと解されよう）。

これに対し、②の「請求」は、取消権者が請求した場合に限られ、取消権者が相手方から請求された場合を含まない（大判明39・5・17民録12輯837頁）。同様に、⑤の「譲渡」は、取消権者が行った場合に限られ、また、⑥の「強制執行」も、取消権者が債権者として行った強制執行の場合に限られる。

(2)　**追認可能な状態において生じたこと**　　上記(1)の①〜⑥の各事実は、取消権者が追認をすることができる状態になった後に生じたものでなければならない（125条柱書本文）。もっとも、制限行為能力者が能力を取得・回復する前であっても、法定代理人が行った場合には、法定追認となる。

(3)　**異議をとどめなかったこと**　　取消権者が(1)の各行為を行う際に、異議をとどめた場合には、法定追認は生じない（125条ただし書）。たとえば、取消権者が、追認するのではない旨を示して、取り消すことのできる行為に基づく代金を一応受領する場合には、法定追認は生じない。

7 ―― 取消権の期間制限

① ２つの制限期間

取消権は、追認をすることができる時から５年間、または行為の時から20年間行使しなければ消滅する（126条）。同条の趣旨は、取り消すことのできる行為による不確定な法律関係を所定の期間で確定させ、相手方や第三者を不安定な地位から解放することにある（なお、消費者契約法４条に基づく取消権については、同法７条に、これより短い期間制限の規定がある）。

② 起 算 点

５年の期間は、追認をすることができる時から起算される（126条）。つまり、取消しの原因となっていた状況が消滅し、かつ、取消権を有することを知った時である（124条１項）。ただし、前述のとおり、制限行為能力を理由とする取

□ WINDOW 8-7　◀◀

取消し後の返還請求はいつまでできるか

　取消権がいったん行使された場合には，取り消された行為に基づいてすでに給付をしていた者に，原状回復請求権が生ずることになる。たとえば，金銭の支払いをしていた場合において，この返還請求権は，いつまで行使することができるのであろうか。

　原状回復請求権の行使期間を，取消権自体の行使期間とは別として考えると，この請求権は，一般債権として，取消しの時からさらに5年間行使できるということになる（166条1項）。判例・通説は，このような見解に立つ（大判大7・4・13民録24輯669頁。二段構成説。一般債権の消滅時効期間が10年であった時代の判決）。

　これに対し一部の学説は，このように捉えると不確定な状態を早期に確定させようとする126条の趣旨と合致しないとして，返還請求権の行使も，126条に定める期間の制限を受け，したがって5年の間に取消権の行使のみならず原状回復請求権の行使までしなければならないと主張する（一体的構成説）。

消しについては，制限行為能力の状況が消滅していない場合であっても，制限行為能力者の法定代理人または保佐人・補助人は追認をすることはでき，また，制限行為能力者（成年被後見人を除く）本人もこれら法定代理人等の同意を得て追認をすることができる。

　以上に対し，20年の期間は，行為の時から起算される（126条）。

③ 複数の取消権者が存する場合

　行為能力の制限による取消しの場合，制限行為能力者本人と並んで，その法定代理人や同意権者も取消権を有する。この場合，法定代理人ないし同意権者の取消権が消滅すれば，制限行為能力者の取消権も消滅すると解するのが今日の多数説である。

④ 期間制限の法的性質

　民法126条が「時効によって」消滅すると規定していることから，かつては，2つの期間はいずれも消滅時効期間であるとされていた。しかし，取消権のような**形成権**は，権利者の一方的な意思表示によって権利内容が実現され，時効の更新などを考える余地はない。そこで，学説では，これらの2つの期間のうち，少なくとも長期は**除斥期間**だとする見解が主張されている。

　取消権の期間と取消後の原状回復請求権の期間の関係をどのように考えるかも問題となるが，判例・通説は，取消後の原状回復請求権については，取消権とは別個の消滅時効が適用されるとしている（→WINDOW 8-7）。

第**9**章
条件・期限・期間

●本章で学ぶこと

　当事者が，法律行為の効力の発生・消滅または債務の履行をある事実にかからせる特約を，法律行為に付ける場合がある。これを，法律行為の付款という。たとえば，「君が今年のＫ大学の入試に合格したら，この時計をあげよう」とか，「弁済期を半年後の９月１日に定めて金銭を貸そう」と約束した場合などである。法律行為（契約）自由の原則が認められている領域では，法律行為の内容のみならず，その効力の発生・消滅や履行についてこのような形で制限を加えることも，原則として当事者の自由とされている。本章ではまず，このような付款としての条件と期限を学ぶ。

　本章の後半では，期間を学ぶ。期間とは，ある時点からの一定の時の経過を問題とする場合をいう。たとえば，民法166条１項が，債権は，債権者が権利を行使することができることを知った時から「５年間行使しないとき」（１号），権利を行使することができる時から「10年間行使しないとき」（２号）には，時効によって消滅すると規定しているのがその例である。本章では，この「期間」の持つ意味を確認するとともに，期間の計算方法について概観する。

第1節　条　　件

　当事者が，たとえば「『君が大学入試に合格したら』この時計をあげよう」と約束する場合のように，法律行為の効力を，「発生の不確実な事実」にかからせることがある。このような付款を**条件**という。

1 ── 停止条件と解除条件

1 2種類の条件

　条件とは，法律行為の効力の発生または消滅を，将来の不確実な事実にかからせる，法律行為の付款である。その事実自体も条件と呼ばれる。

　条件の中には，当該事実が発生すれば，法律行為の効力を発生させるものと，法律行為の効力を消滅させるものがある。前者を**停止条件**といい，後者を**解除条件**という。

2 停止条件

　条件が成就した時から効力を生ずる法律行為を，**停止条件付法律行為**という（127条1項）。たとえば，先に掲げた，「君が大学入試に合格したら，この時計をあげよう」という約束は，「大学入試に合格」という条件が成就した時から，贈与契約の効力が生ずるとするものである。「大学入試に合格」することが贈与の「停止条件」とされている。

3 解除条件

　条件が成就した時から効力を失う法律行為を，**解除条件付法律行為**という（127条2項）。たとえば，AがBに甲土地を売却したが，売買契約の締結から3か月以内に，Aの指定するC建設会社とBとの間で地上建物の請負契約が成立しなければ，この売買契約は効力を失うという条項を付けていたとしよう。この場合，「3か月以内にCとBとの間で建物請負契約が成立しない」という条件が成就すると売買契約の効力が失われるから，この条件は解除条件にあたる。

2 ── 条件を付けることができない行為

　法律行為の中でも，とくに，以下のような行為は，条件に親しまない行為と

□ WINDOW 9-1

出世払いの約束は条件か？

　「出世したときには返済いたします」という証文が金銭の貸借に際して差し入れられた場合，これは停止条件付の返済義務の負担といえるであろうか。これは，基本的にはその合意の趣旨による。もし，「出世したら返済するが，しなかったら返済しなくてもよい」という趣旨のものであるなら，これは，「出世」という不確実な事実に債務の効力発生をかからせているので，条件だといえそうである。これに対し，債務の効力はすでに発生しているが，「出世するまでその履行を猶予する」という趣旨であれば，出世したら返済しなければならないだけでなく，出世できないことが確定したらもはや猶予しないことを意味し，これは期限ということになる。判例には，このような付款を，不確定期限を付したものであって，停止条件付債務ではないとしたものがある（大判大4・3・24民録21集439頁）。

されている。

1 身分行為

　婚姻，離婚，養子縁組などのような**身分行為**は，条件に親しまず，たとえ条件を付けても無効である。たとえば，「他の相続人が相続放棄することを条件としてなす相続放棄」がこれにあたる。

　これが無効とされるのは，このような身分行為に条件を付けることを認めると，身分関係が不安定になるし，また，身分行為は本来自発的な意思が尊重されるべきであるのに，意思に反して身分行為を強制されるおそれが生じるからである。

2 単独行為

　取消し，解除，追認などのような，一方的な意思表示だけで法律効果を発生させる**単独行為**も，条件に親しまず，原則として条件を付けることができないとされている。相手方の地位を著しく不安定にするからである。

　したがって，相手方の地位を不当に不安定にするものではない場合には，単独行為に条件を付けることも許される。たとえば，「あなたが2週間以内に代金を支払わないときには，契約を解除する」という停止条件付きの解除は有効であり，実際，しばしば行われている。

3──条件付法律行為の効力

　条件付法律行為の効力は，基本的に，法律行為の効力に関する一般原則によるが，民法は，とくにいくつかの特別な場合について規定を置いている。

1 不法条件

　不法な条件を付した法律行為は，その条件のみが無効となるのではなく，法律行為全体が無効とされる（132条前段）。これは，不法な行為をすることを条件としたことにより，法律行為全体が不法性・反社会性を帯びるからである。たとえば，犯罪行為を行うことを条件として財産を贈与する契約がこれにあたる。しかし，A・B間で，「AがBの名誉・信用を侵害した場合には，損害賠償としてAの一定の財産をBに移転する」というような契約は，それによって法律行為全体の不法性をもたらすものではないから，無効ではない（大判大6・5・28民録23輯846頁）。

　不法な行為をしないことを条件とする法律行為についても，法律行為全体が無効とされる（同条後段）。これは，不法な行為をしないということを法律行為の効果と対価的または交換的関係に置くことによって，法律行為が不法性・反社会性を帯びるからである（その利益を放棄すれば不法な行為をしても構わないという心情に当事者をおく）。

　なお，不法条件を付けた法律行為は無効であるが，これに基づいてすでにされた給付は，**不法原因給付**にあたるので，その返還を請求することはできない（708条）。

2 不能条件

　不能な停止条件を付けた法律行為は，無効である（133条1項）。不能な停止条件の場合，永久に条件成就がありえないから，法律行為全体を無効としたものである。たとえば，A・B間で「死亡して火葬されたCが生き返った場合には，AはBにこの土地をあげよう」という契約をした場合がこれにあたる。ここに不能とは，物理的に実現が不可能な場合だけではなく，社会的・経済的にみて不能であるような場合も含む。

　不能な解除条件を付けた法律行為は無条件とされる（同条2項）。不能な解除条件は，永久に条件成就することがありえないから，法律行為全体の有効性が

維持されるのである。

③ 随意条件

　債務者の意思だけにかかる停止条件（**随意条件**）の付いた法律行為は無効である（134条）。たとえば，AがBに，「私の気が向いたらこの時計をあげよう」と約束した場合がこれに該当する。このような場合，Aは「気が向かない」としてつねにBの請求を拒むことができ，当事者に法的拘束力を生じさせる意思がないとみられるからである。逆に，債権者の意思だけにかかる条件は有効である（大判大7・2・14民録24輯221頁）。

4 ──条件の効果

① 条件の成否確定後の効果

　条件が成就すると，停止条件付法律行為はその効力を生じ，解除条件付法律行為はその効力を失う。逆に，条件が成就しないことが明らかになったときは，停止条件付法律行為は効力を生じないことに確定し，解除条件付法律行為は無条件となってその効力が存続する。

　条件成就の効果は，原則として遡及しない。つまり，停止条件付法律行為は，「停止条件が成就した時から」その効力を生じ（127条1項），解除条件付法律行為は，「解除条件が成就した時から」その効力を失う（同条2項）のが原則である。もっとも，法律に別段の定めがある場合，および，当事者間で条件成就の効果をさかのぼらせる意思を表示したときには，遡及効が生ずる（同条3項）。

② 条件の成否未定の間の期待権

　条件付法律行為においては，条件成就によって利益を受ける当事者は，条件の成否未定の間でも，その利益に対する期待を有する。これは，停止条件の場合でも，解除条件の場合でも同様である。

　たとえば，AがBに，「君が大学入試に合格したら，この時計をあげよう」と約束した場合，Bは，条件が成就すれば時計の所有権を得られるという期待を有するし，逆に，AからBへの贈与に解除条件が付されていた場合には，Aが目的物の所有権の復帰に対する期待を有する。民法は，このような期待を，一種の権利（**期待権**）として保護している。

> □ WINDOW 9-2 ◀◀
>
> **条件付権利の目的物を処分する行為の効力**
>
> 　条件付権利の目的物が第三者へ売却され，あるいは贈与されたような場合に，この処分行為の効力はどうなるのか。たとえば，AがBとの間で，Bがある国家試験に合格すればAは自分の所有するマンションを所定の安い価格でBに売却するという契約をしたが，当該条件の成否未定の間に，Aは気が変わって当該マンションをCに売却してしまったという場合である。この場合におけるA・C間の売買契約は，無効となるわけではない。むしろ，この場合，AからB，AからCへ，同じマンションが二重に譲渡された場合にあたるので，BとCの優劣は，対抗要件によって決せられることになる（177条）。つまり，Bの合格により条件が成就した場合には，売買契約の効力はその時から生ずるが，Bがこれによる所有権の取得をCに対抗するためには，対抗要件を備えていなければならないのである。このような場合におけるBの自衛手段として，Bは，条件が成就する前において，自己の権利について仮登記をすることができる（不登105条2号）。

　(1)　**期待権の侵害に対する保護**　　各当事者は，条件の成否未定である間は，「条件が成就した場合にその法律行為から生ずべき相手方の利益を害することができない」(128条)。先の例で，AからBへの停止条件付きの時計の贈与の場合において，条件の成否未定の間に，贈与の目的物を贈与者Aが損傷させたり，他に処分して引き渡したような場合には，それがBの期待権の侵害となる。もっとも，BがAに対して債務不履行による損害賠償を請求するためには，条件の成就が必要である (→WINDOW 9-2も参照)。

　一方の当事者が条件の成就を妨げた場合にも，その妨害者の債務不履行ないし不法行為による損害賠償責任が問題となりうるが，この場合にはさらに相手方は，**条件成就の擬制**による保護も受ける (→後述5参照)。

　(2)　**条件付権利の処分等**　　条件の成否が未定である間における当事者の権利義務は，一般の規定に従い，処分し，相続し，若しくは保存し，又はそのために担保を供することができる (129条)。つまり，条件付権利といえども，独立の財産権として承認され，相続の対象となりうるし，また，他人に譲渡したり，仮登記を付けて保存したり，担保を付けることができるのである。

5 ── 条件成就の妨害とその効果

① 条件成就の擬制

　条件が成就することによって不利益を受ける当事者が**故意に条件成就を妨げ**

たときは,「相手方は,**その条件が成就したものとみなすことができる**」(130条
1項)。先に述べたように,この場合は条件付権利の侵害の一場合であるから,
条件成就によって利益を受けるはずであった当事者は,その侵害行為者(条件
成就を妨害した者)に対して,損害賠償を請求することができる(損害や因果関係
等の立証は必要)。しかし,民法はさらに,「条件を成就したものとみなす」権利
を与えることによって,条件付権利の保護を図ったのである。この権利が行使
された場合には,それによって損害がなくなる限度で,債務不履行ないし不法
行為による損害賠償請求権は消滅する。

　130条1項が適用されるためには,「条件が成就することによって不利益を受
ける当事者」が,「故意に」「その条件成就を妨げた」ことが必要である。過失に
よる妨害の場合は,損害賠償請求が認められる可能性はあるが,130条1項に
よる条件成就の擬制は認められない。

② 不動産仲介契約の例

　130条1項の適用が判例で認められた代表的な例として,不動産仲介の例が
ある。たとえば,Aが,不動産仲介業者Bに,自己の不動産の売却の斡旋を依
頼し,Bの斡旋により売却の契約が成立したらAがBに一定の報酬を支払うと
約束したところ,Aは,Bが探してきたCとの間で,Bを排除して直接取引を
したという場合である。判例は,Aが故意に条件成就を妨げたものとして,B
のAに対する報酬請求権を認めている(最判昭39・1・23民集18巻1号99頁)。

③ 条件不成就の擬制

　逆に,条件の成就によって利益を受ける者が,不正に条件を成就させた場合
はどうなるのであろうか。

　2017年改正前民法には,これを直接定めた規定はなかった。しかし判例は,
特許権侵害に係る裁判上の和解で,Aが当該製品を製造販売しないこと,違反
したらBに1000万円の違約金を支払うことを約束したところ,Bが関係者を通
して不正にAに当該製品を製造させたという事案において,改正前130条(改正
後の現130条1項)の類推適用により,Aは,本件和解条項の条件が成就してい
ないものとみなすことができるとした(最判平6・5・31民集48巻4号1029頁)。

　2017年改正では,これを明文化し,条件が成就することによって利益を受け
る当事者が不正にその条件を成就させたときは,相手方は,その条件が成就し

なかったものとみなすことができるとした (130条2項)。

第**2**節 期 限

1──期限の意義

① 期限とは

期限とは，法律行為の効力の発生・消滅または債務の履行を，将来到来することが「確実な事実」にかからせる「法律行為の付款」である。この事実自体も期限といわれる。「4月1日から」家を貸す，「月末に」借りた金を返す，などの場合がこれに該当する。

② 確定期限と不確定期限

将来到来することは確実であるけれども，どの時期に到来するかは不確実なものもある。たとえば，「自分が死んだとき」財産を贈与しようという場合などがその例である。これは，将来到来することは確実なので「期限」であるが，到来する時期が不確定なので，**不確定期限**といわれる。これに対して，「来年の4月1日に」という場合のように，到来する時期も確定している期限は**確定期限**といわれる。

③ 始期（履行期限）・停止期限と終期

始期とは，その事実が到来すれば，債務者が債務の履行をしなければならなくなる**履行期限**である（履行期ともいう）。たとえば，「月末に，借りた金を返す」というときには，法律行為（金銭消費貸借）の効力は発生し，それに基づく債務（返済義務）は生じているが，その履行するべき時期が，月末まで延期されているのである。民法135条1項が「始期」として規定しているのは，この**履行期限**のことである。一方，「4月1日から家を貸す」という場合などには，期限の到来によってはじめて法律行為（賃貸借契約）の効力を発生させる趣旨のこともあろう。このように，事実の到来によって法律行為の効力を発生させる場合（**停止期限**）については，135条1項は直接規定していないが，これも広義では「始期」と呼ばれる。

以上に対して、「君が20歳になるまで毎月2万円を与える」というように、その事実（「20歳になること」）の到来によって法律行為の効力を消滅させる期限を、**終期**という（135条2項）。

2──期限を付けることができない行為

期限についても、これを付けることが許されない行為がある。身分行為や単独行為に期限を付けることは、条件の場合と同様、原則としてできない。身分関係や相手方の地位を不安定にするからである。もっとも、遺贈は、自分の死亡という不確定期限を付けた単独行為であるが、法律上、その効力が認められている（964条）。

3──期限付権利と期限到来の効果

① 期限到来の効果

履行期限（狭義での「始期」）が付いた法律行為において、期限が到来したときは、債権者は債務者に対し債務の履行を請求することができる（135条1項）。停止期限付法律行為の場合は、期限の到来により、その法律行為の効力が発生する。終期付法律行為の場合は、逆に、期限の到来により、その法律行為の効力が消滅する（同条2項）。

② 期限到来前の効力

民法は、期限到来前の期限付法律行為の効力について規定していない。履行期限の場合は、すでに法律行為の効力は発生し、債権も成立しているのであるから、債権一般の保護の問題として考えればよい。

これに対して、停止期限または終期が付いている場合はどうであろうか。「期限」は確実に到来するものであるから、期限の到来によって利益を受ける者は、条件における条件成就前の期待以上の確実な期待を有しているといえる。そこで、通説は、期限到来前の期待権について、条件に関する128条・129条を類推適用すべきだとしている。

4 ──期限の利益とその放棄・喪失

① 期限の利益

　期限付法律行為の場合に，期限が到来しないことについて当事者の一方または双方が有している利益のことを，**期限の利益**という。たとえば，AがBから無利息でお金を借りて，年末に返済する約束をしたという場合，Aは年末まで返済する必要がない。したがって，この場合には，借金返済の債務を負っている借主Aが期限の利益を有していることになる。一方，定期預金契約の場合には，満期まで，銀行は金銭を返還する必要がなく，預金者は利息の支払いを受けることができるという意味で，当事者双方が期限の利益を有する。

　このように，当事者のどちらが期限の利益を受けているかは場合によって異なるが，通常は，債務者に猶予を与える意味で期限が付けられることが多い。そこで，民法は，期限は，**債務者の利益のために定めたものと推定する**としている（136条1項）。

② 期限の利益の放棄

　期限の利益は，これを**放棄**することができるが，これによって**相手方の利益を害することはできない**（136条2項）。

　まず，期限の利益が，一方の当事者だけのために存する場合には，この者は，自由にこれを放棄することができる。Bから無利息で借金をしたAは，期限の利益を放棄し，期限の到来を待たずに返済することができる。

　しかし，期限の利益が当事者双方のために存する場合にも，相手方の損失を塡補すれば，期限の利益を放棄できるとされている。たとえば，判例は，定期預金の返還時期が当事者双方の利益のために定められた場合にも，債務者である銀行は，予定されていた返還時期までの約定利息を支払うなど預金者の利益喪失を塡補すれば，期限の利益を一方的に放棄することができるとする（大判昭9・9・15民集13巻1839頁）。

③ 期限の利益の喪失

　民法137条は，①債務者が破産手続開始の決定を受けたとき（1号），②債務者が担保を滅失させ，損傷させ，または減少させたとき（2号），③債務者が担保を供する義務を負う場合において，これを供しないとき（3号），という3つ

の場合について，債務者は，期限の利益を主張することができないとしている。つまり，債務者の期限の利益は，債権者が債務者を信用して履行の猶予を与えたことを意味するものであるから，上記のような，**債務者の信用を失わせる**ような一定の事実が生じた場合には，債務者は期限の利益を失い，債権者は期限到来前でも請求できるとされたのである。

　上記の３つの場合以外においても，当事者は，一定の事実があれば債務者は期限の利益を失う旨の特約を設けることができる。そして実際，銀行取引約定書には通常，債務者の返済遅延や支払停止などがあった場合の**期限の利益喪失条項**が付けられている（→WINDOW 9-3）。なお，期限の利益喪失約款には，所定の事実が発生すると当然に期限が到来するという趣旨のものと，債権者がその意思によって期限の利益を失わせることができるという趣旨のものがある。このいずれかによって，当該債権の消滅時効の起算点にも違いが生ずるが，詳しくは時効の箇所で触れることとしよう（→WINDOW 10-6）。

第3節　期　間

1──期間とは

　期間とは，経過する**時の長さ**に焦点をあてた概念である。契約において，当事者の一方が他方のために一定の期間，定められた労務に従事する旨合意した場合など，期間は，法律行為によって定められることがある。しかし，法律の規定や裁判所の命令によって，期間が定められる場合もある。たとえば，時効においては，一定の事実状態が所定の期間継続すると，権利の取得または消滅という効果が生ずるが（詳細は，→第10章を参照），この時効期間は，法律で定められた期間の典型例である。民法は，期間に一般的に適用される計算方法を定め，「法令若しくは裁判上の命令に特別の定めがある場合」または「法律行為に別段の定めがある場合」以外は，これによることとした（138条）。

□ WINDOW 9-3 　　　　　　　　　　　　　　　　　　　　◀◀

期限の利益喪失条項

　銀行ローン規定（約款）は，各銀行で多少の違いはあるが，以下では，ある銀行の住宅ローン規定における期限の利益喪失条項を一例として紹介する。

銀行ローン規定（一例）

第○条（期限前の全額返済義務）

1　借主について次の各号の事由が一つでも生じた場合には，借主は本債務全額について当然に期限の利益を失い，借入要項記載の返済方法によらず，直ちに本債務全額を返済するものとします。

　① 　借主が返済を遅延し，銀行から書面により督促しても，次の返済日までに元利金（損害金を含む）を返済しなかったとき。

　② 　借主が住所変更の届出を怠るなど借主の責めに帰すべき事由によって銀行に借主の所在が不明となったとき。

2　次の各場合には，借主は，銀行からの請求によって本債務全額について期限の利益を失い，借入要項記載の返済方法によらず，直ちに本債務全額を返済するものとします。

　① 　借主が銀行取引上の他の債務について期限の利益を失ったとき。

　② 　借主がこの規定に違反したとき。

　③ 　借主が支払を停止したとき。

　④ 　借主が手形交換所の取引停止処分を受けたとき。

　⑤ 　借主について破産もしくは民事再生手続開始の申立てがあったとき。

　⑥ 　保証提携先，保険者または保証人が，前項第2号または本項各号のいずれかに該当したとき。

　⑦ 　担保の目的物について差押えまたは競売手続きの開始があったとき。

　⑧ 　本債務の申込手続その他本債務を申し込むにあたり虚偽があったとき。

　⑨ 　前各号のほか，借主の信用状態に著しい変化が生じるなど元利金（損害金を含む）の返済ができなくなる相当の事由が生じたとき。

2──期間の計算方法

1 自然的計算法と暦法的計算法

　期間の計算方法には，**自然的計算法**と**暦法的計算法**の2種類がある。前者は，ある期間の起算点と満了点を，時・分・秒の単位を用いて正確に定める方法である。この方法は，正確ではあるが，面倒で不便な場合もある。後者は，暦に従って計算する方法である。

　民法は，時間等を単位とする短期間の計算には，前者の自然的計算法を，日・週・月または年を単位とする長期間の計算には，後者の暦法的計算法を採

用している。

2 短期間の計算方法

　民法139条は，時間をもって定める期間は，即時より起算するものと規定して，この場合に自然的計算法を採用することを明らかにしている。同条は，起算点を定めているだけで，満了点については触れていないが，満了点は，定められた時・分・秒の終了した時とすることにおいて異論はない。たとえば，1時25分から3時間駐車場を借りるというときには，その瞬間から起算され，4時25分までの間を意味する。

3 長期間の計算方法

　(1)　**暦法的計算法**　　日・週・月または年を単位として期間を定める場合の計算法については，何らかの人為的な操作を加えて暦に従って計算するところの暦法的計算法が採用されている（140条〜143条）。

　(2)　**起算点**　　日・週・月・年を単位として期間を定める場合には，原則として期間の初日は算入しない（140条本文）。これを**初日不算入の原則**という。初日を算入すると，初日が完全に使えないときでも，1日として計算されることになり，妥当でないからである。

　たとえば，3月5日の10時に，今から7日間ビデオを貸すとされた場合，3月5日はすでに24時間ないから，端数は切り捨てて3月5日は算入せず，3月6日を第1日として起算されるのである。もっとも，初日を算入しないのは，このように端数を切り捨てるためであるから，初日に切り捨てるべき端数がなく，午前零時から始まるときは，これを全1日として計算される（140条ただし書）。たとえば，あらかじめ，「3月5日から10日間」と定めていたときには，初日は24時間すべて使えるので，3月5日が第1日と数えられるのである。

　民法724条1号に定める不法行為による損害賠償請求権の3年の時効期間の計算についても，判例は，被害者またはその法定代理人が損害および加害者を知った時が午前零時でない限り，時効期間について初日を算入すべきではないとして，初日不算入の原則の適用を認めている（最判昭57・10・19民集36巻10号2163頁）。

　法律においてこの原則の例外を定めている場合がある。たとえば，年齢については，出生の日からこれを起算するものと定められているし（年齢計算ニ関ス

ル法律1項），戸籍届出期間の起算日についても，届出事件発生の日からこれを起算するものと定められている（戸籍43条。このほか，後述の特定商取引法に基づくクーリング・オフの期間計算も参照）。

(3) **満了点**　日・週・月・年を単位として定められた期間は，「末日の終了」をもって満了する（141条）。

(a)　日をもって定めた場合　(i)　原　則　たとえば，10月1日中に，「以後10日間」と定めた場合には，初日不算入の原則（140条）により，10月2日から起算し，10月11日の午後12時が満了点となる。

(ii)　例　外　特定商取引法9条・24条では，それぞれ訪問販売や電話勧誘販売における購入者等は，販売業者から法定の書面を受領した日から起算して8日間経過するまでは，クーリング・オフ（申込みの撤回または契約の解除）の権利を行使できる旨が規定されている（同法には，他の取引類型にもクーリング・オフの規定がある）。これは，書面を受領した日を初日として定めたものである。たとえば，月曜日に書面を受領した場合，その翌週の月曜日の終了まで，クーリング・オフの権利を行使することができることになり，消費者にとってわかりやすいようになっている。

(b)　月・年をもって期間を定めた場合　この場合は，これを日に換算せずに暦に従って計算する（143条1項。なお，同項が週を加えているのは無意味とされている）。つまり，月の場合，月により日数の大小があり，年の場合，年により平年と閏年とがあるが，これにかまわず，暦に従って計算されるのである。そして，最後の月または年においてその起算日に対応する日の前日が末日となり，その末日の終了をもって期間は満了する（同条2項本文）。

たとえば，2000年の2月14日中に，これから1年5か月間といえば，翌日の2月15日が起算日で，2001年の7月15日の前日，つまり2001年7月14日の終了をもって期間が満了する。もっとも，このようにすると，2000年の1月30日中に，これから5か月間といった場合には，1月31日が起算日となるが，6月には対応する31日はない。そこで，このように，月または年によって期間を定めた場合において，最後の月に応当日がないときには，その月の末日に期間は満了することとされている（同項ただし書）。先の例では，2000年の6月末日に期間は満了する。

□ WINDOW 9-4　　　　　　　　　　　　　　　　　　　　　　　　　　◀◀

年末年始は休日か

　142条では，期間の末日が，「日曜日」，「国民の祝日に関する法律に規定する休日」，「その他の休日」にあたるときは，その日に取引をしない慣習がある場合に限り，期間は，その翌日に満了すると規定している。これに該当するか否かが訴訟で争われたものとして，年末年始の官公庁の休業期間（12月29日から1月3日）がある。かつて大審院は，年末年始は休日に入らないとしていたが，その後，1月3日は休日だとした（最大判昭33・6・2民集12巻9号1281頁）。これに対し，12月29日から31日の年末期間は，「その他の休日」にはあたらないとしている（最判昭43・9・26民集22巻9号2013頁）。これらの事件は，いずれも上訴期間に関して争われたものであったが，現在の民事訴訟法はこの点を明文化しており，期間の末日が，年末年始の日（1月1日の元旦のほか，12月29日から12月31日まで，および1月2日，1月3日も含まれる）にあたるときは，期間はその翌日に満了するものとしている（民訴95条3項）。

　(c)　**期間の末日が休日にあたる場合**　　期間の末日が，日曜日，国民の祝日，その他の休日にあたり，かつ，その日に取引をしない慣習がある場合には，期間は，その翌日に満了する（142条。→WINDOW 9-4も参照）。

　なお，貸金の分割返済期日を単に「毎月25日」というように定めただけで，その日が休日にあたる場合の取扱いを明定しなかった場合は，142条の適用場面でないが，判例は，その場合には契約当事者間に，翌営業日を返済期日とする旨の黙示の合意があったと推定されるとする（最判平11・3・11民集53巻3号451頁）。

3──計算方法の適用範囲

① 一般的適用

　民法に規定されている期間の計算方法は，他の法律の規定や裁判上の命令にも，特別の定めがない限り適用される（138条）。たとえば，判例は，解散後の総選挙期日の起算日についても，初日不算入の原則（140条）が適用されるとした（大判昭5・5・24民集9巻468頁）。これに対し，年齢計算に関する法律その他，法律で例外が定められている場合には，その特別の定めに従う。

② 過去にさかのぼる場合の計算方法

　民法で定める期間計算の方法は，起算日から将来に向かって計算する場合のものである。起算日から過去にさかのぼる場合については，民法は規定していない。しかし，その場合にも，民法の規定を類推適用すべきだとされている。

第**10**章
時　　効

● 本章で学ぶこと

　時効とは，一定の事実状態が所定の期間継続した場合に，その事実状態が
真実の権利関係に合致したものであるかどうかを問わずに，継続した事実状
態を尊重し，権利の取得や消滅という法律効果を認める制度をいう。このう
ち，占有等の事実の継続によって権利の取得という効果を認める時効を取得
時効といい，権利の不行使という事実の継続によって権利の消滅という効果
を認める時効を消滅時効という。

　本章では，まず，時効制度の趣旨を確認したうえで，取得時効と消滅時効
という2つの時効の要件と効果，時効の完成猶予と更新，時効の援用と時効
の利益の放棄などについて学んでゆこう。

　なお，2017年改正により，時効制度は，消滅時効を中心に大きく改正され
た（→WINDOW 10-10）。ここでは，この新しい時効制度について学ぶ。

第1節 時効とは

1 ──時効の意味と存在理由

1 時効の意味

　時効とは，物の占有や権利の不行使等の事実状態が所定の期間継続した場合に，その事実状態が真実の権利関係に合致したものであるかどうかを問わずに，継続した事実状態を尊重して権利関係にまで高め，権利の取得や消滅という法律効果を認める制度である。

　本来，ある者が権原なく物を占有している場合，所有者はその物の返還を請求することができ，また，債務者が期限の到来後も債務を履行しない場合には，債権者は履行を請求できるはずである。しかし，時効制度は，継続する事実状態が真実の権利関係に合致したものであったか否かを問わないから，時効が完成すれば，他人の所有物について権原なく占有を継続した占有者にも，所有権等の権利の取得が認められ，また，金を借りて返済をしていない債務者にも，一定期間の経過により債務から免れることが認められる。これは，道徳的には，おかしいと感じられるかもしれない。それにもかかわらず，法律がこのような時効制度を設けているのは，どのような理由によるのであろうか。

2 時効制度の存在理由

　時効制度の存在理由として，従来，主に以下の3点があげられてきた。

　(1)　**社会の法律関係の安定**　　ある事実状態が長期間継続すれば，それに基づいて新たな法律関係が築かれることになる。その場合に，真実の権利関係に則って，それまで継続していた事実状態を覆すことは，社会の法律関係の安定を害することになり望ましくない。そこで，継続する事実状態を権利関係にまで高めて，法律関係の安定を確保しようとするのである。

　(2)　**証拠の散逸による立証困難からの救済**　　長い年月が経過すると，証拠が散逸し，継続した事実状態が真実の権利関係に合致したものであることの**立証が困難**になる。一方，「長年継続している事実状態は，真の権利関係と合致している蓋然性が高い」と考えられる。そこで，立証の困難を救うという技術

的な理由から，一定の事実状態が所定の期間継続したことを立証すれば，この
事実状態に即した権利関係が認められることとしたのである。とくに消滅時効
においては，弁済した債務者の証明困難を救済する（弁済の証拠保存の負担の軽
減）という存在理由が強調されることも多い。

(3) **権利の上に眠る者は保護に値しない**　　真実の権利者であっても，その
権利行使が可能であるにもかかわらず，長期間行使しないで放置していた場合
には，「**権利の上に眠る者**」として，不利益を受けても仕方がないと考えられ
るから，継続した事実状態に反する主張は認められず，事実状態に即した権利
関係が認められるのである。この点は，主に消滅時効における副次的な存在理
由として指摘されてきた。

2 ── 時効の法的位置づけ

1 実体法上の制度としての時効

　時効の存在理由として1の2で3つをあげたが，どの点を中心的な理由と
するかについては見解が分かれ，それに応じて，かつては，実体法上の制度と
捉えるか訴訟法上の制度として捉えるかという時効の法的位置づけについての
対立もあった。

　しかし，少なくとも現在の日本民法の規定は，時効により，権利を「取得す
る」（162条・163条），権利が「消滅する」（166条）と定めており，時効を実体法上
の権利の得喪を生じさせる制度として捉える理解が条文と整合的である。そこ
で，今日の判例・通説は，時効を実体法上の制度と解している。なお，時効期
間が満了しても，時効に基づく裁判をするには当事者の「援用」が必要とされ
ているが（145条），その意味については後述する（→第5節）。

2 時効の複合的な側面

　もっとも，時効は，非権利者に権利を取得させ，真の権利者の権利を消滅さ
せるという形で機能することがあるだけではなく，真の権利者が真実の権利関
係を証明できない場合に，その真の権利者を保護する手段としても機能するこ
とがある。そしてその場合には，時効の存在理由のうち，証拠の散逸による立
証困難からの救済（上記(2)）が重要な意味を持ってくるであろう。

　そこで，学説は，一般的に，時効を実体法上の制度と捉えながら，時効には

複合的な側面があることを認めている。それによれば，時効制度とは，一定の事実状態が所定の期間継続した場合に，その事実状態を権利関係として法的に認めることによって，一方で，権利者の不利益において社会の法律関係の安定を図るとともに，他方で，真実の権利関係を証明できない権利者を保護する制度として捉えられる。そしてこの考え方によると，時効の存在理由として上に掲げた３つの点は，いずれもそれぞれの場面において意味を持つものとして理解されることになる。

3 ── 時効に類似する制度

消滅時効は，一定の期間の経過により，権利の消滅という効果を生じさせる制度であるが，民法上，消滅時効以外にも，時の経過により権利の行使を否定する制度がある。ここでは，その代表的なものとして，除斥期間と権利失効の原則について，消滅時効と対比しながらみてみよう。

① 除斥期間

除斥期間とは，一定の権利について法律が予定している存続期間であって，その定められた期間経過後は権利行使ができなくなるというものである。消滅時効の場合と異なり，除斥期間については，**時効の更新**(147条以下参照) は認められず，また，当事者による**援用**(145条参照) は必要ない。

もっとも，除斥期間であっても，たとえば期間満了の直前に天災等の事変により権利行使ができなくなったような場合について，それにもかかわらず期間が客観的に経過して権利行使ができなくなるとすると，権利者にとって酷である。こうしたことから，学説は，時効の**完成猶予**に関する民法161条の規定は，除斥期間にも類推適用されるものと解している。さらに，判例には，時効の完成猶予に関する158条の法意は，除斥期間にも適用されるとしたものがある (最判平10・6・12民集52巻4号1087頁：不法行為による損害賠償請求権の期間制限を定める2017年改正前724条につき，長期の期間制限は除斥期間とする理解を前提にしたもの)。

民法の条文には，除斥期間という用語は用いられておらず，権利行使の期間を制限する規定のうち，いずれが除斥期間であるかは，条文の文言からは明らかでない場合も多い。したがって，問題となっている権利の性質や法律関係の実質を考慮して，いずれの場合が除斥期間であるかが確定されなければならな

い。学説においては，たとえば，即時取得における盗品または遺失物の回復の期間（193条），動物の飼主の回復請求の期間（195条），占有の訴えの提起期間（201条），詐害行為取消権の期間制限（426条）などは，除斥期間と解するものが多い。判例は，2017年改正前民法のもとで，不法行為による損害賠償請求権に関して724条の定める20年の期間制限を除斥期間と解していたが（最判平元・12・21民集43巻12号2209頁），改正後の724条は，これを条文上，消滅時効として規定した（同条柱書）。

② 権利失効の原則

　権利者が長期間にわたり権利を行使しないため，相手方が，もはやその権利は行使されないものと信頼し，客観的にみてもその信頼が正当と評価されるような場合がある。そのような場合に，消滅時効や除斥期間として定められた期間の経過を待つまでもなく，権利者の権利行使は許されなくなるとする法理を**権利失効の原則**という。民法1条2項に定める信義則に基づいて展開された法理である。

　判例においても，賃借人が無断転貸したことを理由とする賃貸人の解除権（612条2項）の行使が権利失効の原則により阻止されるかが争われた事件において，①解除権を有する者が，長期間これを行使せず，②相手方においてその権利はもはや行使されないものと信頼すべき正当の事由を有するに至ったため，その後に解除権を行使することが**信義誠実**に反すると認められるような特段の事由がある場合には，もはやその解除は許されないとして，一般論としては信義則を根拠にこの原則を認めたものがある（最判昭30・11・22民集9巻12号1781頁）。もっとも，具体的な事案においてこの法理の適用を肯定した最高裁判例はない。

　消滅時効・除斥期間の場合には，具体的な期間が法律で定められており，そのような意味で画一的であるのに対し，権利失効の原則は，あくまでも個別・具体的な事情に即して信義則によりその適用の可否が判断される。

第2節　取得時効

1 ── 取得時効総説

1 取得時効とは

　たとえば，Aが，ある土地を所有の意思をもって占有し，その占有状態が一定期間継続したとしよう。この場合，Aが本来真の所有者でなかったときでも，Aは時効によってその土地の所有権を取得する（162条）。このように，権利行使の事実状態が一定の期間継続することによって，権利の取得という効果が認められる時効を，取得時効という。

2 取得時効の対象となる権利

　取得時効は，「所有権」および「所有権以外の財産権」について認められる（162条・163条）。身分権は，取得時効の対象とはならない。したがって，たとえば，親子らしい事実状態が継続したとしても，一定期間の経過によってそれが法律上の親子関係にまで高められて相続権が発生するということはない。

　以下では，所有権の取得時効とその他の財産権の取得時効とに分けて，それぞれの要件をみてみよう。

2 ── 所有権の取得時効とその要件

　所有権の取得時効は，①「**所有の意思**」をもって，②「**平穏に，かつ，公然と**」，③「**他人の物**」を，④「**20年間**」ないし「**10年間**」，⑤「**占有**」することによって成立する旨規定されている（162条。ただし，③の「他人の」物については，後述**4**のとおり，「自己の物」の時効取得も認められているので，要件ではない）。

1 「所有の意思」を持った占有（自主占有）

　所有権の取得時効が成立するためには，まず，「所有の意思」を持った占有，つまり他人の所有権を排斥して自ら所有者としての支配を事実上行う意思による占有がなければならない。これを，**自主占有**という。

　所有の意思の有無は，「占有するに至った原因たる事実（**権原**）」により客観的に決定されるのであって，占有者の内心の意思が問題とされるのではないこ

とに留意しなければならない（最判昭45・6・18判時600号83頁，最判昭58・3・24民集37巻2号131頁）。たとえば，売買契約や贈与契約により物の引渡しを受けて始めた占有は自主占有であるが，賃貸借契約に基づく賃借人の占有や寄託契約に基づく受寄者の占有は，他に所有者が存在することを前提とする占有であるから，所有の意思を伴わない占有でしかない。これを**他主占有**という。

　なお，自主占有であることは推定される（186条1項：**所有の意思の推定**）。したがって，占有者において，自主占有であることを立証する必要はなく，自主占有であることを否定する者（取得時効の成立を争う者）が，他主占有であることについての立証責任を負う（→WINDOW 10-1も参照）。

② 他主占有から自主占有への変更（185条）

　賃借人の占有などは，その権原の性質上他主占有であり，たとえ賃借人が，ある時点から内心において所有の意思をもって賃借物の占有を継続したとしても，それだけでは，自主占有への変更は認められない。民法は，次の2つの場合に限り，他主占有から自主占有への変更を認めている。

　第1は，占有者が，自己に占有をさせた者に対して，所有の意思があることを表示した場合（185条前段）である。もっとも，たとえば賃借人が所有者である賃貸人に対してこのような表示をすれば，通常，賃貸人から契約を解除され，目的物の返還を求められるであろうから，この方法による自主占有への変更は実際上多くない。

　第2は，占有者が，**新権原**により所有の意思を持って占有を始めた場合（同条後段）である。たとえば，賃借人が，賃貸人から賃貸借の目的物を買い受けてさらに占有を続けた場合には，賃借人は，売買契約という「新たな権原」により占有することになるので，以後の占有は自主占有となる。

　なお，相続があったという事実だけで，被相続人の他主占有が相続人において自主占有に変わることはないが，相続人の占有が一定の要件を備えた場合には，185条にいう「新たな権原」に基づいて自主占有を開始したものと認められることがある（→WINDOW 10-2）。

③ 平穏かつ公然の占有

　取得時効が成立するためには，占有は，平穏かつ公然に行われなければならない（162条）。**平穏**とは，暴行や強迫によるものではないことを意味し，**公然**

292

□ WINDOW 10-1 ◀◀

所有の意思の推定が覆される場合

　本文で述べたように，民法186条1項により，所有の意思は推定される。したがって，時効の成立を争う者が，他主占有であることを主張立証しなければならないが，判例によれば，これには2つの方法があるとされている。すなわち，①占有者の占有が**他主占有権原**（賃借権や使用借権等）に基づくことを主張立証する方法と，②占有者が占有中，真の所有者であれば通常はとらない態度を示し，もしくは所有者であれば当然とるべき行動に出なかったなど，外形的客観的にみて他人の所有権を排除して占有する意思を有していなかったものとされる事情（**他主占有事情**）を主張立証する方法である（最判昭58・3・24民集37巻2号131頁〔お綱の譲り渡し事件〕）。他主占有事情の認定においては，登記や納税なども考慮に入れられるが，具体的な事実関係のもとでは，占有者が，土地所有者に所有権移転登記手続を求めなかったこと，および固定資産税を負担しなかったことだけでは，他主占有事情として十分でないとされる場合もある（最判平7・12・15民集49巻10号3088頁）。

とは，隠匿によるものではないことを意味する（190条2項の反対解釈）。単に抗議を受けただけでは，直ちに「平穏」が否定されるものではない（最判昭41・4・15民集20巻4号676頁）。「平穏」と「公然」は，いずれも民法186条1項により推定される。

④ 自己の物の時効取得

　民法162条は「**他人の物**」と規定している。それでは，たとえば不動産の二重譲渡の場合において，登記を経由することなく，購入した不動産の占有を継続していた第一譲受人は，当該不動産の時効取得を主張することができるであろうか。あるいは，第一譲受人が占有してきたのは，「他人の物」ではないからこの主張は認められないのであろうか。

　判例は，「**自己の物**」の時効取得を肯定する（最判昭42・7・21民集21巻6号1643頁）。すなわち，判例は，取得時効は「永続して占有するという事実状態を，一定の場合に，権利関係にまで高めようとする制度」であるから，「所有権に基づいて不動産を永く占有する者であっても，その登記を経由していない等のために所有権取得の立証が困難であったり，または所有権の取得を第三者に対抗することができない等の場合において，取得時効による権利取得を主張できると解することが制度本来の趣旨に合致する」という。そして，民法が「他人の物」と規定しているのは，「通常の場合において，自己の物の時効取得を主張

□ WINDOW 10-2

相続は民法185条の「新たな権原」になるか（相続と新権原）

　たとえば，Aの所有する土地・建物をBが借りていたところ，借主Bが死亡し，Bの相続人であるCは，Bが生前にAから贈与を受けたものを自分が相続したと思って，その土地・建物の占有を継続してきたとしよう。この場合，Cが相続によって開始した占有は，自主占有と認められるであろうか。

　判例は，被相続人の死亡により，相続人が被相続人の「占有を相続により承継したばかりでなく，新たに本件土地建物を事実上支配することによりこれに対する占有を開始し」，これに「所有の意思があるとみられる場合」には，相続人は，被相続人の死亡後，185条にいう「新たな権原」により当該不動産の自主占有をするに至ったものにあたるとした（最判昭46・11・30民集25巻8号1437頁）。さらにその後の判例は，このことを前提にして，その場合には従来の占有の性質が変更されたことを主張するのであるから，「占有者である当該相続人において，その事実的支配が外形的客観的にみて独自の所有の意思に基づくものと解される事情を自ら証明」しなければならないとしている（最判平8・11・12民集50巻10号2591頁）。

するのは無意味だから」であって，「自己の物の時効取得を許さない趣旨ではない」としてこれを肯定するのである（最判昭44・12・18民集23巻12号2467頁も参照）。

⑤ 物の一部・公物等の時効取得

　取得時効の対象は，**物の一部**であってもよい。たとえば，一筆の土地の一部だけを時効により取得することも可能である。

　公物についても取得時効が成立するか。判例は，公共用財産としての形態・機能を欠き，黙示の公用廃止があったと認められる場合には，公物についても取得時効が成立するとしている（最判昭44・5・22民集23巻6号993頁，最判昭51・12・24民集30巻11号1104頁）。

⑥ 時効期間

　時効取得に必要な期間は，20年の場合と10年の場合がある。

　(1)　**20年の長期取得時効**（162条1項）　　20年間，平穏・公然の自主占有があれば，占有者は，その物の所有権を取得する。占有開始時に自己に所有権があると信じていなかった場合や信じたことに過失があった場合でもよい。

　(2)　**10年の短期取得時効**（162条2項）　　占有の開始の時に，「善意であり，かつ，過失がなかったとき」には，10年間，平穏・公然の自主占有があれば，その物の所有権を取得する。

　ここに**善意**とは，自己に所有権があると信じたことを意味する。善意は，民法186条１項によって推定される。**無過失**とは，自己に所有権があると信じたことについて，過失がないことを意味する。占有者の無過失までは法律上推定されないので（186条参照），無過失については，10年の短期取得時効の成立を主張する者が立証しなければならない（最判昭46・11・11判時654号52頁）。

　善意・無過失の要件は，「占有の開始の時」に満たされていればよい（162条２項）。たとえば，売買契約により善意・無過失で目的物の占有を始めた買主が，その後に，売主は無権利者だったので自分は売買によって所有権を取得しなかったということを知った（悪意に変じた）としても，占有者の当初の信頼が保護され，10年の短期取得時効の成立が認められる（大判明44・4・7民録17輯187頁）。

　なお，時効期間の起算点は，占有を開始した日の翌日である（初日不算入の原則：140条。→281頁）。また，起算日を当事者が任意に選択することは認められていない（詳細は，後掲→WINDOW 10-5を参照）。

⑦ 取得時効と占有の承継

　占有を承継した者は，その選択に従い，自己の占有のみを主張することもできるし，自己の占有に前の占有者（前主）やさらにその前の占有者（前々主）の占有まであわせて主張することもできる（187条１項）。ただし，前の占有者の占有をあわせて主張する場合には，「その**瑕疵をも承継**する」（同条２項）。

　ここに**瑕疵**とは，悪意・過失・暴行・強迫・隠匿などを指す。たとえば，Ｂが，自らは占有開始の時において善意・無過失であったとしても，自己の占有に前主Ａの占有をあわせて主張すると，Ａがその占有開始の時に悪意または有過失であれば，合算した占有全体が悪意・有過失占有とみなされることになる。この場合，Ｂは10年ではなく20年の取得時効によらざるをえないことになる。

　問題は，逆に前主Ａの占有が善意・無過失の占有であったが，現占有者Ｂの占有は悪意または有過失の占有である場合に，Ｂは占有を合算して善意無過失占有としての利益を享受できるかであり，この点は187条の趣旨の理解と関連して議論がある（→WINDOW 10-3）。

⑧ 占有の継続と自然中断

　所有権の取得時効が成立するためには，上記の期間，占有が継続したことが

□ WINDOW 10-3　◀◀

占有の承継と善意・無過失の判断時期

　たとえば，占有がA（6年）からB（5年）へと承継された場合において，Aは占有開始時に善意・無過失であったが，Bは悪意または有過失であったときには，Bは，前主Aの占有をあわせることによって10年の短期取得時効を主張することができるのであろうか。学説は，否定説と肯定説に分かれる。**否定説**は，187条は，前主の占有をあわせて主張する場合には期間の点では利益を受けるが，占有の瑕疵の点では不利益を受けても仕方のないことを規定しているにとどまること，悪意または有過失の占有者に短期取得時効の利益を享受させることは適当でないことを理由に，短期取得時効を主張するためには，各占有者が占有開始時に善意・無過失であることが必要だと主張する。これに対して，**肯定説**は，187条2項は，単独の占有の場合と同様，あわせて主張される占有の場合にも，善意・無過失の要件は最初の占有開始時を基準にして判断されるべきことを意味すること，もしこれを認めないと，Aの占有から10年以上経過しても，Bが真の所有者から目的物を取り戻され，AがBからの担保責任を追及されうることになり，Aの保護に欠けることなどを理由に，Aの占有が善意・無過失であればよいとする。判例は，A（善意・無過失）→B（有過失）→C（善意・無過失）と占有が承継され，Cがこれら3つの期間を合算して10年の短期取得時効の成立を主張した事案において，Cの主張を認めた（最判昭53・3・6民集32巻2号135頁）。

必要である。もし，占有者が，時効完成前に，任意にその占有を中止し，または他人によってその占有を奪われたときには，時効は**中断**される（164条。ただし，占有回収の訴えによって取り戻したときは占有は失われなかったことになる：203条ただし書）。この中断は，**自然中断**といわれてきた。

　もっとも，占有は，前後の両時点において占有をした証拠があれば，「その間継続したものと推定」されるので（186条2項：**占有継続の推定**），時効の完成を主張する者は，占有開始時と法律の定める所定の時効期間経過時の占有を証明すればよく，その間に占有の中止・喪失があったことは，時効の効力発生を阻止しようとする相手方において証明しなければならない（取得時効における主張立証責任の整理については，→WINDOW 10-4を参照）。

3 ── 所有権以外の財産権の取得時効とその要件

　所有権以外の財産権も，取得時効の対象となる。これらの財産権について取得時効が成立するためには，①「自己のためにする意思」をもって，②「平穏に，かつ，公然と」，③その「財産権」を，④「20年」間または「10年」間，⑤「行

□ WINDOW 10-4　　　　　　　　　　　　　　　　　　　　　　◀◀

取得時効における主張立証責任の整理 (要件事実)

　本文記載のとおり，取得時効の要件に関しては，いくつかの重要な推定規定がある。
　そこで，(1)20年の占有継続に基づく時効による所有権の取得を主張する者は，占有開始時の占有の事実および20年経過時の占有の事実を主張・立証するだけでよい (186条1項および2項による推定)。この主張・立証があると，取得時効を争う側が，抗弁として，自主占有ではないこと，占有が継続していなかったこと (占有喪失) などを主張・立証する。これに対して，占有を喪失したとしても，占有回収の訴えにより占有を回復したことが，取得時効を主張する者の再抗弁事由となる。
　(2)10年の占有継続に基づく時効による所有権の取得を主張する者は，①占有開始時の占有の事実および10年経過時の占有の事実に加え，②占有開始時の無過失という評価 (規範的要件) を根拠づける事実を主張・立証する必要がある (186条では無過失は推定されないから)。この場合，取得時効を争う側は，(1)と同様の反論のほか，無過失の評価の障害となる事実を抗弁として主張・立証する。

使」することが必要である (163条)。

1 時効取得が認められる財産権

　地上権，永小作権など，継続的な権利行使が可能な支配権は，取得時効の対象と認められる。地役権も，「継続的に行使され，かつ，外形上認識することができるもの」については，時効取得が可能である (283条)。この「継続」の要件につき，判例は，要役地所有者が承役地の上に通路を開設することを要するとする (最判昭30・12・26民集9巻14号2097頁)。土地賃借権についても，「目的物の継続的利用という外形的事実が存在」し，かつ，「賃借の意思が客観的に表現されている」場合には，時効取得が可能だと解されている (最判昭43・10・8民集22巻10号2145頁)。

　これに対し，財産権であっても，一回で行使されることが予定されている形成権 (取消権や解除権等) や，一回的給付の請求を内容とする債権などは，その性質上，取得時効の対象とはならない。また，直接法律の規定に基づいて成立する権利 (留置権，先取特権等) は，法律の定める要件が満たされてはじめて成立するのであるから，これも取得時効の対象とはならない。

2 自己のためにする意思による権利行使

　所有権以外の財産権について取得時効が成立するためには，継続的にその財産権を行使することを要する。地上権や賃借権の取得時効においては，目的物

を占有して利用してきた事実とともに，地代や賃料支払いの事実が重要なメル
クマール（特徴）となる（前掲最判昭43・10・8参照）。

③ 時効期間

　民法163条は，前条（162条）の区別に従い，10年または20年の経過により，
その権利を取得すると規定している。財産権の行使を開始した時において，そ
の行使者が，善意・無過失であれば10年の短期取得時効が，悪意または有過失
の場合には20年の長期取得時効が適用される。取得時効の成立のためには，さ
らに，当該期間につき，権利行使が継続されたことが必要である。時効完成前
に，権利行使が中止された場合には，時効は中断される（165条による164条の準用）。

4 ── 取得時効の効果

① 権利の取得

　取得時効が完成すれば，占有者ないし財産権の行使者が所有権ないしその他
の財産権を取得する。この場合，占有者ないし権利行使者は，元の権利者から
その権利を引き継ぐのではなく，時効完成によって権利を**原始取得**するのであ
り，その結果として元の権利者はその権利を失う（ただし，登記は実務上，「移転
登記」の方法によるとされている）。

　判例は，不動産の所有権を時効によって取得した者が，その取得した権利を
第三者に対抗するためには，登記が必要だとする（取得時効と登記につき，より
詳しくは→WINDOW 10-5参照）。

② 遡 及 効

　民法144条によれば，「時効の効力は，その起算日にさかのぼる」（**時効の遡及
効**）。したがって，取得時効により他人の物の所有権を取得した者は，占有を
開始した時から所有権を有していたものとして取り扱われ，その結果，たとえ
悪意の占有者でも，時効期間中に収取した果実を元の所有者に返還する義務を
免れる（189条・190条も参照）。

☐ WINDOW 10-5　　　　　　　　　　　　　　　　　　　　◀◀

取得時効と登記

　時効取得者が，時効による権利の取得を第三者に対抗するためには，登記が必要なのであろうか。

　判例は，時効による物権変動についても民法177条の適用があるとする。そして，判例によれば，① Aの不動産をBが時効取得した場合には，Aは物権変動の当事者であるから，BはAに対して登記なしにその時効取得を主張することができる（大判大7・3・2民録24輯423頁），② Aがその所有不動産を，Bの取得時効完成前にCに譲渡した場合には，CはBの時効取得については当事者となるから，BはCに対して登記なしにその時効取得を主張することができる（大判大13・10・29新聞2331号21頁），③ Aがその所有不動産をBの取得時効完成後にCに譲渡した場合は，AからBとCに二重譲渡がされた場合と同様に扱い，Bは登記をしなければCに対してその時効による所有権の取得を対抗することができない（最判昭33・8・28民集12巻12号1936頁），④ ③の場合に，Bが時効の起算点をずらして，Cの譲受後に取得時効が完成したものと主張することは許されない（最判昭35・7・27民集14巻10号1871頁），⑤ ③の場合において，BがCの登記後にさらに時効取得に必要な期間占有を継続すれば，BはCに対して登記なしにこの新たな時効取得を主張することができる（最判昭36・7・20民集15巻7号1903頁）。以上の①～⑤は，判例における取得時効と登記に関する5原則といわれる。

　この判例理論については，学説上批判もある。その主な批判点は，まず，判例の立場によると，もと所有者Aから第三者Cへの譲渡が，時効完成の前か後かで決定的な違いが生ずることになるが，これは不均衡であること，また，そもそも時効制度は，長期間継続した事実状態を尊重する制度であるから登記に馴染まないこと，さらに，判例のような見解に立てば，長期間占有した方が不利益となる場合も生ずることになり，これは時効制度の趣旨に反することなどである。しかし，逆に，登記不要説によれば，登記によって不動産取引の安全を図ろうとする登記制度の趣旨が没却されてしまうという問題が存する。なお，判例の立場でも，Bの取得時効完成後にAから目的物を譲り受けて登記を了したCが「背信的悪意者」にあたる場合には，Cは時効取得者Bの登記の欠缺を主張することができない（最判平18・1・17民集60巻1号27頁）。

第3節　消滅時効

1 ── 消滅時効とは

　消滅時効とは，権利不行使の状態が一定期間継続することによって，権利消滅の効果を生ずる時効をいう。民法は，消滅時効にかかる権利として，債権（166

条 1 項) と, 債権または所有権以外の財産権 (同条 2 項) を規定している。消滅時効については, 2017年の民法改正において大きな改正がされた (→ WINDOW 10-10)。

2 ── 債権の消滅時効とその要件

　民法は, 一般の債権の消滅時効について規定を設けたうえで (166条 1 項), 人の生命または身体の侵害による損害賠償請求権 (167条), 定期金債権 (168条) および判決で確定した権利 (169条) について, 特則を設けている。2017年改正前は, 1 年, 2 年, 3 年の短期消滅時効に関する規定があったが (改正前170条〜174条), これらは削除された。さらに, 商事債権の特則 (商法旧544条) も削除された。もっとも, 現在でも特別法において民法の特則を設けているものがある (たとえば, 私立学校教職員共済法34条では, 掛金還付請求権の時効期間は 2 年とされ, 原子力損害賠償補償契約に関する法律11条では, 補償金支給請求権の時効期間は 3 年とされている。不法行為による損害賠償請求権については, 後述 **2** を参照。なお, 労働契約に基づく賃金請求権の消滅時効については, 5 年間〔ただし, 当分の間は 3 年間とする〕とされ, 労基法の規定による災害補償その他の請求権については 2 年間とされている〔労働法115条, 令和 2 年法律第13号附則143条〕)。

[1] 一般の債権の消滅時効 (166条 1 項)

　166条 1 項は, 債権の消滅時効の一般規定として, 主観的起算点による時効と客観的起算点による時効という二重の時効期間を規定している。

　(1)　**主観的起算点から 5 年の消滅時効**　　166条 1 項 1 号は, まず, 債権は「**債権者が権利を行使することができることを知った時**」から 5 年間行使しないときは時効により消滅する旨規定する。これは, 権利を行使することができることを前提に, それを知ったという主観的認識時を起算点としたものである (主観的起算点)。ここに知ったとは, 債務者を知ったことも含む趣旨である。契約に基づいて生じた主たる給付に関する債権 (たとえば, 弁済期を定めた代金債権など) については, 通常, この主観的起算点は, 2 号の客観的起算点と一致することになろう。

　(2)　**客観的起算点から10年の消滅時効**　　166条 1 項 2 号は, 「**権利を行使することができる時**」から10年間行使しないときは債権は時効により消滅する旨規定する (客観的起算点)。たとえ権利を行使できることについて主観的な認識

がない場合であっても，客観的に権利を行使することができる時から10年間経過すれば，債権は時効にかかるのである。

(3) 「権利を行使することができる時」(客観的起算点) の意味　　弁済期が到来していないなど，権利の行使について法律上の障害がある場合には，未だ権利を行使することができるとはいえない。したがって，「権利を行使することができる」といえるためには，まず，権利の行使について**法律上の障害**がなくなり，権利行使が法的に可能となったことが必要である。そして，多くの場合は，権利行使について法律上の障害がなくなれば，客観的に権利の行使を期待できる状態になったということができる。

しかし，事案によっては，法律上の障害がなくなってもなお，客観的に権利行使の期待可能性が認められない場合もある (後述(4)の供託金取戻請求権など)。このような事案において，判例は，「権利を行使することができる時」とは，単に権利の行使について法律上の障害がなくなっただけでなく，権利を行使することが**現実的に期待可能**となった時であるとする (最大判昭45・7・15民集24巻7号771頁)。そして学説においても，今日の通説は，客観的にみて権利行使が現実的に期待可能となった時と解する (**現実的期待可能性説**)。なお，このような考え方にたっても，債権者の認識の有無や疾病などの個人的事情によって，この客観的起算点が左右されるわけではない。

(4) 「権利を行使することができる時」(客観的起算点) の具体例　　まず，契約に基づいて，代金や報酬の支払時期 (弁済期) を定めていた場合には，その弁済期が，「権利を行使することができる時」となる。また，債務不履行に基づく損害賠償請求権については，本来の債務の履行を請求することができる時 (最判平10・4・24判時1661号66頁)，契約解除に基づく原状回復義務の履行不能による損害賠償請求権については，解除により原状回復義務の履行を請求することができる時 (最判昭35・11・1民集14巻13号2781頁) が，「権利を行使することができる時」にあたると解されてきた。

一方，弁済供託における供託金取戻請求権に関する事案で，判例は，166条1項の「権利を行使することができる」とは，単にその権利の行使につき法律上の障害がないというだけではなく，さらに権利の性質上，その権利の行使が現実に期待できるものであることを要するとしたうえで，同取戻請求権を行使

□ **WINDOW 10-6**　　　　　　　　　　　　　　　　　　　　　◀◀

「期限の利益喪失条項」がある場合における消滅時効の起算点

　割賦払債権では，1回でも弁済を怠ると，債権者は将来の分まで含めて全額の支払いを請求できる旨の特約が付いていることが多い。これを，期限の利益喪失条項という（WINDOW 9-3参照）。この場合において，債務者が1回弁済を怠ったときには，直ちに全額についての消滅時効が進行するのであろうか。

　期限の利益喪失条項の定め方ないし趣旨によって，時効の起算点も異なるとされている。すなわち，特約の趣旨が，1回でも弁済が遅滞した場合には債務者は当然に期限の利益を失うというものである場合（当然の期限の利益喪失約款）には，債務者の債務不履行時に，全額についての弁済義務が生ずるから，その時から全額についての消滅時効が進行する。一方，特約の趣旨が，1回でも遅滞があれば当然に期限の利益が失われるのではなく，債権者の意思表示によってはじめて期限の利益が失われるという趣旨の場合には，その意思表示の効力発生時から全額についての消滅時効が進行する。判例には，問題となった条項を後者と解して，債権者の請求があってはじめて全額についての消滅時効が進行する（債権者意思説）としたものがある（大連判昭15・3・13民集19巻544頁）。これに対し，学説においては，債務者の利益を考慮して，後者の場合でも遅滞があれば直ちに時効が進行するとする見解も主張されている。

できる時とは，「供託者が免責の効果を受ける必要が消滅した時」であるとした（前掲最大判昭45・7・15）。

　雇用者の安全配慮義務違反によりじん肺にかかったことを理由とする損害賠償請求権については，判例は，症状に関する最終の行政上の決定を受けた時とし（最判平6・2・22民集48巻2号441頁），さらにじん肺により死亡したことを理由とする損害賠償請求権については，死亡の時を起算点としている（最判平16・4・27判時1860号152頁）。

　目的物の数量または品質に関する契約不適合による損害賠償請求権については，不適合を知って1年内に通知を要するという特別の期間制限（566条）が設けられているが，これに加えて，一般の債権の消滅時効の規定が適用される（564条参照）。そして，この場合における客観的起算点は，買主が目的物の引渡しを受けた時と解されよう（2017年改正前民法のもとでの最判平13・11・27民集55巻6号1311頁参照）。

　債務について支払猶予の特約がされた場合には，その猶予期間が満了した時から消滅時効は進行する（最判昭55・5・30民集34巻3号521頁：手形上の請求権の事例）（→WINDOW 10-6，10-7も参照）。

□ WINDOW 10-7　　　　　　　　　　　　　　　　　　　　◀◀

「自動継続特約つき定期預金」の払戻請求権の時効起算点

　定期預金契約においては，満期になっても預金者が継続停止の申出をしない限り前回と同一期間の預金契約として自動的に継続される旨の「自動継続特約」が付けられている場合が多い。たとえば，XがY銀行との間でこのような自動継続特約付きの1年間の定期預金契約を行い，その契約時から15年経過後に元本および約定利息の支払いをYに求めたとしよう。この場合，Yは，Xの債権は時効により消滅したと主張して，支払いを拒むことができるのであろうか。Xの預金払戻請求権の消滅時効の起算点が問題となる。

　判例は，自動継続定期預金契約における預金払戻請求権の消滅時効は，預金者による解約の申入れがされ，または継続制限回数に達したことなどにより，それ以降自動継続の取扱いがされることのなくなった満期日が到来した時から進行するとし，上記のようなケースにおいては，まだ時効は完成していないとしてXの請求を認めた（最判平19・4・24民集61巻3号1073頁，最判平19・6・7判時1979号61頁）。

　なお，双務契約に基づく債権において，同時履行の抗弁権がついている場合でも，債権者は，自己の債務の履行を提供すれば自己の債権を行使することができるのであるから，履行期がその債権の消滅時効の客観的起算点である。

　(5)　**客観的起算点と主観的起算点が一致する場合と異なる場合**　　契約に基づく主たる給付に基づく債権については，多くの場合，消滅時効における客観的起算点と主観的起算点が一致する。たとえば，代金の弁済期を○年○月○日と定めた場合には，その弁済期が到来すれば，客観的に「権利を行使することができる」と認められる（客観的起算点）だけでなく，主観的にも「権利を行使することができることを知った」と認められるからである（このような場合，弁済期の到来を知らなかったという言い訳は通用しない）。したがって，この場合には，債権の消滅時効は弁済期から5年で完成することになる（→図表10-1(a)）。

　これに対して，契約に基づく債権でも，保護義務違反による損害賠償請求権や，引き渡された物の契約不適合による損害賠償請求権などは，客観的起算点である「権利を行使することができる時」より後に債権者がそれを知ることもあり，そのような場合には客観的起算点と主観的起算点が一致しない。そして，この場合には，たとえ主観的起算点から5年が経過していなくても，客観的起算点から10年が経過すれば，その時に債権の消滅時効は完成する（→図表10-1(b)）。

図表10-1　二重の期間（主観的起算点と客観的起算点）

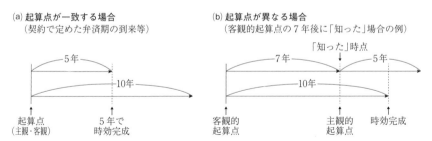

(a) 起算点が一致する場合
　　（契約で定めた弁済期の到来等）

(b) 起算点が異なる場合
　　（客観的起算点の7年後に「知った」場合の例）

② 不法行為による損害賠償請求権の特則（724条）

　不法行為に基づく損害賠償請求権も債権ではあるが，これについては724条で特則が設けられている。つまり，この損害賠償請求権は，被害者またはその法定代理人が「損害及び加害者を知った時」（主観的起算点）から3年，「不法行為の時」（客観的起算点）から20年で時効にかかる。

　主観・客観の起算点による二重の時効期間が定められている点では，一般債権と同様であるが，その期間が異なるのである（なお，2017年改正前民法において，判例は，724条の定める20年の期間は時効ではなく除斥期間であると解していたが〔最判平元・12・21民集43巻12号2209頁〕，改正法は，20年の期間も消滅時効として，それを文言上明らかにした）。

　客観的起算点について「不法行為の時」とされているのは，通常は，不法行為と近接した時点で損害が発生し，被害者（債権者）による権利の行使が客観的に期待可能となるためである。しかし，たとえば長期の潜伏期間を経た後に損害が発現する場合など，その損害の性質上，加害行為が終了してから相当の期間が生じた後に損害が発生する場合には，この考え方は妥当しない。そこで，このような場合には，724条2号の時効期間は，当該損害の全部または一部が発生した時（損害発生時）から進行すると解される（最判平16・4・27民集58巻4号1032頁）。

　主観的起算点は，不法行為による損害賠償請求権の場面に則して「損害及び加害者を知った時」とされているが，166条1項1号に定める「権利を行使することができることを知った時」と実質的には同じ意味であるといえよう。

　なお，民法の不法行為による損害賠償責任の特則を規定した製造物責任法

（過失を要件とせず，欠陥による賠償責任を規定）では，その損害賠償請求権の時効についても民法724条の特則が設けられており，損害および賠償義務者を知った時（主観的起算点）からは民法724条と同様３年であるが（製造物５条１項１号），製造物の引渡しの時（客観的起算点）から10年とされている（同条１項２号）。ただし，一定の潜伏期間経過後に症状が現れるような損害については，引渡時からではなく，損害発生時から10年の期間が起算される（同条３項）。

3 人の生命または身体の侵害による損害賠償請求権（167条・724条の２）

　民法167条と724条の２は，人の生命・身体侵害による損害賠償請求権について，その保護法益の重要性を考慮して，時効期間に関する特則を設けている。つまり，債務不履行（たとえば，契約に基づく安全配慮義務違反や保護義務違反など）によるものであれ（167条），不法行為によるものであれ（724条の２），時効期間を，主観的起算点から５年，客観的起算点から20年として，一般の時効期間より長期の定めを置いている。製造物責任法に基づく損害賠償請求権についても，生命身体侵害にかかる場合，民法724条の２の趣旨を踏まえ，主観的起算点からの期間は５年とされている（製造物５条２項）。

4 定期金債権（168条）

　定期に一定の金銭その他の代替物を給付させることを内容とする**基本権**としての債権を**定期金債権**という。たとえば，Ａ・Ｂ間で，ＢがＡに，20年間（それ以前にＡが死亡した場合はその死亡時まで），毎年年末に50万円を給付する旨の契約をする場合などがこれに該当する。

　基本権としての定期金債権については，一般の債権とは異なる形で，主観的起算点と客観的起算点による二重の時効期間が定められている。すなわち，①「定期金の債権から生ずる金銭その他の物の給付を目的とする各債権を行使することができることを知った時」（主観的起算点）から，10年間行使しないときは時効により消滅する（168条１項１号）。また，②定期金の「各債権を行使することができる時」（客観的起算点）から20年間行使しないときも，時効により消滅する（同項２号）。

　定期金の債権者は，時効の更新の証拠を得るために，いつでも，その債務者に対して承認書の交付を求めることができる（同条２項）。

　なお，定期給付債権（基本権たる定期金債権から発生する**支分権**としての債権：先

の例では，各年末に発生した50万円の債権）については一般の債権の消滅時効の規定（166条1項）による。

⑤ 判決で確定した権利（169条）

確定判決または確定判決と同一の効力を有するものによって確定した権利については，10年より短い時効期間の定めがあるものであっても，その時効期間は10年とされる（169条1項）。確定判決等によって権利の明確な確証が得られた以上，短期の時効の趣旨が妥当しないし，判決等が得られたにもかかわらず，再び短期の間に訴えの提起等の権利行使行為をしなければならないとすることは権利者にとって酷だからである。ただし，確定時に弁済期の到来していない債権についてはこの限りでない（同条2項）。

3──債権以外の財産権の消滅時効とその要件

① 所有権は消滅時効にかからない

「債権又は所有権以外の財産権」は，20年間行使しないときは，時効により消滅する（166条2項）。この規定は，**所有権は消滅時効にかからない**ことを明らかにしている。自己の所有する土地を何ら使用せず放置していたとしても，所有権は失われないのである。先にみたように，ある者が他人の物を一定期間占有して取得時効が成立した場合には，所有者はその物の所有権を失うが，これはあくまでも取得時効の反射的効果によるのであって，所有権が消滅時効にかかるのではない。

所有権が消滅時効にかからないことから，所有権に基づく物権的請求権，共有物分割請求権（256条），登記請求権など，所有権から派生する権利も，消滅時効にかからない。

② 債権または所有権以外の財産権

(1)　**地上権，永小作権および地役権**　　これらの用益物権は，債権または所有権以外の財産権として，166条2項による消滅時効の対象となる権利の典型例である。

(2)　**占有権・留置権**　　これらは，占有という事実状態がなくなれば当然消滅する権利であるから，不行使によって消滅時効にかかる余地はない。

(3)　**担保物権**　　担保物権は，債権を担保するために存立する権利であるか

ら，原則として，被担保債権と離れて消滅時効にかかることはない。しかし，抵当権は，債務者および抵当権設定者以外の者（抵当不動産の第三取得者や後順位抵当権者）との関係では，被担保債権と離れて166条2項により20年の消滅時効にかかる（396条の反対解釈。大判昭15・11・26民集19巻2100頁）。

(4) **存続期間の定めのない形成権**　形成権のうち，**取消権**については5年（追認をすることができる時から）と20年（行為の時から）の期間制限がある（126条）。それでは，このような具体的な存続期間の定めがないものは，「債権又は所有権以外の財産権」として，166条2項の適用により20年の消滅時効にかかることになるのであろうか。

　たとえば，債務不履行による**解除権**について考えてみると，20年の時効期間を適用することには問題がありそうである。なぜなら，本来の契約上の請求権は166条1項により主観的起算点から5年または客観的起算点から10年で消滅時効にかかり，解除権行使の結果として生ずる原状回復請求権も同様の消滅時効にかかるのに，解除権は20年経過しないと時効にかからないというのでは均衡を欠くし，そもそも，形成権というだけの理由で，一般の債権より強い保護を与えることには合理性を見出せないからである。判例も，解除権については**債権に準じて扱い**，たとえば無断転貸を理由とする賃貸人の解除権（612条2項）には一般の債権の消滅時効規定の適用があるとした（最判昭62・10・8民集41巻7号1445頁）。また，建物買取請求権（最判昭42・7・20民集21巻6号1601頁）や売買予約完結権（大判大4・7・13民録21輯1384頁）も，形成権であるが，判例は，一般の債権の消滅時効にかかるとしている。

4 ── 消滅時効の効果

1 権利の消滅

　消滅時効が完成すれば，当該権利は消滅する（166条等参照）。債務者等は，時効を**援用**することにより（145条），時効の利益を享受することができるのである（「援用」については，→第**5**節参照）。

　もっとも，**相殺**については1つの例外が設けられている。すなわち，民法508条によれば，消滅時効が完成した後であっても，時効によって消滅した債権の債権者が，その債務者に対して時効完成前から自ら債務を負っており，し

かも時効完成前にこれら2つの対立する債権が**相殺適状**にあった場合には（505条1項参照），債権者は，時効消滅した債権を**自働債権**として，その反対債権と相殺することができるとされている。これは，対立する債権の当事者間における相殺による決済の期待を保護し，公平を図るために設けられた例外である。

2 遡 及 効

　時効の効力は，その起算日にさかのぼる（144条：時効の遡及効）。債権の消滅時効の場合であれば，その起算日に債権は消滅したものとして取り扱われるので，債務者は，元本の支払義務を免れるだけではなく，起算日以降の利息や遅延利息についても支払う必要がなくなる。

 ## 第4節　完成猶予および更新

1 ——時効障害総論

　たとえば，債権の消滅時効が完成する前のある時点で，債権者が債務者に対して債務の履行を求めて訴えを提起し，その後，債権者の請求を認容する判決が出され確定したとしよう。この例では，①訴え提起の時点で権利者の権利行使の意思が明らかにされており，その後，②確定判決により，権利の存在について確証が得られている。

　①のように，権利主張の意思が明確にされているが未だ権利の存在について確証が得られたとはいえない段階において，そのまま期間が経過して時効が完成するとすることは権利者にとって酷である。そこで，民法は，権利主張の意思が明確にされている場合は，その手続終了から6か月を経過するまでは，時効の完成が猶予されるものとした（147条1項・148条1項・149条～151条）。このような事由を，「**完成猶予**」事由という。

　一方，②のように，権利の存在を確証するものと評価できる事実が生じた場合には，それまで進行した時効期間の効力がまったく失われ，時効は，その事由が終了した時から新たに（ゼロから）進行を始める（147条2項）（先の例で，確定判決は得られたが，債務者には債務を弁済する資力も強制執行の引き当てになる財産も

ないため，弁済がされないまま債権が残ることがあり，その場合，当該債権の消滅時効
は，判決の確定の日から新たに進行を開始することになる）。このように権利の存在
を確証し，時効の期間計算を振り出しに戻す事由を，「**更新**」**事由**という。

なお，完成猶予事由には，上記のような権利主張によるもののほか，時効期
間満了の間際になって，たとえば大きな地震が発生して交通・通信が途絶した
とか，権利者である未成年者に法定代理人がいないなど，権利の行使をするこ
とを著しく困難とするような一定の事由が発生・存在する場合について，権利
行使の機会を確保するために認められているものもある（158条～161条）。

以下では，147条から161条までの完成猶予または更新事由と，その効力が及
ぶ者の範囲（153条）についてみていこう（→**図表10-2**も参照）。

2 ── 権利行使による時効の完成猶予と権利の確定による更新

① 裁判上の請求等（147条）

（1）　裁判上の請求による時効の完成猶予および更新（147条1項1号・2項）　　A
がBを相手に貸金の返還を求める訴えを提起した場合（消滅時効に関する例）や，
Aの所有する土地をBが占有している場合において，AがBを相手に所有権確
認の訴えや土地の返還を求める訴えを提起した場合（取得時効に関する例）は，
その手続が終了するまでの間は時効は完成しない（147条1項1号）。

権利が確定することなく裁判上の請求が終了した場合（たとえば，**訴えの却下**
や**取下げ**の場合）には，その終了から6か月を経過するまでは時効の**完成が猶予**
される（同項柱書括弧書）。2017年改正前民法においても，裁判手続中は催告が
継続して行われているものと捉え，裁判終了後6か月を経過するまでは時効は
完成しないと解されてきたことを踏まえたものである（**裁判上の催告**：最大判昭
38・10・30民集17巻9号1252頁，最判昭45・9・10民集24巻10号1389頁，最判昭50・1・17
金法746号25頁）。

確定判決によって権利が確定したときは（民訴116条1項参照），判決確定時か
ら時効は新たにその進行を始める（147条2項）。これを，**時効の更新**という。
判決が確定した場合における当該権利の新たな消滅時効の時効期間は，その権
利について10年より短い時効期間の定めがあるものであっても，10年となる
（169条1項。ただし，同条2項により，確定の時に弁済期の到来していない債権につい

図表10-2　完成猶予事由と更新事由

条文	完成猶予事由	完成猶予の期間	更新が生ずる場合
147条	裁判上の請求 支払督促 裁判上の和解，民事調停，家事調停 破産手続参加，更生手続参加，再生手続参加	権利確定の効力が生ずることなく終了したときは，更新は生じず，終了時から6か月経過まで完成猶予（1項）。	確定判決等により権利が確定したときは，事由終了まで完成猶予された上（1項），権利確定時に更新（2項）
148条	強制執行 担保権の実行 担保権の実行としての競売 財産開示手続	申立ての取下げ等により終了したときは，更新は生じず，終了時から6か月経過まで完成猶予（1項）	事由終了まで完成猶予された上（1項），事由終了時に更新（2項）
149条	仮差押え 仮処分	終了時から6か月経過まで	
150条	催　告	催告時から6か月経過まで	
151条	協議を行う旨の書面による合意	以下のいずれか早い時まで ①合意時から1年経過 ②協議期間経過 ③協議の続行を拒絶する通知から6か月経過	
152条	承認		承認の時
158条1項	時効期間満了前6か月以内に未成年者または成年被後見人に法定代理人がいないとき（未成年者・成年被後見人に対する時効）	本人が行為能力者となった時または法定代理人が就職した時から6か月経過まで	
158条2項	未成年者または成年被後見人が父母または後見人に対して権利を有するとき	本人が行為能力者となった時または後任の法定代理人が就職した時から6か月経過まで	
159条	夫婦の一方が他の一方に対して有する権利	婚姻解消時から6か月経過まで	
160条	相続（相続財産に関する時効）	相続人が確定した時，管理人が選任された時または破産手続開始決定があった時から6か月経過まで	
161条	天災その他避けることのできない事変	障害が消滅した時から3か月経過まで	

ては除外されている）。

　「**裁判上の請求**」にどこまでが含まれるのであろうか。従来，判例は，これを緩やかに捉え，当事者が給付の訴えを提起した場合のみならず，確認訴訟を提起した場合，反訴を提起した場合，あるいは，債務者から提起された債務不存在確認訴訟や抵当権抹消登記手続訴訟に債権者が応訴して債権の存在を主張

した場合（大連判昭14・3・22民集18巻238頁，最判昭44・11・27民集23巻11号2251頁）で
もよいとしてきた。

(2)　**支払督促による時効の完成猶予および更新**（147条1項2号・2項）　　金銭
その他の代替物または有価証券の給付を目的とする債権についての簡易迅速な
督促手続として，**支払督促**（民訴382条以下）がある。支払督促は，債務者が督
促異議の申立てをした場合には通常の訴訟に移行し（民訴395条），異議の申立
てがないかまたは異議が却下されたときは，確定判決と同一の効力を持つため
（民訴396条），これに裁判上の請求と同様の時効の完成猶予の効力が認められ，
権利が確定された場合には更新の効力が認められている。ここでも，権利が確
定することなく終了した場合（たとえば，債権者が法定の期間内に仮執行宣言の申立
てをしないことにより支払督促がその効力を失ったとき）には，時効の更新の効力は
生じないが，その終了から6か月を経過するまでは時効の完成が猶予される
（147条1項柱書括弧書）。

(3)　**和解および調停の申立てによる時効の完成猶予および更新**（147条1項3
号・2項）　　民事上の争いについては，当事者は，訴えを提起する前に簡易裁
判所に和解の申立てをすることができる（民訴275条）。この起訴前の和解が調っ
てその内容が和解調書に記載されれば，これは訴訟上の和解と同様，確定判決
と同一の効力を有する（民訴267条，民訴規169条）。

民事調停法による調停や家事事件手続法による調停において，当事者間の合
意が調書に記載されたときには，裁判上の和解ないし確定判決と同一の効力を
有する（調停16条，家事268条）。

このような効力があるため，これらの手続における**和解・調停の申立て**に
も，裁判上の請求と同様の時効の完成猶予の効力が認められ，この手続によっ
て権利が確定された場合には，更新の効力が認められている。相手方が期日に
出頭せず，あるいは出頭しても和解ないし調停が調わなかった場合など，権利
が確定することなくこの手続が終了した場合には，更新はないが，その終了し
た時から6か月が経過するまで時効の完成が猶予される（147条1項柱書括弧書）。

(4)　**破産手続参加等による時効の完成猶予および更新**（147条1項4号・2項）
債務者につき**破産手続開始決定**が行われた場合（破30条）において，債権者が
自己の債権を所定の期間内に裁判所に届け出ることによって破産手続に参加し

たとき（破103条以下・111条）にも，時効の完成は猶予される。**破産手続参加**も，権利主張としての意味を持つからである。

　この場合において，届出のあった債権は破産債権者表に記載され（破115条），それが異議等がなく確定したときは，確定判決と同一の効力を有するとされている（破124条3項）ので，これにより権利が確定したときは，時効が更新され，その事由が終了した時から新たに時効は進行を開始する。

　同様の趣旨から，再生手続参加，更生手続参加にも，それぞれ時効の完成猶予の効力が認められ，権利が確定した場合には時効更新の効力が認められている。債権者がその届出を取り下げるなど，権利が確定することなく手続が終了した場合には，時効の更新の効力は生じないが，手続終了の時から6か月が経過するまでは時効の完成が猶予される（147条1項柱書括弧書）。

② 強制執行等による時効の完成猶予および更新（148条）

　強制執行や担保権の実行等は，権利を行使する意思の明確な表れであるから，完成猶予としての効力が認められる（148条1項）。さらに，その手続が順調に終了した場合には，権利の存在が公に確認されるから，時効の更新事由として認められている（同条2項）。

　強制執行等の前提として裁判上の請求が行われていて確定判決が得られた場合には，それにより時効は更新するが，その場合でも判決後は再び時効が進行するし，また，公正証書による差押えや担保権の実行のように判決を前提としないで行使できる場合もあるので，これらを裁判上の請求とは別に完成猶予事由および更新事由とする意味がある。

　この場合にも，申立てが取り下げられ，あるいは法律上の規定に従わないことにより取消しによって終了したときは，更新は生じないが，終了の時から6か月経過するまでの完成猶予が認められる（同条1項柱書括弧書）。

③ 仮差押え等による時効の完成猶予（149条）

　仮差押え，仮処分は，債権者が強制執行をすることが不可能または著しく困難となるおそれがある場合に，強制執行を保全する手段である（民保20条・23条）。149条は，これを完成猶予事由とし，当該事由が終了した時から6か月を経過するまでの間は，時効は完成しないとした。**保全手続の暫定性**から，本案の訴えが提起されるまでの間，時効完成を阻止する（完成猶予）にすぎないもの

と考えられたのである（この事由では時効の更新の効力は生じない）。

④ 催告による時効の完成猶予（150条）

権利者が，裁判外で請求することを**催告**という。催告の方式はとくに限定されているわけではないが，後の立証の便宜などを考慮して，「内容証明郵便」による方法などが，実際には多く用いられている。催告も，権利主張ではあるが，これによって権利の存在が確定するわけではないので，民法は，これを完成猶予事由とし，催告の時から6か月を経過するまでの間は時効は完成しないとした（150条）。催告後6か月以内に，たとえば裁判上の請求をした場合には，147条1項による完成猶予が認められ，その手続において確定判決が得られた場合には，時効が更新されることになる（同条2項）。

時効完成が迫っていて，権利者が時効完成までの間に裁判上の請求等の手続をとるだけの余裕がない場合には，とりあえず催告をしておいて，その催告から6か月以内に，より強力な権利主張の手続をとって時効の完成を妨げるということに意味がある。一度催告をして，6か月以内に再び催告をしても，それによってさらに期間が延長されるわけではない（150条2項）。

⑤ 協議を行う旨の合意による時効の完成猶予（151条）

151条は，協議を行う旨の合意による時効の完成猶予を規定する。本条は，2017年改正により新設されたものである。

たとえば時効完成の間際になって，債権者と債務者との間で権利の有無や内容について協議が行われていたのにもかかわらず，期間の経過により時効が完成したとして債務者側から時効が援用されるとすると，債権者にとっては予期しない結果となるし，債権者がこのような結果を避けるために，権利を強制的に実現する方法をとらざるをえないことになるとすれば，結局は債務者にとっても不利なことになる。このような不都合を避けるため，一定の明確な要件のもとで，協議の合意による時効の完成猶予を認めることとされたのである。

本条による時効の完成猶予が認められるためには，まず，「権利についての協議を行う」旨の合意を「書面」（4項により電磁的記録も書面とみなされる）でしたことを要する。

時効の完成が猶予がされる期間は，①当該協議を行う旨の合意があった時から1年，または，②当事者で1年より短い協議期間を定めたときは，その期間

が経過した時までであるが，③当事者の一方が相手方に対して「協議の続行を
拒絶する」旨の「書面」による通知をした場合には，その時から6か月を経過
した時までとなる（151条1項）。

　これによって時効の完成が猶予されている間に，あらためて同条1項の合意
をすれば完成猶予の期間は伸長されるが，猶予の期間は通算して5年を超える
ことはできない（同条2項）。

　なお，同条3項は，協議する旨の合意と催告の関係について規定する。催告
により時効の完成が猶予されている間は，151条1項の協議の合意をしても，
同項による完成猶予の効力は生じない（催告による完成猶予しか認められない）。
協議を行う旨の合意は，更新の措置をとるまでの暫定的なものであるという点
では催告と同様だからである。また，協議の合意により時効の完成が猶予され
ている間は，催告をしてもそれによる完成猶予の効力は認められない。

6 承認による時効の更新（152条）

　承認とは，時効によって利益を受けるべき当事者が，時効によって権利を失
う者に対して，その権利の存在に関する認識を表示する行為を意味する（**観念
の通知**と解されてきた）。

　承認の場合は，裁判上の請求等による更新の場合と比べ，特別の手続や方式
も必要としないが，その当事者（債権の消滅時効の場合は債務者）の行為が必要と
なる。承認が更新事由とされているのは，これによって権利の存在が確認され
るからである。

　「承認」の認定は比較的緩やかに行われてきた。債権の消滅時効に関して判
例で「承認」に該当すると認められた例として，債務者による**「支払猶予の懇
願」**や，**「利息の支払い」**，**「一部の弁済」**（最判昭36・8・31民集15巻7号2027頁），
「反対債権による相殺」（最判昭35・12・23民集14巻14号3166頁）などがある。

　承認は，相手方の権利の存在に関する認識を表示するだけの行為であり，す
でに得た権利を放棄したり，新たに義務を負担することではないため，その相
手方の権利に係る債務等の処分について，行為能力の制限を受けていないこと
や権限があることを要しない（152条2項）。ただし，管理の能力や権限は必要と
されている（→WINDOW 10-8）。

□ WINDOW 10-8

時効の更新を生ずる「承認」に必要な能力と権限

時効の更新を生ずる「承認」をするには，処分について「行為能力」の制限を受けていないことは必要ではなく（152条2項），管理能力があれば足りるので，制限行為能力者でも，被保佐人や被補助人は，保佐人や補助人の同意なしに承認をすることができる（大判大7・10・9民録24輯1886頁）。これに対し，成年被後見人には，管理能力もないので，承認できない。未成年者の承認には法定代理人の同意を要する（大判昭13・2・4民集17巻87頁）。

民法152条2項が，処分の「権限があることを要しない」というのは，当該権利について一般的な管理権があれば足りるということを意味する。したがって，不在者の財産管理人（28条）や，権限の定めのない代理人（103条）でも，承認をすることができる。しかし，権限がまったくない者が承認行為を行っても，時効更新の効力は生じない。たとえば，物上保証人は，その担保している債務についての処分権限はもとより管理権限もないので，物上保証人が債務を承認してもその被担保債権についての時効更新の効力は生じない（最判昭62・9・3判時1316号91頁参照）。

3 ──権利の行使が困難であることによる時効の完成猶予事由

1 概　　要

時効期間満了の間際になって，時効が完成すれば権利を失うべき者に，権利の行使によって時効の完成を阻止することを著しく困難とするような一定の事由が発生または存在する場合には，その者を救済するため，一定の期間，時効の完成が猶予される（158条〜161条）。

民法は，権利行使を困難とすることによる時効の完成猶予事由とその期間を，158条以下の4箇条にわたって，5つ定めている。

2 各事由とその猶予期間

(1)　**時効期間の満了前6か月以内の間に未成年者または成年被後見人に法定代理人がいない場合**（158条1項）　この場合には，その未成年者もしくは成年被後見人が行為能力者となった時または法定代理人が就職した時から6か月を経過するまでの間は，これらの者に対して時効は完成しない。

法定代理人が欠けたために時効の更新を導くような権利行使を行うことが困難な場合に，未成年者・被後見人を救済しようとする趣旨に基づく。この趣旨から，ここで完成が猶予される時効は，未成年者・成年被後見人にとって不利

益となる時効に限られる。

(2)　**未成年者または成年被後見人がその財産を管理する父，母または後見人に対して権利を有する場合**（158条2項）　　この権利については，その未成年者もしくは成年被後見人が行為能力者となった時，または後任の法定代理人が就職した時から6か月を経過するまでの間は，時効は完成しない。

このような場合には，法定代理人が，自己の不利益において適切に権利行使して時効の更新をもたらす行為を行うことを期待しがたいので，未成年者・成年被後見人の保護のため，時効の完成を猶予することとしたものである。

(3)　**夫婦の一方が他方に対して権利を有する場合**（159条）　　この権利については，婚姻の解消の時から6か月を経過するまでの間は，時効は完成しない。婚姻の性質上，夫婦間では相互の権利行使，時効の更新をもたらす行為を期待できないという趣旨に基づく。婚姻中に取得された権利のみならず，婚姻前から有する権利もこれに含まれる。

(4)　**相続財産に関する権利**（160条）　　相続財産に関しては，相続人が確定した時，管理人が選任された時または破産手続開始の決定があった時から6か月を経過するまでの間は，時効は完成しない。

相続によって権利・義務の主体に変更が生じた場合には，その内容や主体が不明確なため，相続財産に関して権利を有する者が，時効の更新をもたらす行為に困難を来たすことに配慮したものである。したがって，ここにおける時効には，相続財産にとって利益となる時効と不利益となる時効のいずれも含まれる。

(5)　**天災その他の事変があった場合**（161条）　　時効期間の満了の時にあたり，天災その他避けることのできない事変のため，147条1項各号の裁判上の請求等や148条1項各号の強制執行等の手続を行うことができないときは，その障害が消滅したときから3か月を経過するまでの間は，時効は完成しない。

このような異常事態の発生により，事実上権利行使の機会が妨げられる者を救済する趣旨に基づく。ここに「避けることのできない事変」とは，天災・戦争・内乱などによる通信・交通の途絶などをいい，当事者自らの不在や疾病などの個人的事情は含まれない。

4 ——時効の完成猶予および更新の効力とそれが及ぶ者の範囲

① 完成猶予の効力

　時効の完成猶予は，すでに進行した時効期間を無にするものではなく，一時的に時効の完成を猶予するものにすぎない（条文では，「……までの間は，時効は，完成しない。」とされている：147条1項・148条1項・149条・150条1項・151条1項・158条～161条）。日本民法における時効の完成猶予は，時効の進行を停止するのではなく，時効の「完成」を一定期間猶予するものである。猶予期間中に更新事由が生ずることなくその期間が経過すれば，時効が完成する。

② 更新の効力

　更新事由が生ずれば，過去の時効期間の経過はすべて無に帰し，当該各事由の終了とともに，新たに時効は進行を始める（147条2項・148条2項本文・152条1項等）。時効の計算が振出しに戻るのである。時効が新たに進行を始めるのは，各規定に定める事由が終了した時である。たとえば裁判上の請求の場合は，判決が確定した時から，時効は新たに進行を始める（147条2項）。

　更新後に進行する時効の期間は，基本的に前の時効の場合と同じであるが，前述のとおり**判決等で確定した権利**の消滅時効については特則がある（169条）。

③ **権利の行使等による時効の完成猶予および更新の相対効**（153条）

　②で記載した権利行使による時効の完成猶予および権利の確定による更新——より具体的には147条（裁判上の請求等）および148条（強制執行等）による時効の完成猶予または更新，149条から151条に規定する仮差押え等，催告，協議を行う旨の合意による時効の完成猶予，152条に規定する承認による時効の更新——は，これらの事由が生じた「当事者およびその承継人」の間においてのみ効力を生じ，第三者にはその効力は及ばない（153条1項～3項）。これを，**完成猶予および更新の相対効**という。

　ここにおける「当事者」とは，完成猶予または更新の事由に該当する行為に関与した者を意味する。たとえば，AとBがCに対して連帯債務を負っている場合において，Aが債務を承認することによって消滅時効の更新が生じても，その更新の効力は他の連帯債務者Bには及ばず，したがって，Bの債務についてのみ先に時効が完成することになる（差押えにつき，大判大3・10・19民録20輯

777頁参照）。

　もっとも，これらの相対効については**例外**がある。まず，主たる債務者に対する請求その他の事由による時効の完成猶予および更新は，保証人に対してもその効力を生ずる（457条1項）。また，判例は，2017年改正前民法において，主たる債務者の承認による時効の更新（当時にいう「中断」）の効力は，396条の趣旨から，物上保証人に及ぶとした（最判平7・3・10判時1525号59頁）。この他，地役権については，取得時効と消滅時効のいずれに関しても，完成猶予や更新の効力が及ぶ者の範囲について特別の規定が置かれている（それぞれ，284条・292条）。

第5節　時効の完成と援用・放棄

1――時効の完成と時効の効果

　民法は，一定の事実状態が所定の期間継続した場合には，権利の取得または消滅の効果が生ずるものと規定している（162条・166条等）。その定められた時効期間が経過することを，**時効の完成**という。

　しかし，民法は，その一方で，時効は，「当事者が**援用**」しなければ，裁判所がこれによって裁判をすることができないと規定している（145条）。時効の完成があれば直ちに時効の効果がすべて生ずるわけではなく，時効の効果を認めてもらうためには，さらに当事者による援用が必要だとされているのである。

2――時効の援用

① 援用が必要とされる理由

　民法145条が，当事者の援用を要求していることの根拠は，一般に，時効によって利益を受けることができる立場にある**当事者の意思の尊重**にあるとされている。

　たとえば，債権者が権利を行使しないまま長期間経過したことにより，その債権の消滅時効が完成したとしても，それによって利益を受けることができる

立場にある債務者自身が，債務を免れることを潔しとしないこともあろう。このような場合に，裁判所が，その債務者の意思に反してまで，当事者に時効の効果を押しつけ債務者の債務を消滅させることは，必要でもないし妥当でもないと考えられたからである。

2 時効の援用の法的性質と時効の効力

時効の援用はいかなる法的性質を持ち，時効の完成と援用はいかなる関係に立つのか。この点については，かねてより議論があったが，今日，一般的に支持されているのは，以下の不確定効果説の停止条件説である。

(1) **不確定効果説の停止条件説** (援用を実体法上の行為〔意思表示〕と捉える説)

時効が完成しただけでは，権利の取得や消滅という実体法上の効果は不確定的にしか生じておらず，時効の完成に加えて時効の援用があってはじめて（つまり，当事者の援用を停止条件として），時効の効果が確定的に生ずると解する説である。これによれば，援用は，時効の効果を確定的に生じさせる実体法上の行為（意思表示）ということになる。

時効によって権利の得喪が生ずるとする民法の規定（162条・166条）と，援用を必要とするもう一方の規定（145条）とを両立させることのできる簡明な理論として，学説における多数の支持を受けている。

判例も，援用は裁判上でも裁判外でも行うことができ（大判昭10・12・24民集14巻2096頁），時効の効果は時効が援用されたときにはじめて確定的に生ずるとしているので，この立場に立っているものとみられる（最判昭61・3・17民集40巻2号420頁：農地の買主が売主に対して有する，県知事に対する許可申請協力請求権の消滅時効が問題となったケース。時効が援用されるまでの間に当該農地が非農地化した場合は，農地の売買契約は当然に効力を生じ，その後の消滅時効の援用は効力を生じないとした）。

(2) **確定効果説** (援用に関する攻撃防御方法説)　　この説は，時効の完成によって権利の取得や消滅という実体法上の効果は確定的に生ずるのであるが，援用がない限り，裁判上は，時効に基づく効果は認められないとするものである。援用以前に，時効の完成によって実体法上の効果が確定するとみるため，「**確定効果説**」と呼ばれる。また，援用は訴訟における攻撃防御方法の提出を意味するにすぎないとすることから，援用に関する「**攻撃防御方法説**」と呼ば

れることもある。

　この見解によれば，民法145条が，裁判所は当事者の援用がなければそれによって裁判を行うことができないと規定することの理由は，民事訴訟における弁論主義（裁判の基礎となる攻撃防御方法の提出は当事者の責任に属するという原則）に存するものとされる。しかし，もし弁論主義に援用の根拠が存するのであれば，それは一般的に妥当することであって，民法145条がとくに時効について援用が必要だと規定する積極的意味を説明できない。

　古い判例には，債権は時効の完成によって当然消滅するが，ただ裁判所は当事者が援用しないとこれによって裁判をすることができないにすぎないとして（大判大8・7・4民録25輯1215頁等），確定効果説＝攻撃防御方法説をとったようにみえるものがあった。しかし，現在の判例は，前述のように，不確定効果説の停止条件説の立場に立っているものとみることができる。

3 ── 時効の援用権者の範囲

1 援用権者とされることの意味

　民法145条は，当事者が時効を援用しなければならないとしている。ここに，時効を援用することのできる当事者のことを，**時効の援用権者**という。

　ここでは，保証人を例にとって，援用権者とされることの意味を考えてみよう。AがXに対して100万円の債務を負担し，Bがその保証人になったとしよう。保証債務（保証人Bの債務）は，その性質上（446条参照），主たる債務（Aの債務）に対して付従性を有し（448条参照），主たる債務者であるAの債務が弁済その他の事由により消滅すれば，Bの保証債務も当然消滅する。そして，時効との関係でも，Aの債務について消滅時効が完成した場合において，Aが時効を援用すれば，Aの債務消滅の効果が確定し，それに伴ってBの債務も消滅する。しかし，Aが時効を援用しないときでも，Bは，援用権者としてAの債務の消滅時効を援用して，保証債務を免れることができる（後述）。

　このように，時効の利益を受けるかどうかの決定を，自ら独立して（他の援用権者の決定に関わりなく）行うことができる者を「援用権者」という。

2 援用権者の一般的基準

　それでは，援用権者には，いかなる者が含まれるのであろうか。民法145条

は，「当事者」と規定している。

判例は，2017年改正前145条の「当事者」という文言のもとで，「時効により直接利益を受ける者」が援用権者であるとしてきた（大判明43・1・25民録16輯22頁，最判昭48・12・14民集27巻11号1586頁）。2017年の民法改正で，とくに消滅時効に関しては，後述のとおり，判例法理を踏まえて「当事者」の具体例と基準が同条の括弧内に明文化されたが，取得時効については，条文上の具体化はないので，従来どおり「当事者」の解釈に委ねられている。

③ 取得時効の場合の援用権者

(1) **占有者本人** 所有権の取得時効（162条）において，**占有者本人**が，時効による所有権の取得を援用することができることは当然である。その他の財産権の取得時効（163条）において，自己のためにする意思を持って権利行使を継続した者も，同様である。

(2) **目的不動産の上に建てられた建物の賃借人は援用権者か** A所有の土地について，Bが所有の意思を持って占有を続け，当該土地の上にBが建てた建物をCがBから賃借していた場合，Bの取得時効をCが援用することはできるであろうか。判例は，このような事案において，地上建物の賃借人であるCは，土地の取得時効によって直接利益を受ける者ではないことを理由に，援用権を否定した（最判昭44・7・15民集23巻8号1520頁）。

学説においては，Cの利益は間接的なものにすぎないこと，もしBが援用をせずにCが援用をする場合には法律関係が複雑になること等を理由に否定する見解がある一方，CはBの時効取得により賃借権の喪失を免れることができる立場にあることを理由に，Cの援用権を肯定すべきだとする見解もある。

④ 消滅時効の場合の援用権者

(1) **債務者自身** **債務者自身**が，自己の債務の消滅時効について援用できることは当然であり，この点については異論はない。

(2) **保証人・物上保証人・第三取得者** 145条は，括弧書で**保証人，物上保証人，第三取得者**が消滅時効の援用権者であることを明記している。

保証人は，債権者に対して，自らも保証債務を負担しており（446条1項参照），主たる債務の消滅によって，その債務を免れる立場にある（保証債務の付従性）。そこで，判例は，すでに2017年改正前民法のもとで，保証人は主たる

債務の時効により直接利益を受ける者に該当するから，主たる債務者の債務の
消滅時効を援用することができるとしていた（大判昭8・10・13民集12巻2520頁，
大判昭7・6・21民集11巻1186頁）。

　物上保証人は，自ら債務を負っているのではなく，自己の財産を主たる債務
の担保として提供しているにすぎないが（351条・372条参照），もし主たる債務が
弁済されないときには，担保権が実行されて担保に提供した財産を失い，逆
に，もし主たる債務が時効で消滅すれば，抵当権も効力を失うので（担保物権
の付従性），その責任から解放される利益を有する。そこで，判例は，すでに改
正前民法のもとで，物上保証人の援用権を肯定していた（最判昭42・10・27民集21
巻8号2110頁）。

　抵当権等の担保権の負担付きで担保不動産を譲り受けた第三取得者も，担保
権の実行によりその財産を失う可能性があり，逆にその債務が消滅すれば負担
から解放されるという点で，物上保証人と類似する立場にあり，援用権が肯定
されてきた（前掲最判昭48・12・14）。

　これらの判例法理が明文化されたものである。

　(3)　**権利の消滅について正当な利益を有する者**　145条は，消滅時効の援
用権者について，以上の具体例をあげるほか，これを含め「権利の消滅につい
て正当な利益を有する者」が消滅時効の援用権者であることを規定する。

　これに関し，とくに従来から議論があったのは，**後順位抵当権者**について
である。たとえば，Bの不動産にAを抵当権者として先順位の抵当権が設定され
た後に，同じ不動産についてCを抵当権者として後順位の抵当権が設定された
場合において，先順位抵当権（Aの抵当権）の被担保債権の消滅時効を後順位抵
当権者Cは援用できるのかが問題となる。先順位抵当権の被担保債権が消滅し
て先順位抵当権も効力を失えば，後順位抵当権の順位が上昇し，より多くの配
当が得られる可能性があるからである。

　判例は，2017年改正前民法の「当事者」の解釈として，先順位抵当権の被担
保債権が消滅することによる後順位抵当権者の配当額増加に対する期待は「反
射的な利益」にすぎず，後順位抵当権者は，先順位抵当権の被担保債権の消滅
により直接利益を受ける者には該当しないとして，後順位抵当権者Cの援用権
を否定した（最判平11・10・21民集53巻7号1190頁）。

現行民法では145条の「正当な利益を有する者」の解釈によるが、この判例の立場では、後順位抵当権者は正当な利益を有する者に該当しないとして援用権が否定されることになろう（**詐害行為の受益者**については、→WINDOW 10-9）。

5 援用の方法

援用の方法は、援用の法的位置づけによって異なってくる。援用を訴訟上の行為と捉える立場（前述の確定効果説＝攻撃防御方法説によれば訴訟上の行為となる）によれば、援用は、裁判上のものに限られることになる。しかし、援用を実体法上の行為として捉える不確定効果説（通説）によれば、援用は裁判上行使される必然性はない。

判例にも、取得時効に関する事案について、145条は、当事者の意思に反して強制的に時効の利益を受けさせることを不可としたものであるということを理由に、援用は裁判外でもよいとし、いったんその援用があれば時効による権利取得は確定不動となるとしたものがある（大判昭10・12・24民集14巻2096頁）。

6 援用の時期

裁判上援用する場合には、事実審の口頭弁論終結時までにしなければならず、上告審の審理中にはじめて援用することはできない（大判大12・3・26民集2巻182頁）。援用を訴訟上の行為と捉える見解によれば、これは当然だとされるが、実体法上の行為と捉える見解からも、援用は実体法上の権利関係を確定させる行為であるから、法律問題を審査する上告審では援用はできないとされている。また、債務者が時効を援用しないで敗訴し、判決が確定した後に、別訴において時効による消滅を主張することもできない（大判昭14・3・29民集18巻370頁）。

7 援用の効果の及ぶ範囲 （時効の援用の相対効）

援用の効果は相対的である。援用権者が数人いる場合において、そのうちの1人が援用し、または援用しないことは、原則として他の援用権者には影響を及ぼさない（ただし、付従性との関係について注意を要する）。これは、時効の利益を受けるか否かを当事者の意思に委ねるものとした援用制度の趣旨に基づく。判例は、この趣旨から、被相続人の占有により取得時効が完成した場合、その共同相続人の1人は、自己の相続分の限度においてのみ取得時効を援用できるとする（最判平13・7・10家月54巻2号134頁）。

□ WINDOW 10-9

詐害行為の受益者

　AのBに対する債権が成立した後，Cが，それがBの債権者を害するものであること（詐害行為）を知りながら，Bの財産を譲り受けたとしよう。この場合におけるCを，詐害行為の「受益者」という。受益者であるCは，Aによって詐害行為取消権が行使されると，Bから取得した当該財産を失うが（424条），もしAのBに対する債権（詐害行為取消請求における被保全債権）が時効で消滅すれば，Aは詐害行為取消権を行使できなくなるので，Cはそのような不利益から免れうる地位にある。判例は，当初，このような受益者について，（AのBに対する債権の消滅時効の）援用権を否定していたが（大判昭3・11・8民集7巻980頁），その後，受益者は債権の消滅によって直接利益を有する者にあたるとして，援用権を肯定した（最判平10・6・22民集52巻4号1195頁）。

8 援用の撤回

　援用権者がいったん時効を援用した場合において，後にこれを撤回することはできるのであろうか。かつての判例には，援用を訴訟上の防御方法とみる立場から，これを肯定したものがあった（大判大8・7・4民録25輯1215頁）。しかし，今日の判例は，援用を時効の実体法上の効果を確定させる行為として捉えており（→318頁），この立場によれば，撤回は認められないことになろう。

4 ── 時効の利益の放棄と喪失

1 時効の利益の放棄とは

　時効の利益の放棄とは，完成した時効の利益を享受しない意思を表示することである。時効の利益を受けるか否かを当事者の意思決定に委ねるという考え方に基づくものであり，時効の援用と基礎を同じくする。

2 時効完成前の時効の利益の放棄

　時効完成前に，時効の利益を**あらかじめ放棄することはできない**（146条）。この禁止に反して時効完成前に放棄をしたとしても，それは無効である。146条の理由は，①あらかじめ放棄することを認めることは，継続した事実状態を尊重し権利関係に高めるという**時効制度の趣旨**に合致しないこと，および，②とくに契約上の債権については，もし時効完成前の放棄が許されるとすれば，債権者に**濫用**されるおそれがあること等にある。

③ 時効完成後の時効の利益の放棄

時効完成後の時効の利益の放棄は，条文上禁じられていない。時効完成前の時効の利益の放棄におけるような危険は，時効完成後においては存在しないし，むしろ時効の利益を受けるか否かについて当事者の意思を尊重するために援用制度を設けた法の趣旨（145条）に照らせば，時効完成後における時効の利益の放棄は，当然可能であると解されている。

④ 時効の利益の放棄の法的性質

この法的性質をどのように捉えるかについても，時効制度や援用の法的意義との関係でかつては議論があったが，今日の通説である「不確定効果説の停止条件説」によれば，時効の利益の放棄は，時効による権利の得喪を発生させないことにする実体法上の行為（意思表示）である。時効完成後に不確定であった実体法上の効果が，時効の利益の放棄によって確定するのである。

⑤ 信義則による時効援用権の喪失

消滅時効の完成後，自らが時効の利益を享受できることを知らずに，たとえば，あと少し支払いを待って欲しいと懇願するなど，債務者が自己の債務の存在を認める行動をとった場合（時効完成後の債務の承認）には，債務者はなお援用ができるのであろうか。

判例は，時効完成後に自己の債務を承認した債務者による時効の援用を封じるために，かつては，時効完成後の承認は時効完成の事実を知ってされたもの（したがって時効の利益の放棄を意味する）と推定されるとしていた（大判大6・2・19民録23輯311頁など）。しかし，この「推定」は，いかにも技巧的であり，経験則に反する（実際には知らないで承認行為をするのが通常である）。そこで，後に最高裁は，判例を変更し，このような「推定」は許されないとした。もっとも，判例は，消滅時効の完成後，債務の承認をした債務者は，たとえ時効完成の事実を知らなかったときでも，**信義則**（1条2項）によりもはや時効の援用をすることは認められないとして，承認後の援用を否定する結論は維持した（最大判昭41・4・20民集20巻4号702頁）。

通説は，矛盾行為の禁止（信義則違反の一場合）を理由に判例を支持するが，これに対し，この場合に債権者には法的保護に値する信頼はないとして，判例に反対する見解もある。

□ WINDOW 10-10

2017年民法改正による時効制度改正のポイント

　2017年の民法改正（2020年4月1日施行）により，時効制度は，消滅時効を中心に大きく変更された。その主なポイントは，以下のとおりである。

1　消滅時効に関する見直し

(1)　債権の原則的消滅時効期間とその起算点（二重期間の採用）

　改正前民法では，債権の消滅時効について，債権者が「権利を行使することができる時」（客観的起算点）から10年間行使しないときは，債権は消滅するとされていたが，改正民法では，二重期間を採用し，債権者が「権利を行使することができることを知った時」（主観的起算点）から5年，「権利を行使することができる時」（客観的起算点）から10年とされた。

(2)　職業別の短期時効期間の廃止（改正前170条から174条まで削除）

　改正前民法では，債権の原則的な時効規定とは別に，職業等に応じて3年，2年，1年の短期の時効期間を定めた規定が多く置かれていたが，これらの短期消滅時効の規定は削除された。また，商法にあった商事時効の特則規定も削除された。なお，各種の特別法には，その法律の趣旨に従って時効の特則規定が残されている。

(3)　生命・身体の侵害による損害賠償請求権についての特則（新167条・新724条の2）

　改正民法では，このように，消滅時効期間について統一を図ったが，一方で，従来にはなかった区分として，生命・身体の侵害による損害賠償請求権に関する消滅時効の特則を新設した。当該債権についての要保護性の大きさを考慮して，原則的期間より長い期間としたものである。

2　時効の完成猶予と更新に関して

(1)　用語の変更

　改正前民法では，時効の「停止」，「中断」という用語を用いていたが，改正民法では，その内容をより端的に表す文言として，それぞれ，「完成猶予」と「更新」という用語を用いることにした。もっとも，占有の中断による取得時効の中断は，従来から（法定中断と区別して）自然中断と呼ばれてきたが，これについては改正法でも「中断」という用語が維持されている（164条。→295頁）。

(2)　完成猶予事由・更新事由の再整理と協議による完成猶予の新設

　改正民法では，権利の行使による時効障害事由の見直しを図り，更新事由を，権利の存在について確証が得られたと評価できる事実が生じた場合とし，債権者が権利行使の意思を明らかにしたにとどまる場合は，完成猶予事由とした。

　完成猶予事由として，時効期間満了間際に権利行使が客観的に困難な状況にある場合については，基本的には従来の時効停止の規定を内容的に維持しているが，天災等による完成猶予の期間は，従来の2週間から3か月に伸長した。

　また，従来になかった完成猶予事由として，「協議による完成猶予」の規定を新設した。
　時効についての経過措置については，→WINDOW10-11を参照。

□ WINDOW 10-11 ◀◀

時効に関する経過措置

　本文記載のとおり，時効の規定は2020年4月1日施行の改正民法によって大きく変更されたが，実際の事案の解決においては，経過措置についても留意する必要がある。時効に関する経過措置については，附則10条（附則35条）で以下のように規定されている。

　⑴　**時効の中断・停止（更新・完成猶予）について**　これについては，2017年改正民法（施行日は2020年4月1日）施行前に時効の中断・停止の事由が生じた場合は旧法が適用され，施行日以後に生じた事由（更新・完成猶予事由）については新法が適用される（附則10条2項）。改正法における新たな完成猶予事由である書面による協議の合意（151条）についても，当該合意が施行日以後に行われた場合にのみ，同条の適用による完成猶予の効力が認められる（附則10条3項）。施行日前に発生した債権であっても，事由の発生が施行日以後であれば新法が適用される点に注意を要する。

　⑵　**消滅時効期間について**　消滅時効の期間に関する規定（新166条〜169条，改正前166条〜174条の2）については，施行日前に発生した債権については旧法が適用されるが（債権発生時基準），契約等の法律行為によって生ずる債権については，債権発生が施行日以後であってもその発生原因である契約等が同施行日前のものである場合には，同じく旧法が適用される（法律行為時基準）（附則10条4項・1項）。その時点における当事者の予測と期待を考慮したためである。したがって，たとえば，雇用契約において労働者が使用者に対して有する安全配慮義務違反による損害賠償請求権（債務不履行責任）や，売買目的物の品質が契約の内容に適合していないことによる損害賠償請求権の時効については，いずれも各契約が締結された時が基準となる。

　なお，労働契約に基づく賃金請求権の時効期間については，労基法115条の改正により，行使することができる時から5年間（当分は3年間）とされた（2020年改正前は2年間であった）。この新しい時効期間は，改正法の施行日（2020年4月1日）以後に支払期日が到来したものについて適用される（令和2年法律第13号附則2条）。

　⑶　**不法行為による損害賠償請求権の消滅時効について**　不法行為による損害賠償請求権の時効については，被害者保護の観点から，附則35条に特別の定めがある。これによれば，同損害賠償請求権の長期の期間を時効とする改正については，新法の施行日に除斥期間がすでに経過していなければ新法が適用され，消滅時効として扱われる（附則35条1項）。また，人の生命・身体侵害による損害賠償請求権の短期の時効期間を5年とする改正（新724条の2）については，新法の施行日において消滅時効がすでに完成していた場合を除き，新法が適用される（附則35条2項）。

　なお，判例には，このほかの場面でも，具体的な事情のもとで，時効の援用が信義則に反し許されないとしたものがある（最判昭57・7・15民集36巻6号1113頁，最判昭51・5・25民集30巻4号554頁など）。

⑥　時効の利益の放棄・援用権喪失の相対効

　時効の利益の放棄により，時効を援用できなくなるという効果は，**相対的**に

生じる。援用権者の１人が時効の利益を放棄しても，その効果は他の援用権者には及ばず，なお援用することができる。この相対効は，時効による利益を受けるか否かを各人の意思決定に委ねることとした援用制度の趣旨に基づく。

　たとえば，連帯債務者の１人が時効の利益を放棄しても，他の連帯債務者には影響を与えないし（大判昭６・６・４民集10巻401頁），主たる債務者が時効の利益を放棄した場合でも，保証人・物上保証人などにはその効力は及ばず，なお時効を援用することができる（前掲大判昭６・６・４：連帯保証人のケース）。同様に，信義則による援用権の喪失も，その効果は相対的である。

７ 新たな時効の進行

　債務者が，消滅時効の完成後に債務を承認した場合には，その時効を援用することはできないが，その承認以後，再び時効期間が経過すれば，債務者はその新たに完成した時効を援用することができる（最判昭45・５・21民集24巻５号393頁）。

参考文献ガイド

1　民法入門・総則
■入門的教科書
潮見佳男・中田邦博・松岡久和編『18歳からはじめる民法〔第4版〕』(法律文化社，2019年)

　日常生活における法律問題を設例でわかりやすく解説した初学者向きのテキスト。

米倉明『プレップ民法〔第5版〕』(弘文堂，2018年)

　具体的な売買契約を素材に民法の全体像をわかりやすく解説。

■概説書
潮見佳男『民法(全)〔第3版〕』(有斐閣，2022年)

　民法全体を一冊で鳥瞰できる概説書。最近までの民法改正に対応。

道垣内弘人『リーガルベイシス民法入門〔第4版〕』(日本経済新聞社，2022年)

　初心者にわかりやすく丁寧な記述に特徴がある概説書。

■民法用語辞典
高橋和之・伊藤眞・小早川光郎・能見善久・山口厚編『法律学小辞典〔第5版〕』(有斐閣，2016年)

　法学全体の法律用語辞典として定評がある。

■民法総則
池田真朗『スタートライン民法総論〔第3版〕』(日本評論社，2018年)

　民法の広がりを取り込んで総則を解説する。

後藤巻則『契約法講義〔第4版〕』(弘文堂，2017年)

　タイトルは契約法であるが，民法総則の重要な部分が説明されている。

佐久間毅『民法の基礎1　総則〔第5版〕』(有斐閣，2020年)

　設例を用いた詳細な解説が特徴の教科書。試験対策用にも有用。

四宮和夫・能見善久『民法総則〔第9版〕』(弘文堂，2018年)

　定番の教科書としてよく読まれてきた。叙述の水準は高度。

永田眞三郎・松本恒雄・松岡久和・横山美夏『エッセンシャル民法1　民法入門・総則〔第5版補訂版〕』(有斐閣，2023年)

　民法入門を含むコンパクトな総則の教科書。後掲のシリーズの一冊。

原田昌和・寺川永・吉永一行『民法総則〔第2版〕』(日本評論社，2022年)

コンパクトな叙述と図の組み合わせに特徴がある教科書。初学者向き。

平野裕之『民法総則』(日本評論社, 2017年)

学説と判例を詳細に扱うところに特徴がある教科書。中級者以上向き。

2　民法全体を扱うシリーズもの

『エッセンシャル民法1～3』(有斐閣, 2005年～)

民法をわかりやすく, 親切に道案内する入門的教科書シリーズ。債権法は民法改正に未対応。

『民法Ⅰ～Ⅴ』(有斐閣Sシリーズ, 2018年～2022年)

コンパクトながら, 公務員試験などの出題範囲を押さえる教科書。

『新プリメール民法1～5』(法律文化社, 2020年～2023年)

本書はこのシリーズの1冊。法学部の学生を対象とする最新の標準的教科書。

『ユーリカ民法1～5』(法律文化社, 2018年～2019年)

民法改正を踏まえて構想された教科書シリーズ。論点を明示したり, コラムがあったり, 演習問題を提示したりと, いろいろな工夫がみられる。

内田貴『民法Ⅰ～Ⅳ』(東京大学出版会, 2012年～)

広く用いられている代表的な教科書シリーズ。

大村敦志『新基本民法1～8』(有斐閣, 2014年～)

コンパクトにまとめた最新の代表的教科書。民法改正に対応。

3　演習書・学習用判例集

千葉恵美子・潮見佳男・片山直也編『Law Practice 民法Ⅰ・Ⅱ〔第4版〕, Ⅲ』(商事法務, 2018年・2015年)

事例問題を解説する方式で人気の演習書シリーズ。

沖野眞已・窪田充見・佐久間毅編『民法演習サブノート210問〔第2版〕』(弘文堂, 2020年)

基本的な問題の提示とコンパクトな解説に特徴がある演習書。

潮見佳男・道垣内弘人編『民法判例百選Ⅰ〔第8版〕』／窪田充見・森田宏樹編『民法判例百選Ⅱ〔第8版〕』／水野紀子・大村敦志編『民法判例百選Ⅲ〔第2版〕』(有斐閣, 2018年)

いずれも民法に関する代表的な判例解説集として利用されている。

松本恒雄・潮見佳男編『判例プラクティス民法Ⅰ〔第2版〕・Ⅱ・Ⅲ〔第2版〕』(信山社, 2022年・2010年・2020年)

重要な民事判例をほぼ網羅するところに特徴がある。Ⅱも改訂進行中。

4　注釈書（民法の条文を解説するもの）

松岡久和・中田邦博編『新・コンメンタール民法（財産法）〔第2版〕』（日本評論社，2020年）／同編『新・コンメンタール民法（家族法）』（日本評論社，2021年）

　　いずれも共通の方針の下に編集されたコンパクトな民法コンメンタールであり，2017年の民法改正に対応し，最近の判例・学説の動向も反映する。インターネット版も用意されている。

我妻榮・有泉亨・清水誠・田山輝明『我妻・有泉コンメンタール民法―総則・物権・債権〔第7版〕』（日本評論社，2021年）

　　従来から定評のあった注釈書の補訂版。

『新注釈民法』（有斐閣，2017年～）

　　改正民法に対応する全20巻のシリーズとして刊行中。

5　六法（法改正に対応した，できるだけ最新のものをそろえた方がよい）

■初学者向けの六法

『ポケット六法』（有斐閣），『デイリー六法』（三省堂），『有斐閣判例六法』（有斐閣），『模範小六法』（三省堂）

■専門家も使う本格的六法

『有斐閣判例六法Professional』（有斐閣），『模範六法』（三省堂），『六法全書』（有斐閣）

6　消費者法

中田邦博・鹿野菜穂子編『基本講義 消費者法〔第5版〕』（日本評論社，2022年）

河上正二・沖野眞己『消費者法判例百選〔第2版〕』（有斐閣，2020年）

松本恒雄・後藤巻則『消費者法判例インデックス』（商事法務，2017年）

7　その他

池田真朗ほか『民法Visual Materials〔第3版〕』（有斐閣，2021年）

　　写真や新聞記事，各種様式や登記記載例，さまざまな契約書や約款などの資料が満載。

道垣内弘人『プレップ法学を学ぶ前に〔第2版〕』（弘文堂，2017年）

　　法科大学院未修者。初学者が民法入門としても読むことができる。

指宿信ほか監修，いしかわまりこほか『リーガル・リサーチ〔第5版〕』（日本評論社，2016年）

　　法に関係する多様な情報を入手する方法を詳しく教えてくれる。

田髙寛貴・原田昌和・秋山靖浩著『リーガル・リサーチ＆リポート―法学部の学び

方〔第2版〕』(有斐閣，2019年)

　法情報のリサーチ方法，レポート作成方法だけでなく，さらに法律ディベートや民法討論会の仕方にも言及する。民法を専門とする教員による法学部入門。

吉永一行編『法学部入門〔第3版〕──はじめて法律を学ぶ人のための道案内』(法律文化社，2020年)

　法情報のリサーチ方法やレポート作成，期末試験への対応などを説明。

8　民法改正に関する文献

■2017年の改正民法の解説書

内田貴『改正民法のはなし』(民事法務協会発行，2019年)

　2017年改正民法を主導した著者による解説。

山本敬三『民法の基礎から学ぶ 民法改正』(岩波書店，2017年)

　民法改正の全体像を理解するための入門書。

筒井健夫・村松秀樹編著『一問一答 民法 (債権関係) 改正』(商事法務，2018年)

　立法担当者による改正法の解説。

大村敦志・道垣内弘人編『解説 民法 (債権法) 改正のポイント』(有斐閣，2017年)

　民法改正に審議に参加した学者によって編集されたもの。

潮見佳男『民法 (債権関係) 改正法の概要』，同編『民法 (相続関係) 改正法の概要』(きんざい，2017年・2019年)

　法改正の概要を，改正条文ごとに法制審議会民法 (債権関係) 部会の資料に即して簡潔に解説。

潮見佳男ほか編著『Before/After 民法改正〔第2版〕』(弘文堂，2021年)

　具体的事例によって改正前の法状況と改正後の法状況を明らかにする好著。

中田裕康・大村敦志・道垣内弘人・沖野眞己『講義 債権法改正』(商事法務，2017年)

　法制審での議論において中心的役割を果たした執筆陣によって叙述されている。

松岡久和・松本恒雄・鹿野菜穂子・中井康之編『改正債権法コンメンタール』(法律文化社，2020年)

　2017年の民法改正を注釈形式で解説したもの。おすすめ。

■民法改正の必要性について述べているもの

内田貴『民法改正──契約のルールが百年ぶりに変わる 』(ちくま新書，2011年)

　法制審議会での民法改正の議論の中心を担った著者が改正の必要性を語った書。

大村敦志『民法改正を考える』(岩波新書，2011年)

　比較法的な視点も踏まえて幅広く民法改正の必要性と動向を叙述する。

判例索引

大審院

334

最高裁判所

下級裁判所

事項索引

338

αブックス

新プリメール民法 1 民法入門・総則〔第3版〕

2018年 5 月15日　初　版第 1 刷発行
2020年 4 月 5 日　第 2 版第 1 刷発行
2022年10月10日　第 3 版第 1 刷発行
2023年10月30日　第 3 版第 2 刷発行

著　者　中田邦博・後藤元伸・鹿野菜穂子

発行者　畑　　光

発行所　株式会社 法律文化社

〒603-8053
京都市北区上賀茂岩ヶ垣内町71
電話 075(791)7131　FAX 075(721)8400
https://www.hou-bun.com/

印刷：中村印刷㈱／製本：㈲坂井製本所
装幀：白沢　正
ISBN 978-4-589-04231-6